华夏智库
金牌培训师书系

植根中国企业、服务中国企业
与中国企业家共成长
大师智慧·原创经管

中国商业模式
创新路线图

江晓兴 著

35
华夏智库
金牌培训师
书系

中国财富出版社

图书在版编目（CIP）数据

中国商业模式创新路线图／江晓兴著．—北京：中国财富出版社，2012.9

（华夏智库·金牌培训师书系）

ISBN 978－7－5047－4429－6

Ⅰ．①中…　Ⅱ．①江…　Ⅲ．①商业模式—研究—中国　Ⅳ．①F72

中国版本图书馆 CIP 数据核字（2012）第 182181 号

策划编辑 黄　华		**责任印制** 方朋远	
责任编辑 范虹轶		**责任校对** 孙会香　梁　凡	

出版发行	中国财富出版社（原中国物资出版社）	
社　　址	北京市丰台区南四环西路 188 号 5 区 20 楼	**邮政编码** 100070
电　　话	010－52227568（发行部）	010－52227588 转 307（总编室）
	010－68589540（读者服务部）	010－52227588 转 305（质检部）
网　　址	http：//www.clph.cn	
经　　销	新华书店	
印　　刷	北京京都六环印刷厂	
书　　号	ISBN 978－7－5047－4429－6/F·1822	
开　　本	787mm×1092mm　1/16	**版　次** 2012 年 9 月第 1 版
印　　张	15.25	**印　次** 2012 年 9 月第 1 次印刷
字　　数	281 千字	**定　价** 35.00 元

前　言

古代人作战会用到许多兵法，就是用一些奇巧的战术去打败敌人。商场如战场，在商场上也是如此。只有敢于创新、敢于打破旧有的规则才能在商场上立于不败之地。可是，从哪里入手呢？答：重塑商业模式，也就是在商业模式上创新。

为什么要创新，因为创新是一个民族的灵魂，同时也是一个企业的生命线。

巴菲特说："未来的竞争不是服务的竞争，不是产品的竞争，而是商业模式的竞争。"是的，一个成功的企业肯定有它赖以成功的商业模式，每一个成功的模式都有它价值创新的核心价值链。一个企业要想做大做强，就必须选择一条适合自己的发展道路。"问渠那得清如许，为有源头活水来。"渠水为何总是清清，是因为有源源不断的活水注入进来。同样，要想让企业之树常青，就必须注重商业模式，并且保证在企业发展的每一个阶段都有适合自己的商业模式。

一个存在多年的行业，规模越大、越景气，固有的市场规则就越难打破。所以，在很多时候，人们总认为这些规则是理所当然的，从未想过为什么要遵循这些规则。可见，传统的商业模式设计都承载着固有的路径依赖。作为后来者，想在商业模式方面创新，只有敢于颠覆传统规则，嫁接新技术、新规则，实现价值链的变革与控制，才能开拓出一片新天地。

有一句话说的很经典：先知先觉创业者，后知后觉竞争者，不知不觉消费者。是的，要想做一个先知先觉者，只有超越固有的依赖与羁绊，才能建立起新的规则与旗帜。因此，商业模式的创新，不能简单地去复制别人的东西，而是要创新。然而，旧有的游戏规则根深蒂固，要想打破它，不仅需要突破理念上的障碍，还需要有空杯归零的心态与勇气。

那么，中国商业模式创新路线图到底该如何规划呢？

本书将中国商业模式创新路线图分为以下六个阶段：打破常规阶段，找到并打破行业原有规则；战略定位阶段，剖析客户的需求，实现价值创造最大化；价值创造阶段，提升竞争力层次，获取结构性竞争优势；价值维护阶段，创造并实现战略

控制手段；价值传递阶段，寻找并抓住所有环节的利润；价值最大化阶段，帮助企业做大做强。最后还附有商业模式创新的案例。

　　本书从实际出发，不仅阐述了什么是商业模式创新，而且通过国内外许多经典案例，详尽、透彻地介绍了各种商业模式以及这些商业模式在实际运作中的操作方法。通过阅读本书，希望给企业的经营管理人员提供借鉴与运用上的方便。

作　者

2012 年 4 月

目录
Contents

第一章　打破常规

——找到并打破行业原有规则

有句话说：先知先觉创业者，后知后觉竞争者，不知不觉消费者。可见，只有敢于走在时代前沿的人，才能创造出一片自己的天地。那么，走在时代前沿的秘诀是什么呢？答案就是：敢于打破常规，敢于颠覆传统规则。因为，行业原有的规则一旦被打破，行业领先者所凭借的已有资源优势就不复存在，这就为规则创新者的成功创造了可能，如此，你就胜券在握了。

第一节　商业模式

什么是商业模式

彼得·德鲁克说："当今企业之间的竞争，不是产品之间的竞争，而是商业模式之间的竞争。"是的，在市场千变万化、竞争日益激烈的今天，我们的企业要想脱颖而出、发展壮大，必须不走寻常路，而是要设计适合自己的、富有竞争力的、与众不同的成功商业模式。说白了，要想在激烈的角逐中胜出，就必须创新。在中国，商业模式的创新显得尤为迫切，甚至比技术创新都重要得多。因为中国存在一个庞大而低端的消费市场，而且这个市场在绝对意义上说远远没有饱和，无数商品还没有被寻常消费者享受到，因此商业并没有得到广泛普及。而在短期内，国民收入不会发生大的变化，这也导致中国对高端消费的抑制，这个时候，发现新的需求，并且创造出新的需求模式，就比单纯的技术创新更重要。所以，商业模式这个话题才引起了许多财经记者、学者、经营者、投资者的广泛关注，成为当今商界最热门的话题之一。

那么，商业模式的基本定义是什么呢？

早在20世纪50年代就有人提出了"商业模式"的概念，但直到40年后（20世纪90年代）才流行开来。商业模式一词在中国的兴起，应源于世纪之交的互联网企业创立高潮期。当时，一系列新兴的".com"公司需要得到风险投资者及其他投资者的认同，而风险投资者评价企业优劣的最重要指标就是其"商业模式"的优劣。

其实，赢利模式、广告收益模式、"鼠标＋水泥"模式等，都是跟商业模式有一定关联的词汇。关于商业模式定义也有很多，有人认为它是一种交易结构；有人认为它是企业持续赢利的系统组合；还有人认为它是一种包含了一系列要素及关系的概念工具。这就导致"商业模式"这个词现在成了一个大筐，什么都可以往里面装，并使得这个词汇极易被误解、被滥用。因此，澄清商业模式的概念非常有必要。

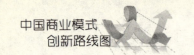
商业模式是指准确判断产业链利润区所在，并且根据利润区的转移迅速调整战略，将客户群的选择、价值的获取、产品差别化和业务范围的确定等各方面的战略措施，都围绕最高利润区来进行配置。

赢利的问题，是每个企业都需要考虑的第一问题，也是大家都感兴趣的话题。赢利之道其实很容易理解，也就是赢利的方法、赢利的思路。企业存在的目的是为了赢利，而企业要实现赢利，首先必须知道自己的赢利点在哪里。

商业模式就是着重于发现利润区，并创造新价值的商业元素的组合结构，是企业商业活动的价值创造结构。

比如：如家连锁酒店给差旅客户提供的价值就是"够用而不多余的住宿条件和卫生条件，且比星级酒店便宜"，然后其一切活动就都围绕这个价值展开——去掉一切多余的装修、设备、物品，提倡客户自助式服务，等等。

由此可见，商业模式就是企业从为客户创造价值的角度进行战略定位，发现可满足客户需求的价值后，通过对自身内部和外部资源进行整合而建立的商业系统的结构。

中国企业的困境

众所周知，中国制造业是中国经济中最值得骄傲的一块金字招牌。许多国家的消费者都认为，中国制造几乎就是物美价廉的代名词，中国产的服装、鞋帽、玩具及小家电，很多都占据了全球市场的半壁江山。然而，从 2007 年开始到整个 2008 年以至 2010 年，中国的制造企业似乎一夜之间走到了一个十字路口——曾经无限繁荣的制造企业几乎一夜之间就出现了席卷全国的倒闭潮，中国企业面临着严重的困境。从困境的背后，我们能悟出什么道理呢？

一、2008 年企业倒闭潮的背后

2008 年，对中国制造业来说是一次严重危机。因为这是一次席卷全国很多企业的倒闭潮：国家公布 2008 年上半年有 6.8 万家中小企业倒闭；10 月，中国最大玩具厂商合作集团旗下的两家位于广东东莞樟木头的玩具厂倒闭了，甚至有传闻说广东东莞平均一天倒闭 100 家企业。

尤其是处于中国经济前沿的珠三角和长三角受创最早、最重，随即向全国蔓延。

其波及范围之广、覆盖行业之多，远远超出了我们的想象。

最早、最重的应当是众多的劳动密集型行业。截至2008年8月，纺织行业已经有超过1万家的中小企业倒闭，2/3的纺织企业不得不重整。

吴江市盛泽镇位于江苏省最南部的太湖流域，是与苏州、杭州、湖州齐名的中国四大丝绸之都之一，全镇每年生产各种纺织品60亿米，相当于每年为全球每人生产1米面料。曾经古老的丝绸之都已成为重要的世界级纺织品生产基地。但是，自2007年年底以来，原先盛泽镇大量的民营纺织化纤企业大都已关门倒闭，尤其是间接纺企业。全镇间接纺企业的产能已从原先的200万吨压缩至20万吨，仅剩下1/10。

在温州市中小企业发展促进会的一份调研报告——《关于温州中小企业目前存在的状况的初步报告》中显示，到2008年上半年，温州30多万家中小企业中有20%左右处于停工或半停工状态，这意味着有6万多家企业正面临着生存危机。还有一项数据显示，2007年温州超过20%的打火机生产企业没有销售记录。

不单单是温州，杭州南望集团、嘉兴旭莱、台州飞跃等，一个个地方龙头企业均相继传出或资金断链或破产的消息。

中国被公认为"世界工厂"，东莞则是名副其实的中国"制造之都"。2007年GDP达到3151.01亿元。然而，昔日繁荣发展、熙熙攘攘的"制造之都"，如今已呈萧条之势。

2008年12月，广东省中小企业局局长在向视察的全国人大代表汇报时透露：2008年广东有15661家中小企业倒闭。

2007年11月，根据亚洲鞋业商会的统计报告，广东鞋厂有五六千家，大中型鞋厂已经关闭1000多家，其中，在两三个月内，惠东的3000多家鞋厂中就有四五百家关闭。

此轮企业倒闭潮不仅限于劳动密集型行业，也不仅限于外销行业，一些技术密集型和资金密集型行业，包括一些内销行业，同样遭受重创。

一叶落而天下知秋，相比长三角，珠三角的状况更加严重。

中国啤酒产量已连续5年保持世界第一，且一直保持着强劲的增长势头。但另一个事实却足以让大家的心情跌至谷底——因为价格战，中国啤酒企业里多达1/3的企业在亏本，而只有1/3的企业在赢利。

在20世纪90年代，中国制药业经历了高速增长，医药行业一片"莺歌燕舞"。

但是到了 2006 年，平均每两天就有一家药厂步入停产或半停产状态，到 2007 年这个速度还在加快。

2008 年的一波又一波企业倒闭潮，其主要原因并非来自于 8 月爆发的金融危机。金融危机只是一条导火线，真正的原因来自于企业内部经营模式的落伍以及企业外部宏观环境的改变。也就是说，伴随着 2008 年中国庆祝"改革开放 30 周年"活动的结束，中国经济已经进入一个崭新的时代。不同的时代，需要不同的经营模式和商业理念。

然而，一大部分中国企业还沉浸在过去的经营模式当中不能自拔，总是一味地拘泥于过去的成功经验和商业系统而看不清未来的方向。正因为如此，从近几年开始，中国的企业不断倒闭，生存下来的也在低利润甚至无利润当中苦苦挣扎。

其实，令企业一直沉醉其中的，就是以往中国经济成功的两个主要经营模式：机会主义和低成本竞争。从 2008 年企业倒闭潮的背后，你悟出什么道理了吗？

二、中国企业最初成功的两个模式

随着时代的进步、中国的改革开放，计划经济向市场经济转变，很多由国有企业掌握的行业和市场机会以及很多没有被满足的市场需求，逐步被市场经济的大潮唤醒，中国市场出现了大量的空白点。也可以说，"机会主义模式"就是善于抓住改革开放中的每一个先机和每一个空白点，寻求由于宏观环境和市场的剧烈变化所带来的机遇。而这种空白点主要包括以下三种。

第一，新行业的空白点。新行业的空白点有两种可能：一是这个行业以前还没有出现过，是一个全新的行业或产品品类；二是虽然这个行业已经存在，但是却没有任何一个品牌率先来主打这个品类，它也可以算是新行业，如 2009 年开始兴起的足浴盆行业就是一例。

第二，区域空白点。很多的国际大品牌，如可口可乐等，其主力市场几乎都在大中城市，而对于广大的乡镇市场，它们则鞭长莫及，这就给了非常可乐、娃哈哈、脑白金等众多中国企业一个机会，它们深入二三线市场，取得了巨大的发展。

第三，消费者需求空白点。在中国市场上，还有一些消费者需求没有被满足，这样的需求空白点也是机会。近两年出现的音乐手机、移动硬盘、MP4 及木糖醇等，都是因为发现了消费者新的需求，所以才卖得大火特火。

在过去的 30 年中，中国企业成功的第二个模式是"低成本竞争"。到了今天，正如本节开始所说的那样，"中国制造"已经席卷全球。2004年12月的《商务周刊》的封面上赫然出现了《中国价格——美国产业最恐惧的四个字》的标题。这篇封面文章详细论述了中国出口产品依靠其低廉的价格已经让美国传统制造业全面萎缩。

此种现象不单单发生在美国，也发生在欧洲乃至全世界的所有地方。"中国制造"正以它势不可当的气势横扫全球。然而，在"中国制造"风行世界的背后，我们却要看到，这些"中国制造"的身上，都贴着一张"低成本竞争"的标签。

为什么这么说呢？

一是在中国经济发展的背后，中国制造业采用的是人海战术。中国拥有世界上最为廉价和丰富的劳动力资源。中国的劳动力占世界总量的30%，而工资水平在过去10年大约是欧美等发达国家的1/30，是新加坡和韩国等亚洲新兴工业国家和地区的1/10。这就使中国的制造业拥有了一个得天独厚的低成本劳动力优势。

二是低效益使用中国的资源。与丰富的劳动力资源形成鲜明对比的是中国的土地、矿产和饮用水等自然资源十分匮乏。

大家都知道，中国计划经济时代以重工业为导向的政策背后，是对人力资源和自然资源的大规模低效利用。而在改革开放以后，由于面临内部体制变革与外部国际竞争的压力，政府和公众都迫切需要分享经济腾飞的成果，因此没有机会来重构增长的经济结构基础，在延续了促进工业化政策导向的同时，也默许了高能耗、粗放型生产模式的长期存在。

中国的土地是国有或集体所有的，政府基本上可以决定土地的使用价格。提供廉价的土地使用权，是各地方政府普遍采用的吸引外来投资的手段。要保证高增长，在技术水平提升缓慢甚至不变的情况下，就必须不断增加资源投入的比重，持续一段时间，一定会造成资源的浪费和环境的破坏。

2003年，中国每单位GDP的产出所消耗的能源是日本的10倍、美国的5倍、加拿大的3倍。

那么，中国经济发展依赖的能源是什么呢？有70%是来自煤炭。每一美元的GDP产出，中国就要比别的国家多消耗3～4倍的能量。世界银行研究估计，由于环境污染导致中国人生产力下降和医疗费用的增加约为1700亿美元。

说到这里，不难看出：中国企业这样的经营模式，必然导致出现不可持续的问题，这也就是从2007年开始，中国企业不断陷入困境不能自拔，甚至2008年出现

大范围企业倒闭潮的根本原因。

三、中国企业的四大困境

1. 中国企业缺乏核心竞争力，陷入价值链低端，导致"像刀片一样薄的利润"

中国企业在以机会主义为核心的生存环境中，企业的运营从整体上缺乏战略目标，企业家的眼中只有一个又一个的"项目机会"，通过"机会"的衔接和高超的运作能力将企业做大。然而，企业的资产规模虽然越来越大，但是，企业并没有通过这些项目获得持续的竞争能力。这主要是因为什么呢？

一是产品同质化。创新力不足使中国制造业陷入发展瓶颈，在产品同质化面前，价格成为客户下订单的重要标杆，大家只能依靠低价参与竞争。

二是竞争手段同质化。如果在同一个行业，每个企业都使用同样的方法，即以更低的价格出售产品，以同样的手法参与竞争，向客户提供同质的东西，那么，行业利润就会远远离开这样的制造企业。同时，拥有下订单权的企业将会变得越来越强大，他们会利用日益强大的力量来压低价格，制造商们被迫降价出售产品。在对手和订单方双重压制下，中国制造商若想获得订单只有压低产品价格，使得行业不断陷入更加恶性的竞争泥潭。

中国的制造业工厂，对外拖欠原料和组件货款，对内延长劳动时间等，可谓不择手段；然而放在全球产业链的视角下，只不过是在最不赚钱的领域——加工制造方面不停压榨！

事实上，任何行业的产业链，除了加工制造，还有七大环节：产品设计、技术创新、原料采购、物流运输、订单处理、批发经营以及终端零售。这七大环节才是真正的利润区所在。

正如某服装生产厂商所讲的那样："我们现在只能赚一点工人的加班费了！"正是因为没有看到这样的市场现实，中国的大多数行业才一直在低成本、低利润的漩涡里不断挣扎。

虽然中国是玩具大国，但是大量的知识产权在国外；虽然中国是服装大国，但是80%是贴牌生产；一台DVD要交十几元的专利费；几乎100%的光纤设备、80%的集成电路、石化设备都依靠进口……

可以说，中国企业陷入了世界价值链的低端。在我们企业界都熟知的"微笑曲线"中，中国企业的绝大部分都处于微笑曲线的中间，即处在以生产为主的地位上，利润极其微薄。外贸界有这么一个说法：如果整条产业链的利润有100%，那么中国以加工贸易方式拿到的就只有10%；而国外品牌前期的研发和后期的渠道零售可以拿走90%的利润。

2005年，前商务部部长薄熙来向欧盟的官员算了一笔账：中国出口8亿件衬衫，才能换回一架空中客车飞机。其中透露出来的信息就是对中国制造业低成本、低利润、缺乏自主品牌与技术含量的现状的无奈。

邢胜才是国家知识产权局纪检组组长，他曾说，当前，许多大型跨国公司为获取高额垄断利润，索取高额知识产权许可费；在国际贸易中中国企业因知识产权问题面临的各种诉讼逐年猛增；由于缺乏核心技术的知识产权，中国企业须将每件产品的两成甚至四成利润支付给国外知识产权持有者；中国不少企业只能靠贴牌加工挣取低额利润。

用张瑞敏的话来讲，很多企业的利润"像刀片一样薄"，这句话可谓是入木三分，再贴切不过了。

其实，很多行业都处在低利润水平，甚至有的行业已经到了无利润的地步。就是剩下的这一点可怜的利润，到了2008年，也随着外部宏观环境的改变而陷入更加艰难的境地。

2. 人民币升值和成本上升，让处于低利水平的中国企业"屋漏偏逢连阴雨"

自从2005年以来，人民币升值和成本上涨这些问题，成为悬在微利经营中中国企业头上的两把利剑，当然也是很多人关注的问题。人们为什么如此关注这些问题呢？

（1）原材料价格的上涨

十多年来，中国经济持续的高速增长，目前进入到工业化中后期阶段也是城市化的高潮阶段，土地、能源、矿产资源消耗大量增加导致了中国的土地、能源和矿产资源的价格猛涨。上游生产要素价格的上涨很快传导到产业发展的中下游。

2007年5月，国家统计局公布数据：

肉禽价格上涨26.5%；

牛奶原奶收购价格上涨11%；

方便面行业面粉的涨幅为10%～20%；

棕榈油涨幅在5%以上；

近年铜和铝的价格几乎翻了一番，使得企业成本增加了30%；

啤酒花成本上涨5倍；

羽绒品成本上涨50%；

奶源成本上涨40%。

就以打火机行业为例，其原材料镱、白金、钢等价格大涨，铜从2万元/吨涨到7万多元/吨，锌也从原来的8000多元/吨涨到了近4万元/吨。这样一来，要维持同样的生产规模，所需要的流动资金就遽然加大。而人民币升值和次贷危机更让企业资金链"屋漏偏逢连阴雨"，"早就签好的订单，做肯定亏，不做就丢掉客户"，艰难的抉择下，部分企业选择了继续出口，利润空间继续被压缩。

（2）新劳动合同法之痛

2008年初新劳动合同法正式实施。按照新劳动合同法，企业用工成本普遍上涨20%左右，并且这种增长在2008年及以后还在延续。在新劳动合同法和节能减排等各项政策的要求下，企业的利润空间也在一步步缩小。

新劳动合同法出台后，温州调研结果显示，企业年平均劳资成本每位职工同比增加支出在4000~7000元，最高的一家成长型企业达9642元。也就是说，企业每年要多付4000~7000元左右给一位员工，如该企业员工为1000人，每年用工成本就需要多支出至少400万元。在大多数企业利润率连1%都不到的纺织行业，新劳动合同法出台后，企业的用工成本增加了10%~20%。

（3）人民币不断升值

这让在微利中挣扎的中国企业"屋漏偏逢连阴雨"。改革开放一开始，中国就提倡出口，当时所用的一条政策是"本币低估"，就是把本国货币压得很低，压低了以后就变成很强大的力量去限制进口、刺激出口，这个办法就是对出口进行补贴。受益于这个政策，从1994年开始，出口大量增加，有效地刺激了经济增长。

2007年以来，随着人民币不断升值，企业出口换汇成本已经提高了20%~25%。2007年汇率又上升了7个点，出口退税也不断下调，进入2008年，人民币升值速度加快，在短短3个月中，人民币兑美元已升至7.0512，而最终突破了7这一整数大关。2010年，人民币兑美元升值3%，突破6.6215的大关。

根据以上三个原因，除了原料上涨、出口受阻、劳动力成本上升和人民币升值等市场因素外，银根紧缩、节能减排等宏观政策正在进一步把长期处于"粗放式生产"的民营企业发展模式推向危险的边缘。按照温州民营企业促进会秘书长蒋洁的估算,2008年以来各项不利因素的累积,企业的总成本将增加8%~12%。

3. 单纯的低成本模式造成对资源和环境的长期损害,经济模式不可持续

中国的经济增长以透支生态环境为代价,其资源供给注定不可持续。粗放型增长方式的持续将引发两个问题:一是导致长期依靠资源要素投入支持高增长,造成资源浪费和环境破坏;二是投资与消费失衡,金融状况恶化。

中国的资源浪费非常严重。以资源浪费为例,中国80%的江河湖泊断流枯竭,2/3的草原沙化,绝大部分森林消失,近乎100%的土壤板结。以环境破坏为例,中国1/3的国土已被酸雨污染,主要水系的2/5已成为劣五类水,3亿多农村人口喝不到安全的水,4亿多城市居民呼吸着严重污染的空气,1500万人因此患支气管炎和呼吸道癌症。世界银行报告列举的世界污染最严重的20个城市中,中国占了16个。

1990—2004年,中国对石油的需求量以年均7%的速度增长。按照这样的增长速度,20年后,中国每天消费的石油与现在美国消费的数额大致相当。而目前已经查明的中国本土石油储藏量,按照目前的开采量大概仅能用14年。

相当长的一段时间以来,一些地区出现冬季电荒,珠三角、长三角的汽油、柴油都出现短缺,钢材、水泥、煤炭等生产资料价格持续攀升,这些现象正从另一个侧面说明了我们的自然资源已经短缺,原有的发展模式不能再持续。

近年来,人民币被迫升值,就是出口导向无法及时调整导致的。出口导向政策未能及时调整,导致对外贸易条件恶化,贸易摩擦加剧。2008年以来,这种外贸条件继续恶化,低利润、粗放式的出口方式,生存空间日益狭窄。

4. 战术性方法已经无法解决经营模式转型问题

中国企业在原有的"机会导向"和"低成本竞争"这两种模式之下,企业的成功不一定依靠高瞻远瞩的战略或者优异高效的管理,而是看企业是否有发现机会的眼光和抓住机会的能力。也就是说,在这个阶段,企业可能不依靠战略,战术就成为了企业的战略。

自从2000年以后,中国经济已从"过剩经济"向"饱和经济"转变,"饱和经济"带来的直接结果就是"价格战"。"价格战"直接涉及产品、质量、服务和品牌等各个层面。这个阶段,依靠单点突破和创新,可以解决阶段性和局部性的问题,但期望以此创造长久市场奇迹的时代已一去不复返。

中国的绝大数行业目前都已进入了同质化竞争的时代，产品同化、广告同化、品牌同化、促销同化、渠道同化、执行同化……很多企业陷入了营销同化的泥潭而苦不堪言。

更令人苦恼的是，传统的竞争优势建立方法越来越不奏效，产品创新所带来的先发优势持续的时间越来越短。一个产品推出，马上会有无数产品跟风而至。品牌的差异化塑造需要很长时间的积累，中国的企业往往等不了那么久。

如今，中国大部分企业都把差异化的方向放在了分销渠道环节，并进行了大量的渠道运作的创新。但是，一种渠道运营方式出现，同时会有更多企业采用同样的运作方式……面对如此的竞争现状，难道中国企业就只能建立一种短暂的竞争优势，而不能建立长期而持续的竞争优势吗？

四、中国企业呼唤经营模式转型

根据以上中国企业的四大困境，不难看出，不是企业没有能力建立长期而持续的竞争优势，而是企业的思维习惯出现了问题。现实情况是，任何直接从问题的同一层面寻找的差异化解决方案都是暂时的、局部的，也就是说，要解决企业同化问题和中国企业长期的竞争优势建立问题，如果仅仅从哪里有问题就解决哪里的角度去想解决方案，我们就只能进入"红海竞争"的泥潭。

事实上，对企业而言，面对一个营销同质化的市场，要想取得长期优势，必须从整体，即从战略的角度去思考问题。

一直以来，中国企业的思维习惯是"市场份额第一"，即追求最高的市场份额，追求做大。为了追求市场份额，往往就会与对手展开惨烈的"红海战争"，打的是一场"拼体力的战争"，即便是耗尽自己企业的利润也在所不惜。

可以说中国企业以前在"互拼体力"，或者说企业经营成本和劳动力成本还比较低下的时候，依靠"拼资源"、"拼成本"的规模优势还能够在市场上有一定的生存空间的话，那么，到了2005年以后，中国市场经营成本的巨大变化已使"追求市场份额"的思维没有了用武之地。如今，我们的企业已经走到了十字路口。到底该何去何从呢？

充分竞争市场的竞争规则已经改变，市场机会在逐渐减少，那种爆炸式的行业增长已经比较少见，对手越来越强大，企业依靠简单的寻找机会或市场升级手段，已经不能适应成熟市场的竞争。

此时，企业间的竞争不再是局部优势的竞争，而在于企业整体的整合能力。也就是说，企业必须制订自己的发展战略。企业家必须拥有卓越的胆识和胆略，为企业制订清晰、明确、可行的战略规划，从无战略向有战略转变。

从此以后，中国企业应该从量变转型到质变。真正有实力的企业，不在于以低价竞争获得量上的扩张，而是注重质的提升，进而实现企业的做大，即"高利润地做大规模"。同时，中国企业必须进行产业结构优化升级，找到自己的利润区，摆脱低利润甚至无利润的危险处境。只有树立正确的战略经营思维模式，中国企业才可能真正摆脱"拼体力、拼资源"的消耗战，从而进入高价值、高利润的战略发展空间。

2008—2010 年，中国经济所表现出来的一切好或不好的现象，都表明中国经济已经进入一个崭新的时代，一个不同于以往经济模式的时代。

在经历了全球金融风暴之后，中国企业的生存环境和生存手段正在发生变化。中国出口的黄金十年已经成为历史，这就必然导致中国低附加值、劳动密集型企业面临危机和转型，且这种危机和转型将伴随中国经济未来的十年。

中国经济以往所呈现的模式大体可概括为"硬实力阶段"。什么是"硬实力"呢？是指中国经济主要是由出口和投资拉动，其中的生产、加工、三来一补等核心竞争方式，都属于"硬实力"。这种"硬实力"的竞争优势，是建立在对中国廉价劳动力的盘剥、对中国资源的浪费和对环境的破坏等基础之上的，它虽可以在短期之内拉动中国经济的发展，但不具有可持续性。

截至 2011 年，外部和内部的所有因素凑在一起，促成了中国一个新的时代的来临，即中国即将进入"软实力阶段"。什么是叫"软实力"呢？是指中国企业将从过去主要依靠生产优势，转变到在产品设计、技术创新、原料采购、物流运输、订单处理、批发经营以及终端零售等"软环节"方面建立自己的竞争优势。

其实这也意味着，中国企业即将面临战略转型，重塑自己的商业模式，从商业模式的角度重构企业的战略和竞争优势，实现由"硬"到"软"的大转型。

第二节 做传统规则的颠覆者

突破商业模式创新的理念障碍

如今的新金融时代，传统的规则已经被颠覆、被打破。传统的商业模式设计，有着种种弊端。要想让企业有所成长，必须创新。但是，行业企业的规模越大，时间越久远、越景气，原有的规则就越是根深蒂固。所以，企业的成长有赖于企业家的理念。要想做传统规则的颠覆者，就必须重构商业模式，首要的就是重构企业家的理念。

一、企业本质

每个企业家都会关注市场、战略、竞争策略和管理执行。但如果问他们什么是企业，或者说企业的本质是什么，大多数企业家会觉得这根本就不是问题，或者说是无须回答的问题。因为他们会简单地认为，企业不就是一种通过提高产品或者服务，来谋取赢利的组织吗？从会计角度看来，企业就是三张报表；对于新古典经济学来说，企业是生产函数（技术、资本和劳动）。

在一些经典作家论著中，企业的本质是为了达成交易成本和管理成本的总和最小化的经济组织。企业都有自己的边界。法律上界定了企业的资产、负债和收益。

"人是一切社会关系的总和"，这是马克思说的。新制度学派的企业理论认为，企业和市场一样，也是其利益相关者合约关系的总和，是解决利益冲突的合约结构安排。只是有些企业与利益相关者之间有合约刚性，有些则可以动态调整。

诚然，不同的商业模式，涉及的利益相关者类型、层次和责权利分配方式不同。同样外包或连锁加盟，企业与其利益相关者的交易结构可以大相径庭。例如，雷士可以免除加盟商的加盟费，还给加盟商赠送加盟店装修费。同样是"公司＋农户"模式，由于企业家的经营哲学、面临的商业环境不同，企业与农户的合约内容差异也会很大，之所以说定位相同的企业，发展规模、效率、速度和风险会有明显差异，正是这个原因。关键在于企业与其内外利益相关者的合约关系不同。

那么，企业家在这时需要打破传统的企业理念和企业边界的思想。从法律定义转换到合约定义——利益相关者的合约集，而且是动态合约集。唯有如此，才有可能以开放的心态与利益相关者动态竞合。

二、企业价值理念

很多人会把企业规模当成资产规模或者销售规模，包括一些企业家也不例外。所以，一些企业制订的五年发展规划目标也往往是资产规模和销售规模。

其实，企业的投资价值是现代资本市场最为关注的企业价值，即企业预期未来可以产生的自由现金流的贴现值。好的商业模式，体现为企业价值实现更高的效率，即同样的资产规模，能创造出更为充沛和更为持续的自由现金流，从而获得更大的企业价值。

要知道，企业经营的本质是投资价值。同一块资产，可以创造更大价值的企业是优秀的企业，能够创造更高价值的企业家是优秀的企业家。同样一块地，如果不能产生新的价值，那么，对企业而言，可以列为财富，却不能并入企业的价值。

比如金风科技在上市之前的销售额和净利润均连续 7 年翻番，上市后市值一举超过海尔和联想的总和，而其员工总数不到 800 人，甚至不到后两者的零头。以低投入获得高效益，这才是成功的企业。

所以，一家企业是否成功的唯一标准就是此后它所创造的现金流折现值总和能否最大化，反映到资本市场上，就是高企业价值。做不到高企业价值，再多人力资本、再大资产规模也不值得炫耀，企业家反而应该因为低效率运营而感到惭愧。

三、控制理念

一般情况下，企业都很在意控制权。控制的方式很多，如技术专利、渠道、品牌、股权等。比如，美国津津乐道而国内耿耿于怀的高通就是通过专利控制，收取我们不菲的专利使用费。2009 年是中国的 3G 元年，中国联通的 WCDMA 和中国电信的 CDMA 2000 由于采取 CDMA 空中接口技术，需要应用到高通的专利。因此，每一部 3G 手机，都要向高通缴纳不菲的知识产权转让费（约占售价的 6 %）。

从传统意义上说，企业获得关键资源能力的控制权的方式是控股权。企业之间

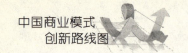

合作，也都寻求控股地位，经常为谁控股51%、谁控股49%争议。相持不下妥协的结果就是50%：50%。

股权控制在法律意义上往往还要增加管理和监督环节、层次和成本，而效果未必如愿。实际上，企业法律所有权与价值驱动因素控制权并不一致，甚至是分离的。随着企业知识密集程度增加，业务发展和增长机会与有形资产关联度反而降低，而与人力资本、增长高度黏合，但这些人力等资源并不能真正由法律上的所有者控制。

不管在国内，还是在国外，不少高科技公司都会出现因骨干人才跳槽而引起业务危机的现象。高科技企业的部分核心人员因不满原有公司的管理体制，或与企业所有者意见不一，或对利益分配不满，因此自立门户，另起炉灶。这样的新成立的公司往往与原公司业务非常类似，甚至完全一致，在市场上直接竞争，抢占原公司的客户和市场份额。例如，金蝶软件公司掌握核心技术的人员另立山头，推出同样的软件产品，与金蝶竞争，曾使金蝶元气大伤。

所以，不应过分强调资本意志和控股权。资产或者资源必须能够创造现金流才有价值。谁控制资产并不重要，重要的是，谁能更有效地使用资产和资源。

其实，最重要、成本最低、效果最好的控制是以组织能力等软实力，通过优化商业模式，以价值分享或增值方式吸引利益相关者，而不是依赖控股地位或企业内部严格的管理制度。比如，通过股票奖励计划，留住掌握现有产品技术诀窍和经营能力的人员；通过合作投资计划，留住开发关键新技术、新产品的关键员工，减少增长机会的流失。

那么，企业需要什么呢？第一，企业需要注重增强软实力和商业模式设计能力。第二，企业通过动态合约设计，以商业模式的系统优势，与利益相关者形成收益激励、违约惩罚、风险分担的动态合约。第三，企业需要有效解决信息不对称、逆向选择、道德危机等问题，以减少管理环节和管理协调监督成本。第四，企业还需要把利益对立转为利益一致，力求做到客户、利益相关者、企业股东皆大欢喜，合作共赢。

的确，对于一项技术来说，如果不能商业化应用，即使拥有专利也不过是一张废纸；而如果能够商业化应用，即使要缴纳专利使用费，仍然可以成就伟大的企业。诺基亚采用高通的技术，这无损诺基亚的伟大；戴尔的PC业务依靠英特尔的芯片和微软的操作系统，戴尔本身却一直是让人景仰的IT公司。

解封创新能力的魔咒

中国在温哥华冬季奥运会上包揽了女子短道速滑 4 枚金牌，实现了前所未有的项目大完满。其实，观看过比赛的人都知道，每一个弯道都是选手赶超前面对手的好机会。比赛成败，有时只取决于一个小小的弯道。同理，每一次新技术的出现，每一次商业环境的变化，都是一次行业洗牌的机会。传统企业青山埋骨，新兴企业星火燎原，"各领风骚三五年"，商界的改朝换代也许就发生在转瞬之间。

这些到底是为什么呢？为什么每次遇到弯道，就可以让新兴企业赶超、传统企业萧条呢？答案其实很简单：能力的诅咒！那么，面对能力的诅咒，作为现代企业该如何解封呢？

下面我们举例阐述一下这个问题。柯达和富士在数码时代来临时的不同反应生动地证明了这一点。

对于影像行业来说，柯达曾经有着辉煌的过去。美国著名歌手保罗·西蒙1973 年在歌中唱道："妈妈，别把我的柯达彩卷拿走。"柯达曾经是一个时代的象征。但是，随着在数码时代的后知后觉和动作缓慢，柯达正在慢慢地成为一个时代的背影。

早在 1976 年，柯达研制出了世界上第一台数码相机。1991 年，柯达研发出了130 万像素的数码相机。这本该是柯达发力数码、继续引领新时代的最好契机。但柯达沉迷于自己在传统胶片领域的统治地位，对数码相机的高端技术"秘而不宣"，迟迟不在数码领域发力，企图以此延长传统胶片的生命。

两者对比一下，曾经是影像时代小弟的富士，拥抱数码的步伐显得更为激进。1988 年，富士推出了世界上第一台带存储卡的民用数码相机。与此同时，富士将其在传统胶片领域积累的精密化学、感光材料、涂光、光学镜头和图像处理等核心技术不断延伸到平面扫描、医疗影像、生命科学和高性能材料等领域，为数码时代预备了一系列自主知识产权。虽然富士的胶卷业务在绝对数量上仍然保持着稳步增长，但是在相对数量上却逐步下降。

到了 2007 年年初，富士已经形成了影像事业（传统胶卷、印像纸、数码相机、数码冲印设备）、信息事业（印刷、医疗和其他的光器械等光学材料）、文件处理事业（复印机、打印机以及完整的文件处理解决方案）等三大支柱业务领域，三者占整体销售收入的比例依次为26%、33%和41%（信息事业和文件处理事业领域有一定交叉）。2006年的《财富》"世界500强"榜单上，富士排名第258位，其全年营收约为柯达的1.7倍，而柯达仅排第482位。

然而，柯达在2003年开始宣布全面进入数码业务以来，遭遇了两次大的战略转型，深陷能力的诅咒和对新资源能力缺失的恐惧之中不能自拔，至今仍没走出泥潭。

2003年9月26日，柯达宣布放弃传统的胶卷业务，重心向新兴的数码产品转移。柯达的重组计划主要由两部分组成：一是要通过收购，促进数码业务的发展；二是要削减传统胶卷业务的规模，并在必要时关闭工厂。此后，柯达在全球花了约25亿美元巨资并购了6家数码印刷巨头，包括对克里奥、柯达保丽光等印刷业内品牌的重组，但收效甚微。

到了2007年12月，柯达宣布第二次转型——时间长达4年、耗资34亿美元的庞大战略重组计划。计划裁员2.8万人，裁员幅度高达50%。然而，柯达的2009财年第三季度亏损1.11亿美元，连续第四个季度亏损。

柯达的亏损，固然有经济危机时运不济之厄，但究其原因，主要是前番对数码时代到来趋势判断不明所导致。后来迫于股东压力下决心重新赶超富士的数码业务，却苦于新资源能力的缺失，又裁员，又盲目收购，猛药下多了，而且还是在一个重病缠身的"老人"身上，可见柯达的前途堪忧。

2009年6月，柯达宣布，将停止生产拥有74年历史的Kodachrome品牌胶卷。24年前曾使用柯达克罗姆反转片拍摄《阿富汗少女》的著名摄影师史蒂夫·麦凯瑞曾公开表示："这意味着一个时代的结束。"是的，这是一个时代的结束，同时又意味着一个新时代的开始。

面对新时代的竞争角逐，柯达能否绝地反击，解封创新能力的魔咒，并拥有数码时代的关键资源能力，令人期待啊！

从熟悉的领域到开拓新疆域

什么是重构商业模式呢？那就要推翻原有模式，重新再来；或者基于已有模式基础，重新设计商业模式。不管是选择哪一种，都要面临从熟悉领域到开拓新疆域的挑战。

在面对全新疆域时，不同企业有不同的战略选择。

互联网公司被誉为"经常模仿人，从未被超越"。对 2009 年年底市值已经进入全球互联网公司的前三甲的腾讯来说，开拓新疆域的选择就是"跟随战略"。

互联网业务繁多，腾讯如何决定要不要进入某个新业务呢？马化腾有三问。一问：这个新的领域你是不是擅长？二问：如果你不做，用户会损失什么吗？三问：如果做了，在这个新的项目中自己能保持多大的竞争优势？有这三问，腾讯貌似激进其实稳健地进入了门户、博客、输入法、邮箱、网络游戏、社区网站等新疆域，令旗挥处，腾讯撒豆成兵，后来居上，风头无两。

在今天，互联网的发展早过了靠技术取胜的年代。如今，在互联网上，用户才是王道，谁能抓住用户，谁就拥有一切。在中国，腾讯的 QQ 几乎是任何一个连上互联网的人都会申请的应用软件。和 QQ 号码绑定的邮箱、博客空间、SNS 应用、网络游戏等，跟 QQ 即时通信软件一起，成了让网民最容易上手的网络应用。

实际上，互联网的一切应用都是最容易被模仿和学习的。腾讯看到一个新的应用，首先是内部研发，研发赶不上进度就直接挖团队，再不行就直接收购团队（SNS 开心农场的研发团队"五分钟"就在此列），坐拥互联网市值三强。"没有搞不定的应用来源"，腾讯的侵略性如此之强，以至于"风投"在看互联网项目的时候经常要问项目创始人一句话：假如腾讯和马化腾进入这个领域，你有什么办法足以抵挡？

马化腾认为腾讯就好像是一个集贸市场，只要能够搞定货源，卖灯泡和卖电视机并没什么区别，用户还会因为多了一样选择而更加喜欢这个集贸市场。所谓的开拓新疆域对腾讯并非是新的，客户一样，平台一样，看起来还是熟悉的领域。

可是，该怎样开拓新市场呢？与开拓新业务相比，开拓新市场的招数就更多了，最常用的就是授权。授权又有不同的业态。

比如在动漫行业，做内容的企业很喜欢把动漫形象授权出去。迪士尼就把它的米老鼠、唐老鸭等授权给玩具制造商，再和渠道商签订授权协议，把授权生产的玩具放到授权的渠道里去卖。我们平时在屈臣氏、沃尔玛看到的迪士尼玩具，既不是迪士尼生产的，也不是迪士尼的渠道在销售，而是迪士尼借助合作伙伴的资源在扩张。迪士尼的动漫形象业已形成市场的品牌力量，因此可以专注于熟悉的领域——动漫作品，而把开拓新疆域的任务交给授权的合作伙伴，用最小的投入和最低的风

险获得最大的收益。

另一种常见的授权方式就是连锁加盟。连锁企业拥有品牌、管理流程和后台支撑资源，加盟商则拥有资金和当地的运作资源。连锁企业和当地加盟商合作，前者开拓了新疆域，提升了企业价值；后者则获得了一部分的投资收益，各取所需。

在同一个企业，还可以同时采取多种不同的开拓新疆域方式。以星巴克为例，它异地扩张的方式就有四种：第一种是离美国近的地区，100%自营；第二种是合营，像在日本采取合营，即各占50%的股份；第三种是参股，如百分之几参股；第四种是完全的特许加盟。而在其发展早期，由于成长性很好，股票估值很高，星巴克经常把经营好的特许加盟店装进上市公司，让加盟商也拥有部分上市公司股份。

因此，对连锁企业来说，连锁的品牌运营、管理流程是熟悉的领域，当地的资源分布是比较陌生的疆域，通过授权就可以很好地达到用熟悉领域资源去开拓新疆域的目的。

在同样的行业中巧妙运用不同的手法

大多数缺乏想象力的企业家们似乎已认定每个行业只有一种特定的商业模式。设计，生产，销售……似乎企业家只能选择以下几个答案中的一个：专业化，纵向一体化，横向一体化……其实，任何一个行业，都有成千上万种商业模式可供选择。敢于尝试新商业模式的企业，才有可能成就非凡的业绩，并获得高企业价值。

比如以家具行业为例，下面简单介绍三种商业模式。

一、以红星美凯龙为代表

红星美凯龙投资建设卖场，凭借品牌优势，塑造"一站式"家装概念。通过建设推广销售终端，吸引家居用品众多厂商入驻卖场。收取厂商的店面费和管理费，并有部分OEM产品的销售收入。

红星美凯龙主的要赢利来源是什么呢？是向进入商场的经营者收取租金和物业费，并通过全国连锁经营，将这一赢利扩大，具有典型的商业地产发展商特征。红星美凯龙的成本支出主要是建造商场的支出。为了营造高档、环保、科技的特色商场，其建造商场的成本甚至远远高于宜家、百安居。其他成本主要来自招商和管理商场（包括其自建物业）的支出。

红星美凯龙绝大部分商场都是自建，只有个别小型店是租用，以出租场地的方式经营。红星美凯龙采用"市场化经营，商场化管理"的独特经营模式，同时发挥商场和厂商二者的积极性，而且自建物业以降低厂家进驻的成本，保证入驻商家的经营利润。"市场化经营"就是商场不实行统一收银，消费者可以与商家讨价还价，经营有很大的灵活性，可以更充分地发挥各家厂商的积极性，这点类似于传统的建材市场。但一般的建材市场管理混乱，质量得不到保证，红星美凯龙的"商场化管理"克服了这一弊病。

二、以宜家为代表

宜家输出设计，让家居用品厂商为自己做 OEM 制造。开设卖场或特许加盟卖场，都由宜家管理，为消费者提供舒适的家居用品购物环境。宜家负责厂商到卖场之间的一切物流（高效物流是宜家的关键能力之一），从卖场到消费者的物流由消费者自己负责。

宜家的赢利来源分为四种。第一，也是最主要的赢利是宜家产品的销售和服务收入。由于宜家销售自己设计的自有品牌产品，具有较高的品牌价值，因此这部分收入并不像普通零售商一样仅仅是进货价与零售价的差价，而是销售产品的收入扣除给 OEM 厂商的制造费用和其他经营费用后的全部。第二，宜家自建门店的地产增值。随着全球房地产市场行业的繁荣，宜家全球的 100 多家商店的地产增值收入颇为可观。第三，特许经营费，即宜家向获准开设宜家商店的机构或个人收取的宜家门店特许经营费。第四，宜家餐厅、小食品店的经营收入，这部分收入在宜家的经营收入中所占比例很小，却是宜家吸引留住客户的重要手段。

宜家的成本支出即设计、生产、分销、销售各环节中的成本。包括向宜家设计公司 IKEA of Sweden 提供的经费，向 OEM 厂商支付的制造费用，全球采购、分销过程中的物流成本以及开设和管理门店的成本等。

宜家的平价定位基于其完善的成本控制措施，宜家的产品设计师秉承着同样价格的产品将设计成本降到更低的设计理念，利用宜家发明的"模块"式设计方法，将家具设计成可拆分的组装产品，分成不同模块，分块设计，使生产产生规模效益。设计团队还与供应商密切合作，寻找更便宜的替代材料、更容易降低成本的形状、尺寸等。全球有 2000 多家 OEM 厂商为宜家生产产品，为这些厂商支付的产品制造费是宜家成本支出中的重要一项。为了严格控制成本，宜家在保证产品质量的情况下尽可能地选择生产成本更低的厂商。为了减少投资，宜家往往以增加订单的条件说服 OEM 厂商自己投资设备用于生产宜家需要的产品。由于宜家进行了很好的成本控制，加上通过全球采购、全球配送，以及全球连锁的规模化经营，赢利被放大了很多倍，给宜家带来了可观的收益。

三、以居泰隆为代表

居泰隆通过对装修公司、供应商和销售商的整合，减少中间环节、降低流通成本，发展连锁超市（与上文两家的大卖场相比，面积仅为 1/10），通过信息系统实现需求多元化下的规模采购。采购信息由居泰隆系统到厂商再到门店，由第三方物流负责统一配送到门店，门店再负责到客户的物流。

由于居泰隆的卖场面积仅为一般家居大卖场的 1/10，而对卖场来说，固定的场地费用就要占到 1/3，因此，对于省出来的这 1/3 固定成本，居泰隆就有巨大的操作空间了。

居泰隆的赢利来源至少有四笔。

第一，厂家的返点。居泰隆庞大的客户资源为厂家带来络绎不绝的订单，于是厂家给居泰隆返点。但是厂家自己送货，要负担产品的运输成本和损失。

第二，公司返点。居泰隆收到商品后，由配送中心分类包装，然后交由物流公司配送。同样，物流公司承担运输成本和损失，却由居泰隆收取返点获利。

第三，加盟商的加盟费和占商品订货额一定比例的管理费。

第四，居泰隆向服务网点输出指导人员并收取一定此例的员工管理费。

由于绝大部分展示放在电脑系统，所以居泰隆没有库存，展示场地固定成本低，成本支出很有限，可谓是轻资产的典范。

其实，一个简单的家具行业，至少就有三种截然不同的模式。其中红星美凯龙是集贸市场模式，靠租金和物业管理费用赢利；宜家是 OEM 模式，主要挣取品牌溢价；居泰隆是整体解决方案提供商，靠整体服务赢利。同一个行业，不同的做事方式，而且每一种模式都可以从其他行业中找到对照的模板。

但是，从一个新兴行业起步，金风科技却走了一条不同的道路。

金风科技从一开始就定位于做风电行业产业链的组织者。金风控制核心的整机研发设计环节，为中国的风电行业培养了一大批配套制造厂商。金风扩张到哪里，其配套制造厂商就跟着建厂到哪里，可以说，金风的全国扩张是整个风电产业链的扩张。

在风电行业成长起来之后，金风遇到配套厂商为竞争对手所用的威胁。无奈之下，金风收购了上游的设计公司——德国 VENSYS（该公司的赢利模式是技术授权），进一步加强了技术研发能力。另外，凭借积累多年的、比竞争对手强大得多的风电行业运营经验，金风介入风电场投资、运营服务环节，攫取风电行业服务环节的巨大利益，实现了商业模式的升级。

颠覆吃独食，善于分享未来收益

人们常说：商场如战场。既然是战场，不是你死就是我亡。所以，在商场上，很多企业家都会把每一分钱算得清清楚楚，目的就是独占整个市场。然而，却有一类企业家，敢于颠覆吃独食，善于和合作伙伴分享未来收益，最后算总账，却还是他赚得最多。比如荣秀丽、姚良松、吴长江，就是这一类企业家。

这到底是为什么呢？他们又是怎么做到的呢？

诚然，并不是说这类企业家完全颠覆了吃独食，而是说他们算账的方法跟别人不同：吃独食，得到整块面包，不过 1 份收益；如果跟合作伙伴把面包一起做大，面包变大为原来 10 倍，就算分给合作伙伴 5 份，自己还剩下 5 份，远远高于原来的收益。这是一种智慧。

一、少要钱的天宇朗通

原来手机业界的主流渠道商业模式有两种。

一种是诺基亚等国际品牌的分账模式：手机厂商 20% ~30%，代理商 10% ~15%，终端渠道 5%。人员投入由代理商和终端渠道负责。

另一种是波导等国产手机的垂直一体化。对渠道采取"人员支持 + 全程价保"方式，手机厂商独自承担促销员工资、手机库存压力和手机降价风险。

荣秀丽对天宇朗通的商业模式设计自然也从渠道开始，她是靠做国际品牌的分销商起步的。和国际品牌相比，荣秀丽把自身所在的手机厂商毛利从 20% ~30% 下降到 10%，剩下的 15% ~20% 由渠道分销商分配。作为交换条件，渠道必须买断产品，并承担一切人员成本。事实上，买断产品后，渠道有一定的定价权，得到的利益经常高于规定的 15% ~20%。

短短几年间，由于渠道分销商得到了更多的利益，积极性大幅度提升，天宇朗通就组织起了一张纵深全国、超过1500家渠道商的销售网络，一举跃居国产手机第一位，并在2009年成为首个跻身手机三强行列的中国本土品牌。

二、不要钱的欧派

姚良松的欧派和荣秀丽的让利相比，就更进了一步——不要加盟商的钱。欧派厨柜对加盟商不收取加盟费，授权品牌并提供产品给加盟者，加盟商全额投资设立专营商场，独立核算，自负盈亏。

欧派要求加盟店统一欧派标识，统一CI（品牌形象识别），统一服装，统一培训。加盟店里必须专卖欧派厨柜产品以及欧派提供的相关配套产品。作为交换，欧派赋予加盟店区域独家代理的资格。欧派为加盟店提供免费职工培训和商场专业装修指导。

那么，加盟店是不是就没有任何投资风险了呢？有。加盟店的投资风险主要集中在开设店铺的前期投入。由于没有库存压力，实际上加盟店只扮演了"拉单者"和"接单者"的角色。按照欧派的加盟方案，每个店的初始投资在15万~50万元之间（不包括房租），而按照欧派2009年的营业额和门店数目，基本上可以得出，加盟店在一年之内就可以收回投资。

近几年来，欧派的专营店数量每年都以30%的速度递增。连锁经营不到3年时间，欧派营业额就突破亿元大关，轻松翻番。

而今，除了北京、上海、广州三地有直营店，欧派在其他城市、县区拥有接近2000家加盟店。这不得不说是"不要钱"的功劳。

三、倒贴钱的雷士照明

如果说荣秀丽和姚良松是不吃独食的话，吴长江的雷士照明可谓是倒贴钱给加盟商了。

2000年7月，从建立第一家加盟店开始，雷士非但不收取加盟费，还补贴3万元作为装修和样品展示费用，并给店员发基本工资，让加盟商免费开张。其他一些环节，如店面的租赁、管理等，由经销商自己负责，赢利归经销商自己所有。当然，作为条件交换，雷士要求加盟商第一单必须进不少于10万元的货，保证雷士不亏本。同时，针对市场上30天的交货期，雷士把交货期控制在15天，增强加盟商的渠道竞争力。

毋庸置疑，雷士照明收到了很好的效益：

2000 年 7 月，第一家雷士专卖店在沈阳开张；

2003 年，雷士专卖店达到 300 多家；

2004 年，雷士专卖店翻番到 600 多家；

现今，雷士专卖店已经超过了 2500 家。与之相应的，雷士的销售额也井喷式地增长，2003 年为 3 亿元，2004 年已为 6 亿元。

四、退守核心的高通

高通退守到了核心位置是什么意思呢？原来高通最开始采取了几乎是最完整的产业圈商业模式：采用自己开发的 CDMA 芯片，通过自己的基站部做设备，通过自己的手机部做终端，通过自己的运营商 Leap Wireless 做电信运营，通过自己的风险投资公司做 PDA、射频等应用。只有少数部分应用和微软、福特等合作。在 GSM 还大行其道的 2G 时代，为了催熟 3G 产业链，大包大揽，似乎是高通唯一的选择，别无他选。

到了 2000 年，在高通的努力下，CDMA 用户突破 5000 万。高通适时重构了商业模式：手机部卖给日本京瓷，基站部卖给爱立信，芯片只研发不生产。手机终端厂商通过向已经从高通剥离出来的 CDMA 芯片公司批量购买芯片和高通合作，高通则养了一大批律师，专收专利费，并和侵权的企业打官司。从追求全能冠军转化为单打冠军，高通通过保留最核心的芯片业务实现对整个 3G 产业链的控制。这正是"以退为进"的做法。

五、夫唯不争，故无尤

"夫唯不争，故无尤"，这句话出自老子的《道德经》。原意是正因为像水那样与万物无争，所以才没有烦恼。而对于商场来说，也是可以引以为鉴的。像少要钱的天宇朗通、不要钱的欧派厨柜、倒贴钱的雷士照明，企业对合作伙伴的扶植可谓是不遗余力，补贴力度一个比一个大；而企业的发展也没辜负企业家的良苦用心，业绩节节攀升。正是因为不吃独食，不抢占利益，才能团结更多的有识之士、更多的志同道合的合作伙伴，从而获得更大的利益，这也正是敢于打破传统规则的益处。

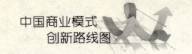

颠覆就要有舍得空杯归零的心态

想创新就是要颠覆，对行业惯例的颠覆，对企业积累的资源能力的颠覆，对周围环境的颠覆。但是，既然是颠覆，就要有舍得空杯归零的心态。因为只有把原来杯子中的污水倒掉，才能装进最多的纯净水。

比如IBM向我们展现了一个古老企业如何一次次打破传统理念重构商业模式、一次次站得更高，向我们展现了一个百年企业是怎样历久弥新、鹤发童颜的。IBM的PC业务的成长历程，就为我们解读这段重构史诗提供了一个窥一斑而知全豹的窗口。

可以说，在技术研发上，一步领先，步步领先。在IBM推出个人计算机之前，苹果已经研发出了第二代个人计算机Apple II，并获得了巨大的商业成功。在PC业务上毫无根基的IBM落后苹果又何止一两步？当时挂帅研发IBM－PC的唐·埃斯特利奇要想在短期内赶超苹果，不但要独辟蹊径，走与苹果不同的道路，还要打破IBM在大型机时代的成功经验，走跟IBM以往不同的研发道路。然而，唐·埃斯特利奇的确做到了。和苹果的封闭架构不同，以唐·埃斯特利奇为核心的"十三太保"研发团队一开始就决定走"开放"和"兼容"的道路。事实上，唐·埃斯特利奇有一条直通董事长的路，这给他自废武功提供了内部环境的支持。

IBM－PC的外围设备、软驱等，都采用供应商最便宜的元件，但它大胆采取了英特尔的微处理器和微软的MS－DOS操作系统，IBM唯一做的事就是整体研发和组装。这在IBM之前的历史上是绝无仅有的。

谁知，在IBM的不经意间，形成了PC历史上统治时间最长的Wintel联盟。IBM的PC销售也打破了以往由内部业务代表做销售的大型机时代惯例，而是交给了经销商。

虽然IBM的第一代PC性能并不如同期的苹果机，但更为开放的颠覆性商业模式无疑更为吸引合作伙伴和客户。

1981年，刚创立一年的PC部门就为IBM贡献了近10亿美元的收入，并在1983年占有了企业PC市场的75%。

到了1984年，PC部门要是独立出来可以名列美国第三大计算机公司，仅次于

IBM 自己和 DEC。

那么，后来 IBM 的 PC 为什么又开始走下坡路了呢？那是在唐·埃斯特利奇出事之后，其诱因恰恰是原有商业模式的复辟：从开放重新走向封闭。开放会使企业进步，而封闭无异于故步自封。

出现旧模式的原因是什么呢？归根结底，是自废武功不彻底导致旧模式复辟的那时起，就几乎注定了 IBM 的 PC 业务将走向灭亡并最终拖累整个 IBM。于是，在 20 世纪 90 年代初，IBM 几乎遭受了灭顶之灾。在郭士纳起死回生 IBM 之后，2004 年年末，IBM 的 PC 业务卖给联想集团，导演了 IT 业历史上中国人最有民族自豪感的一幕。然而如今，无病一身轻的 IBM 靠着知识集成风生水起，而联想却深陷泥潭。尚不知下一个自废武功的又该是谁？

一路艰辛、一路风雨历程，谁也没有 IBM 背负的历史更长久，谁曾经的辉煌也没有 IBM 更璀璨。历史悠久、璀璨辉煌、成功伟大如 IBM 者，尚能否定历史，否定自己，自废武功，从而重塑企业灵魂，创造卓越。如此看来，要想在商场上立于不败之地，要想颠覆传统规则，就必须有舍得空杯归零的心态与魄力。

第二章 战略定位

——剖析客户的需求，实现价值创造最大化

毋庸置疑，一个成功的企业，它的战略定位也一定是成功的；一个失败的企业，它的战略定位肯定或多或少存在着一些问题。战略定位其实是从消费需求结构的变化角度入手，去发现市场价值、开发出独特的价值主张并寻找企业整个商业系统定位的过程。因此，战略定位是整个商业模式的起点，是企业战略的核心，一定要剖析好客户的需求，从而实现价值创造最大化。

第一节　寻找高利润区

高利润区来源于机会

培根说："善于识别与把握时机是极为重要的。在一切大事业上，人在开始做事前要像千眼神那样察视时机，而在进行时要像千手神那样抓住时机。"是的，改变你生活和他人生活最有效的方法之一，就是抓住每一次改进的机会。也正如罗丹所说："世上不是缺少美，而是缺少发现美的眼睛。"可是，我们要说："机会就在你的眼前，时时刻刻，但是你却没有发现它。"

上海超限战营销策划机构曾经对国内很多行业的领先企业进行过研究，通过研究发现：绝大多数的领先企业，都是各自行业的机会主义者，因为它们抓住了行业机会，并快速抢占这样的机会，所以才取得了今天的领先地位。

"做一个善于发现机会者"，是它们领先的不二法门。其实，在商业模式设计中，企业战略定位的来源之一，就是要发现市场上未被满足的消费需求。"做一个善于发现机会者"，正是抓住了市场上未被满足的新需求。这种新需求，包括空白市场的新需求、行业爆发临界点的新需求和行业升级换代的新需求三个层面。

一、善于发现新需求，创造全新市场

怎么样做一个善于发现机会者呢？首先要善于发现新需求。只有发现了市场上的新需求，才能创造全新的市场。因为空白市场新需求，往往是一个全新的行业即将诞生的基础。所以，对于任何企业而言，最好的竞争就是没有竞争。我们把这种思想冠以一个名词，就是"成为第一胜过做得更好"。要选择项目，就要设法让自己成为这个项目或行业的第一个，成为先行者，使自己具备先发优势，不做第二个或者后来者。因此，中国现在各行各业的领先企业，几乎无一例外地都曾经做过机会主义者，都是在各自行业以抢先优势取得领先地位的。

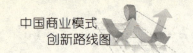

红塔山是烟草行业第一个依靠企业自身的营销能力与原料优势而不是依靠历史资源、在全国范围内抢占高档香烟销量第一位置的企业，迄今仍为行业强势的烟草品牌。

脉动饮料凭借其第一个开创的"运动饮料"市场机会，打造了运动饮料这个新品类，并成为这个饮料子行业的第一品牌。

联想电脑率先扛起"中国民族PC"的大旗，率领中国电脑品牌硬生生从外资品牌的虎口里分得一杯羹，并成为中国电脑行业的领军品牌。

……

类似的例子还有很多，而这些例子成功的背后，都似乎不约而同地源于同一个规律，那就是发现一个行业，并抢先进入这个市场空白点，往往就能够取得巨大的成功。

因此，作为一个企业的创立者，我们一定要有发现机会的眼光，做一个机会模式者，到竞争对手力量薄弱甚至空白的地方去。只有找到一个空白的市场，在这个空白市场建立自己的品牌，才有可能生存下来。

当然，市场并不是一块铁板，看似成熟的市场，里面也有一定的机会；看似强大的对手，其自身也有破绽和软肋。关键就在于能否发现机会。其实，中国国内市场仍然存在很多市场空白点。

1. 空白点之一：消费需求

消费需求的空白点有两种可能。一种可能是这个需求以前还没有出现过，是一个全新的行业或产品品类。在中国市场上，经常会有一些消费者的需求没有被满足，这样的需求空白点也是机会。近两年出现的音乐手机、移动硬盘、MP4及木糖醇等，都是因为发现了消费者的新需求，所以才卖得大火特火。

另一种可能就是虽然这个行业已经存在，但是却没有任何一个品牌率先来主打这个品类，它也可以算是新行业。

20世纪80年代以前的人都知道，我们中国人以前的床上用品，就是床单、被套这样简单的产品。但是，有谁又会知道，到了20世纪90年代，一个新的消费需求被发现了，那就是在床单、被套基础上诞生的一个全新行业——家纺行业。

家纺行业从20世纪90年代末开始起步，随着中国城市化进程的加快，以及"80后"一代结婚潮的来临，2000—2005年，这个行业进入了大规模扩张的阶段。

2003—2008年，家用纺织品业年产值复合增长率约为18.25%，2008年产值已达 8800 亿元，比 2007 年增长 11.40%，比 2004 年增长 95.55%。

为什么这个新行业能够迅猛成长呢？主要源于以下两方面原因。

第一，中国城市化的进程，会为家纺行业带来更多消费者。城市化率每提高一个百分点，就会新增城市人口约 1500 万人。中国的城市化水平已从 1990 年的 19% 发展到 2004 年的 42%。到 2025 年，中国的城市化率将达到 55%，城市人口将达到 8.3~8.7 亿人。从这个数字中，你可以想见未来城市新增人口的数量有多少，这其中又有多少会成为家纺的消费者。这些人新入城市，就需要买房子，买房子后就有可能买家纺。基于我国居民的消费习惯，约有 82% 的消费者在迁入新居或装修时需购置各类家纺产品用于装饰居所。以迁入新居或装修后进行家用纺织品消费为特征的消费需求，将形成巨大的家用纺织品需求市场。

第二，婚庆市场的巨大商机。新中国成立以来，迄今已出现了四次人口生育高峰。第一次是 20 世纪 50 年代，人口从 5 亿增加到 7 亿；第二次是 1963—1976 年；第三次人口生育高峰期在 1985—1990 年；第四次生育高峰则出现在 2008—2010 年。第四次的人口出生高峰中，平均年新生儿数量达到 1700~1800 万，峰值出现在 2010 年左右，新生儿数量达到 2011 万左右。

近几年为什么会进入一个生育高峰呢？主要是由于第二和第三次生育高峰出生的人都已到了结婚生子的年龄。从 1978 年实施计划生育政策 30 年来，中国第一代独生子女已进入结婚高峰期。目前，我国每年有近 1000 万对新人喜结良缘，因结婚产生的消费总额已达 2500 亿元左右，其中，相当一部分份额就属于家纺行业，这为家纺行业的发展提供了源源不断的消费需求。

2. 空白点之二：区域

大多数人都知道，很多国际大品牌如可口可乐等，其主力市场几乎都在大中城市，而对于广大的乡镇市场，它们则鞭长莫及。这就给了娃哈哈、志高、七匹狼及安踏等众多中国企业一个机会，它们深入二三线市场，避开与国际强大对手的正面对抗，迂回作战，先周边、后中心，先农村、后城市。这种模式创造出了很多的中国领先企业。

非常可乐正是深谙中国幅员辽阔、消费的差异性大、基础设施不足、交通手段缺乏、信息传播不充分以及商业流通渠道不发达等中国特色，避开与可口可乐、百事可乐在一线市场的正面交锋，深入二三线市场以及广大的农村腹地，占据了大片可观的市场。

二、善于抓住行业爆发的机会

发现了空白市场，只是其一。为什么这么说呢？因为一个全新的空白市场被发现后，将会有越来越多的企业加入其中，分食行业空白的竞争对手一多，这个时候，在大家的集体发力下，有可能引发行业消费需求的大爆发。在行业爆发的过程中，将会产生快速成长的市场机会，这种市场机会，在一个行业中往往只有一次。行业飞速成长，消费群飞速增加，几乎所有的参与企业都可以在其中随行业成长而成长，这是行业的红利。此阶段的特点是企业投入大收益也会大。如近几年的足浴盆行业、按摩椅行业等。

2009 年，上海超限战策划机构全案策划了一个足浴盆品牌，这个叫泰昌的足浴盆企业所处的行业，就是在 2009 年左右刚刚进入行业爆发期的。

这个行业的现状是：产品同质化，营销手段简单初级，渠道管理豪放型，行业缺乏教育，没有行业标准以及众多不规范的企业纷纷进入。但是，在这样的经营和营销条件下，不单是泰昌，包括其他品牌，甚至整个足浴盆行业都能够出现"连续多年供不应求"的局面，而且在 2008 年金融危机肆虐的年头，行业仍然能保持30% 以上的自然成长率。

或许，你会有这样的疑问：是什么原因让这个产品及营销手段都非常原始的行业，能够保持高速成长？我们通过全国市场的调研发现，那是因为这个行业进入了爆发期。那么，又是什么原因致使这个行业进入爆发期的呢？

第一，这个行业的产品是具有保健功能的日用品，容易跑量。中国早在《黄帝内经》中就有了论述足部保健养生的文字。绵延三千年的中国传统保健养生文化，为足浴盆行业的兴盛奠定了"理念基础"，并且用三千年时间培育了中国巨大的足浴消费人群。泰昌养生足浴盆，男女老少皆宜，尤其是中老年人使用更佳，它比补品、保健品的保健功能更实在、性价比更高。因此，可以说它是儿女孝敬父母、馈赠长辈、馈赠亲友的最佳产品。与补品、保健品等其他动则几百上千元的产品相比，泰昌养生足浴盆系列产品 299 元、399 元、499 元、599 元、699 元的零售价位，更加适合大众消费。

第二，随着中国老龄化社会的来临，催生了"孝心礼品"这个市场。足浴盆因其"暖脚、活血、助睡"的功能，特别适合做"孝心礼品"。全国老龄办常务副主任李本公表示，中国在 1999 年进入老龄化社会，"21 世纪的中国将是一个不可逆转的老龄社会"。2004 年年底，中国 60 岁及以上老年人口就已经达到 1.43 亿，2014 年将达到 2 亿左右。正是因为老龄化社会的来临，孝敬父母的问题就越来越成为一个普遍性的社会问题。这就为足浴盆行业贡献了巨大的消费需求。

第三，足浴盆消费意识的逐渐成熟。由于三千年足浴文化的浸润和足浴盆属于并不复杂的科技产品等特征，消费者对足浴盆的功能及保健作用已经耳熟能详。很多消费者不但知道足浴盆产品，更知道足浴盆产品的作用，更有部分市场的消费者可以直接指名购买泰昌的某个产品型号。再加上足浴盆行业十多年的发展，虽然没有大量的品牌宣传和有意识的行业教育，但是，足浴盆行业多年来每年数百万台的销量，还是起到了一定的消费者教育作用，这对行业进入爆发期奠定了消费认知基础。

通过几个月的走访市场和策划，上海超限战策划机构与泰昌公司高层一起确定了行业将于 2009 年进入爆发期的判断，在这样的行业大势的判断下，泰昌在 2009 年展开了声势浩大的市场扩张运动。这种扩张，主要包含几个方面。

第一，对品牌的重塑。为了抓住老龄社会"孝心礼品"的机会，泰昌提出了"为天下父母洗脚"的品牌核心价信，并对泰昌品牌的整体形象系统进行了重新包装与设计，让泰昌品牌具备迅速打动消费者的能力。

第二，对泰昌渠道的重塑。泰昌渠道出现了"批发绑架企业陷入危机"的问题。因为批发乱价，导致了泰昌全国市场出现了价格混乱、窜货严重、终端萎缩等极其危险的情况。针对这一现状，泰昌制订了"分品牌、分渠道""市场下沉、地市代理""渠道真正多元化"和"终端为王"等渠道体系规划，全面而科学地规范了渠道体系，保证了渠道体系的规范、良性运转，实现了渠道先乱后治的目标。

第三，进行大规模的品牌传播和渠道招商工作，以抢占行业爆发的机会。首先，高调、大气魄参与 2009 年体博会进行招商，势压全场；其次，在对品牌和渠道进行全面规划之后，从 2009 年 7 月 6 日开始，泰昌即在中央电视台 2 套《经济信息联播》栏目中投放央视广告，费用高达数百万元；再次，在国庆和春节的两大销售旺季，泰昌在中央电视台 1 套黄金时间再投放央视广告，跟踪两大热片《解放》和《红色摇篮》，前后合计 1000 万元广告费用。除此之外，泰昌还投入了数百万元的央视购物推广费用，以开辟足浴盆行业扩张的新纪元。

由于泰昌采取了率先发力、抢占行业第一的策略，于 2009 年登高一呼，结果天

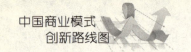

下响应。泰昌足浴盆 2009 年取得了销售额从 1 亿元到 4 亿元、经销商数量翻两倍的战绩。泰昌以做一个机会主义者的策略，初步奠定了其行业领导者的位置。

三、善于把握行业升级换代的机会

行业爆发的机会也抓住了，是不是就万事大吉了呢？还不是。因为行业爆发期过后，绝大多数的企业都能够得到较大的发展，但市场竞争变得越来越激烈，企业利润将变得越来越稀薄，投入很大但收益却不一定大。在这个阶段，还有些市场机会会到来，那就是行业的升级换代，这种升级换代往往是因为技术的突破而取得的。

其实，市场升级就是机会，是新品颠覆市场、行业重新排座次的机会。中国作为新兴大众市场，在整体消费板块内部所发生的结构性位移都将带来跳跃性的消费浪潮，这是中国市场不成熟的特征提供给后来者的机会。市场发展到一定阶段就会有一个临界点出现，此时就是产业升级的到来。产业升级或市场升级就是企业的机会。如电视机行业就曾经历过黑白电视、彩色电视、纯平电视、背投电视、平板电视及高清电视等升级换代的过程，将来还会进入 LED 时代；影碟机行业也经历了 VCD、DVD、蓝光碟机时代……

2006 年，上海超限战策划机构曾经介入某区域白酒市场，就已发现该市场的机会在于升级。

以前，当地市场是五粮春的天下，当时五粮春酒店价是每瓶 110 元左右，后来，五粮春突然提价到每瓶 150 元以上，使每瓶 100 元左右的价位被架空，每瓶 150 元成为市场主流价位。

五粮春的提价标志着市场的升级，升级就是机会。对于这个机会，五粮春和当地同价位品牌是"一家欢喜一家愁"。五粮春由于提价过猛，品牌张力不够，所以当地消费者不愿意再多掏钱买五粮春，而宁可掏同样的钱去买本来就是这个价位的白酒。如洋河蓝色经典、今世缘地球和双沟珍宝坊等品牌，它们原来就是每瓶 150 元的价位，所以一旦该价位成为了主流，它们都捡了一个落地桃子，销售马上就火爆起来。

中小企业品牌不能等着机会上门，而应该主动把握市场升级的机会，主动改变产品策略迎合它，如此，才能真正不丧失任何一次机会。TCL 就多次采用此种战法，并大获成功。

TCL 以前是做电话机的，TCL 决定投产彩电时，国内彩电市场早已拥挤不堪，这就意味着传统市场已经饱和。长虹、熊猫、金星、飞跃、凯歌、孔雀、北京及牡丹等本土品牌自成体系，各据一方；索尼、东芝、日立及松下等外来品牌更挟东洋技术之强势。更糟糕的是，当时国内彩电市场一片狼藉，彩电供过于求的呼声亦一浪高过一浪。

面对着严峻的形势，TCL 发现了一个行业升级换代的需求，那就是电视屏幕将从小屏幕向大屏幕转变的趋势。而当时，本土品牌尚没有开发大屏幕彩电的，外来品牌大屏幕彩电价格普遍偏高，大众消费者无法承受，一时难以普及。面对众多相对成熟的国内外彩电品牌，TCL 发现了彩电市场的这个新趋势：国内高质低价的大屏幕彩电市场即将涌现。

TCL 于是看准竞争对手的薄弱环节，趁虚而入，不失时机地填补了这个空白，以高端大屏幕彩电为切入点，以创新者的形象开始颠覆彩电行业，终于一鸣惊人。

我们可以从 TCL 漂亮的升级战中得出一个结论：当行业升级或转型时，行业会被重新定义，人们会在心智上接受颠覆者。TCL 虽然在彩电行业是后来者，但总是避免以追随者的形象出现，而是以产业升级或市场转型为基点开始发力，以创新者的全新形象出现，一开始就占据了消费者的心智。

总之，不管是新的市场空白点，还是行业大爆发的机会，抑或是行业升级换代的节点，这些都是一个想做机会主义者的企业家所必须精准把握的。

善于发现未被满足的消费需求

寻找高利润区的前提是具备发现未被满足的需求的能力。其实未被满足的需求随处皆是，关键是我们常常缺乏发现的眼光而已。所以我们说，机会，在于未被满足的需求发现；成功，在于未被满足的需求设计。因此，研究消费者，尽可能满足他们的需求是非常重要的，这又涉及与消费者的交流和联络问题。一些企业，特别是大企业，很容易因为沟通渠道不畅而忽视来自市场客户的抱怨声音。现代企业是非常重视跟客户加强沟通和交流的，店大欺客是非常忌讳的现象，可实际上，确实有不少企业因为种种原因忽视了与消费者的交流。忽视交流就会忽视不易发现的客户潜在需求，也就忽略了企业又一次获得高利润的成功机会。这也是值得我们的企

业关注的，且须时刻牢记。

在中国，由于存在一个庞大而低端、并且远远没有实现饱和的消费市场，大量商品还没有被寻常消费者享受到。同时随着人工成本、社会责任、原材料价格等成本的上涨，国内众多企业原先奉行的技术领先、差异化和低成本战略已经难以适应企业发展的要求。面对新的商业环境，仅从战略、营销、技术创新等方面调整改善，越来越难以奏效；而发现新的需求，并且创造出新的需求模式已经成为中国企业持续发展、保持竞争优势的重要选择。

因此，我们要牢牢地记住，顾客的真实需求不是一件产品，而是产品背后能够实现的功能；消费者真正的需求是解决问题，而不是获得解决问题的工具和手段。我们要牢牢树立起这样的观念，才可以跳开卖产品的表面，去捕捉表面背后隐藏着的需求。如何发现未被满足的需求呢？中国古语所说的"祸兮，福之所依"讲的正是这个道理。在越具有挑战性的地方，在顾客最不满意的地方，正包含着顾客未被满足的需求。这些需求，正是我们苦苦寻找的利润源头。

所以，我们不仅要具备"做一个善于发现机会者"的思维，去开拓全新的、空白的市场需求，更要有"发现顾客不满足背后的机会"的思维，去开拓现有行业中不成熟的消费者满足方式和环节，然后，根据那些未被满足的消费需求来设计自己的商业模式，从而比其他竞争对手更早地攫取行业利润。

发现未被满足的需求，既包含了发现全新的、空白的需求，更包含了发现现有行业中未明确的、显性的消费需求；潜在的、未被竞争对手满足的消费需求；已经转移的、变化的消费需求和未符合行业本质的消费需求。

一、发现未被满足的明确的、显性的消费需求

未被满足的明确的、显性的消费要求是指消费者能够描述出来并且明确地表达出来的需求。由于每个市场都由多个顾客层级组成。处在中高端市场的是那些苛求的消费者，他们有比较复杂的、多样的消费难题需要解决。而在某一产品或服务推出的早期，由于技术与产品的不成熟，那些有较高需求的消费者往往会不满足于现有的产品性能与服务性能，于是就出现了很多未被满足的消费需求。企业面对这种未被满足的消费需求，就需要不断改善产品与服务的性能，直至满足消费者为止。

比如最初的手机，由于采用模拟技术，所以在接收区域、音质与可靠性等方面都有所欠缺。后来，移动网络引进数码技术就解决了这个问题。

同样，电视机行业也是如此。最初的电视机是黑白的、小屏幕的，消费者在观看电视时，存在着对色彩、大图像、清晰的画质等方面的需求，于是，黑白彩电逐步转变为彩色电视，小屏幕彩电逐步转变为大屏幕彩电，模拟电视信号逐步转变为数字信号。

二、发现未被满足的潜在的消费需求

消费者在反映未被满足的消费需求时，有的消费需求是可以明确表述的，有的则不能明确表述，而且，有的需求连消费者本身都未能意识到，也就是说他们深层次的消费需求并没有被挖掘和满足。

比如施乐公司的顾客主要是大型企业与专业影印公司，施乐一直在这个领域"潜心修炼"。但是，他们忽略了一个潜在的消费需求，即个人客户对复印便利的需求。于是，佳能应运而生，开发出简便型桌上复印机。

所以，在现有客户关注的消费需求层面之上，还有很多待开发和待满足的需求。如果企业只把需求满足的目光盯在现有客户身上，或者只盯在现有客户明确的需求满足上，就有可能会丢失客户潜在的未满足的需求。

另外，要注意的是，将目光只盯在现有客户和现有客户明确的需求上，容易与竞争对手在同一个领域展开你死我活的激烈竞争，让企业陷入"红海"。反之，企业如果能够跳出明确需求的框架，把目光投射到潜在的未被满足的需求上，通过创新来开发客户潜在的需求，就有可能帮助企业进入无人竞争的蓝海。

因此，对于商业模式设计者来说，理解那些明确的消费需求是很重要的，但他们更应该花时间去研究那些没有被明确的需求。

三、发现未被满足的已经转移的消费需求

现今，"以客户为中心"已经成了绝大部分企业拥有的共识。但是在实际的战略定位制定过程中，大部分企业还是从企业本身的核心能力和资源出发，进行由内而外的战略定位思考，而把"以客户为中心"这一由外而内的思考路径抛置脑后，所以导致一系列的战略失误。

在新的环境中，成功的企业是那些以客户为中心进行思维、认识到客户的关键需求并以新的企业战略设计来满足这种需求的企业。任何产品或服务的价值都表现在满足某种客户需求结构的能力上。那么，客户需求结构是什么呢？

不同细分市场的消费者，对产品或服务的需求是不同的，所呈现出的消费规模（需求量）也是不同的。我们把行业需求量在不同细分市场的分布称之为消费者的需求结构。消费者的需求结构是动态变化的，随着时空的变换，行业需求量会在不同细分市场之间发生结构性的变化。当消费者需求结构发生变化时，就为企业创新商业模式创造了可能。

俗话说：站在这山还看那山高。人的本性大抵如此。满足了消费群一种消费需求后，当出现成本和价格的激烈变化、技术革新、客户选择和要求的迅猛扭转等情况时，消费群新的消费需求就会接着产生，而且，这种消费需求会比以前更加高级、成熟和难以满足。

其实，消费大环境始终处在不断变化当中。以服装为例，20世纪80年代流行喇叭裤，20世纪90年代流行牛仔裤，现在又流行露脐装。当然，这样的服装样式流行只是浅层次的、表面的消费观念的变化。我们要说的是更深层次的消费趋势的变化。

消费趋势又是什么样的呢？消费趋势不因一时一地而改变，它就像一股涌动的暗流，潜行在绝大多数消费者的消费意识里。一开始，消费者只感觉到它的吸引力，而到后来，全社会都动员起来，大家不约而同地就有了几乎相同或相近的消费习惯和消费倾向，这种消费最后成为席卷整个市场的滔滔洪流，势不可当。这就是消费的趋势。

如果企业从长远发展的战略规划来讲，需要抓住的是趋势，而不是时尚。时尚是海洋中的一个波浪，常常匆匆而来、匆匆而去，它是短期现象；而趋势是一个潮流，是长期现象，它很难看见，但假以时日，它会变得非常强大。时尚需要宣传，而趋势则很少。成功的企业计划不是以时尚为依据，而是以趋势为基础。在市场营销中最好的驰骋方法就是把握长期趋势。

作为新兴大众市场，中国在整体消费板块内部所发生的结构性位移都将带来跳跃性的消费浪潮。这是中国市场不成熟的特征提供给创新者的机会。

市场发展到一定阶段就会有一个客户需求结构性变化的出现，此时就是商业模式创新机会的到来。这一认识印证了亨利·亚当斯"加速度定律"所言"中国的市场存在跳跃式发展"并非虚无。这就是颇具中国特色的市场特征。

比如，分众传媒发现了电梯口的"无聊时间"这个需求结构，于是创新出自己的"分众商业模式"；如家酒店发现了酒店行业低价格需求结构的出现，于是创新出"经济型酒店"的商业模式；春秋航空抓住了观光度假旅客和中低收入商务旅客需求结构的出现，于是开创了"低价航空"的新模式。

以上这些国内商业模式创新，都是因为抓住了客户需求结构变化的创新。在国外，也有很多这样的商业模式创新。

在19世纪20年代以前，最重要的汽车消费偏好是具有基本的交通功能并具有可靠性，所以，福特公司建立了纵向超级一体化的企业设计。这个设计可以大批量生产高可靠性和低成本的T型车。到1920年，福特共计卖出2200万辆T型车。20世纪20年代以后，消费者需求结构发生了变化，消费者开始需要不同色彩和风格的汽车，而且愿意为此花更多钱。福特对这种需求结构没有关注，而通用汽车则开发了价格、功能各异的系列车，如雪佛兰、凯迪拉克、别克等。所以，20世纪20年代之后的几年，福特的市场份额就从55%暴跌到12%，而通用则取得了领导权。

很多年以来，IBM一直是大型计算机的王者，但是，到了20世纪70年代，微型电脑的消费兴起，但IBM对此反应迟钝。1977年，苹果公司推出风靡一时的微型个人电脑。20世纪80年代，一直对微型电脑不屑一顾的IBM终于如梦初醒，决心尽快进军微型电脑市场。但是已经来不及了，康柏、惠普、苹果等公司已经占领了微型电脑市场。

四、从行业本质角度，发现未被满足的消费需求

无论在哪个行业，如果要成功，一定要先抓住行业的本质。为什么这么说呢？因为对企业进行商业模式设计，就要分析企业产品的赢利空间、成本结构，更直接的理解就是要分析企业的资产结构，弄清资产结构决定企业赢利能力的途径，找到企业赢利管理的出发点与核心点。而行业属性的不同，投资结构就会不同，这就会带来成本结构的不同，这些都决定了需要消化的直接成本和固定成本。在这里，企业就需要较好地测算成本动态。

什么是行业本质呢？"行业本质"一词在这几年的财经界拥有很高的提及率，可谓是"财经热点词汇"之一。这一现象应是缘起于郎咸平先生。自从他在多部著作中对中国诸多行业的"本质"进行了剖析，并声称"你的想法要符合行业本质""企业战略之所以成功是因为符合了行业本质，之所以失败是因为违反了行业本

质"，引起人们的轰动性研讨之后，"行业本质"一词就成了财经流行语。很多人认为郎咸平先生提出的这个词汇和观念有助于提醒我们的企业不要再"瞎子摸象"、闷头前行，而是要更加多地去关注中观层面行业的趋势，从而更易获得商业成功。

这当然也引起了很多的争议，如有人认为郎咸平"仅仅对龙头企业作一简单分析，就能得出所谓的行业本质，这完全是天真的幻想，而得出的行业本质只能是对现状的简单描述，连行业特点都抓不住"；也有人认为郎咸平先生所言"我谈的不是理论，而是具有高度操作性的方法论"，未免言过其实，因为一本以学生为主体作者写出来的著作难免高度不够。

上海超限战营销策划机构也认为，单纯地研究既往的成功者是远远不够的，因为成功者的历史是不能复制的。成功者已经使行业的态势发生了改变，想要成为新的成功者，就必须着眼于今天和未来的行业态势，进行新的创造。超限战通过研究，将行业本质的概念再定义为：企业在一定时间段内，在某个细分行业持续成功所必须要注意的关键问题必须要具备的关键特质。

其实，每一个行业在一定时期内，都面对着客户同样的价值需求和评判。行业属性就是围绕这种价值需求和评判而形成的行业规律，是企业应该遵循的竞争规则。这个概念所强调的是，企业要在注重宏观大环境和中观的行业发展阶段的前提下，持续关注消费者的需求和竞争态势，突破思维定式，提供最佳的产品或服务组合以及模式，从而推动企业长久成功。

计算机芯片行业有一个著名的"摩尔定律"，其核心是"微处理器的性能每隔18个月翻一倍"，而这个定律恰恰是英特尔等芯片巨头全力以赴实现的。这就是芯片行业的行业属性。意味着芯片性能与时间对应的规律，落后于这个规律的企业都失败了。

时装行业的属性是"反应速度"。因为时装产品每天贬值0.7%左右，只要提前十天卖出，就少贬值7%，毛利率就可以增加13%，这就是时装行业的属性。

零售企业，其产品成本是容易计算的。可是，这类企业相对来看又有很高的固定成本、房租和人工费用；同时这类企业的销售半径也是有限的。今天，随着城市化进程的加快，消费者要求更好的购物环境，城市成本也越来越高，这些导致的直接后果是土地、房屋成本的迅速上升。因此，我们不难看到，对于这类商业类企业，其行业属性是：应当尽可能扩张自己的销售半径和销售密度（这两个都涉及位置），从而提高单店赢利。对于它们，赢利的核心就是提高单个客户的创利率。

而租车连锁业的行业本质就是在交通的便利性和低价格之间求得平衡。某租车连锁企业在其广告中宣扬"养车不如租车"，说的就是自己买车、养车是很方便，但费用太高，租车恰好能够花钱较少，用车也比较方便。如一嗨租车连锁提供给客户的价值就是"比养车便宜、比公共交通方便的到达方式"，围绕这一价值，一嗨连锁快速增加覆盖面（扩充网点、增加车辆和人员）。为此他们吸收了大量风险投资用于购买车辆、迅速扩充网点。目前一嗨已经成功发展到在全国近40个大中城市开展个人自驾业务，并在全国70多个城市为超过220家世界五百强企业提供全面用车解决方案，成为目前国内覆盖城市最多、服务网点最多、车型最多、业务范围最全面的全国连锁租车服务提供商之一。

快餐业的行业本质就是速度快、食物安全及价格适中。这三个因素缺一不可，无论哪家企业进入快餐领域，如果不具备这三个特质，都难以生存下去。为了具备这三个特质，某快餐连锁延伸设定了其管理体系各层面的规划。

以下是对其他产业行业本质的简要概括。

正餐连锁业的行业本质——"特色味道"或"特色氛围"。

教育及培训连锁业的行业本质——成功地复制稀缺性的特色教学方法和教学效果，如新东方及各种早教机构。

医疗连锁业的行业本质——专业突出，超越传统的综合医院，如各种眼科、牙科、体检类连锁医疗机构。

美容院连锁业的行业本质——其规模从小到大，产品、服务、氛围、空间的重要性依次增加。

住宿连锁业的行业本质——其中的星级酒店业是"提供奢华享受和彰显尊贵的身份与地位"；经济型酒店业是"提供够用而不多余的住宿条件和卫生条件，且比星级酒店便宜，又交通便捷"。

奢侈品行业的行业本质——使消费者享有荣耀尊贵的身份地位，满足消费者获得社会青睐的心理需求。

化妆品行业的行业本质——成为消费者美丽和气质的伙伴。

那些紧紧抓住行业本质，并按照行业本质进行商业模式设计的企业，往往会取得巨大的成功；而那些忽视行业本质，又不能从行业本质的角度去发现有哪些消费

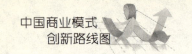

需求是没有满足的企业，则可能陷入泥潭。

因此，当你把握不准明确的、潜在的和已经转移的未被满足的消费需求的时候，不妨从行业本质角度，去分析是否还有机会，然后据此来设计自己的商业模式。

总之，研究行业本质的巨大好处在于：抓住了行业本质，在企业发展出现停滞时，将能够推动企业成功"突围"；在企业发展非常顺利时，能够保证不走弯路，持续成功。所以，行业本质论还是有其深刻价值的。

利润来源于产业链薄弱环节

什么是产业链呢？产业链是产业部门间技术经济关联关系的外在表现，既展现为产业部门之间上下游的投入产出关系，又体现为产业部门之间的下游环节对上游环节的劳动追加、技术追加和价值追加，即表现为一种价值链条。

那么，产业链是怎么形成的呢？随着产业内分工不断向纵深发展，传统的产业内部不同类型的价值创造活动逐步由一个企业为主导分离为多个企业的活动，这些企业相互构成上下游关系，共同创造价值。围绕服务于某种特定需求、进行特定产品生产、提供服务等所涉及的一系列互为基础、相互依存的上下游链条关系就构成了产业链。

众所周知，在每条产业链中，每一个环节都有利润存在，只是或多或少而已。可是，该怎样判断高利润存在于产业链的哪一个环节呢？正如我们在上文中所讲的那样，高利润存在于产业链中相互依赖的环节，或者说存在于直接客户对之不满意的那个环节。我们把这个环节叫做产业链的薄弱环节。

一、企业要具备从全产业链去寻找薄弱环节的思维与眼光

企业要具备从全产业链去寻找薄弱环节的思维与眼光，尤其是中国企业更应该具备。商业模式关注的往往是企业竞争优势和核心竞争能力的构建，这种竞争优势，在一个非常长而复杂的产业价值链上，要想在所有环节上建立核心竞争力，是不太现实的。很多中国公司已经开始意识到，适合自己的战略方式是可以在产业价值链的3～4个环节具有高度竞争力，或者只要在价值链其中任何流程段中的任何一个环节中构建了竞争对手无法在短期内复制的竞争能力或优势，企业所构建的商业模式就是成功的。

有些时候，企业刚刚在中游环节建立起竞争优势，回过头来一看，发现自己在中游环节的竞争优势很快就被对手超越了，而产业链上游或者下游，却出现了薄弱环节。一旦上下游出现薄弱环节，从利润流向的角度来看，利润就会从产业链的中间环节分别向上游环节和下游环节转移。因此，企业需要具备产业链的思维模式，从全产业链的角度去寻找战略性环节和薄弱环节，并寻找机会修补薄弱环节。

由于产业链上下游企业和环节的欠佳表现，会限制一个企业提高对顾客的增值和创造本身价值增长的能力，为了防止出现产业链薄弱环节对顾客价值的阻滞，企业有必要强化产业链上的薄弱环节，采取行动以提高整个体系的表现和质量。

大部分产业链的各个环节都存在着不同程度的薄弱点，高利润就囤积在那里。如果你发现了产业链中的某些瓶颈问题，或者发现了产业链某些环节的问题所在，也就等于你发现了获取未来利润的机会。利润就是客户给予那些修补产业链薄弱环节的企业的奖励。一旦企业成功地修补了产业链中的某一个薄弱环节，就有机会在将来沿着产业链向上或者向下延伸利润。

我们知道，大多数中国企业习惯了只卖产品赢利的思维模式，于是把自己赢利的机会点仅仅限制在了卖产品上面，而忽略了其他更多的赢利机会。但是，对于现在中国产品远远供大于求的市场来讲，要想仅依靠卖产品来赢利会越来越难。

实际上，中国企业在几十年的发展当中，薄弱的不仅是产品，还有对产业链的掌控。一条完整的产业链往往由多个企业合作完成，对产业链进行细分和重组是实现价值最大化的有效途径。

对于2008年之后的中国企业来说，利润往往存在于产业链的很多环节，而并不仅存在于产品生产环节。因为，在大家都重视的环节，利润常常不复存在；在大家都没有关注到的环节，利润才是为有眼光的企业准备的。

二、善于修补产业链下游的薄弱环节

在众多产业中，客户需求结构的转移和变化已经非常明显，企业为这些已经转移的客户需求创造出了应有的价值。但问题的关键出在该如何交付这些价值环节。

如果产品与服务被高度同质化以后，产业链薄弱环节很自然地就转移到分销与零售环节。现在，对于中国的绝大部分行业来讲，生产制造已经是一个微利环节，中国市场已经出现了一个大趋势，即利润开始从产品制造转向产业链下游的分销与零售环节。也就是说，生产已不是问题，现在摆在中国企业面前的难题是如何把这

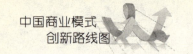

些产品和服务卖出去？

因此，在现有生产制造的基础上，向下游销售渠道及终端服务环节扩展，通过掌握渠道、掌握客户获得产品或服务的定价权，这是大部分中国企业必须要走的路。改革开放30多年以来，中国企业如果说有了很大的进步的话，主要的进步就在于，中国企业出于对本土消费者的消费习惯和对本土市场的深刻理解，在分销渠道、服务等方面建立起了自己独特的优势。直到将来，这种优势也是我们必须要不断加以夯实和巩固的。

以中国白酒行业为例。当今中国白酒业竞争格局分为四个层次。

1. 各个板块之间的竞争

如川酒、贵酒、徽酒、苏酒、鲁酒、鄂酒、东北酒及湘酒等，板块的趋势明显，一个板块就是一个品牌集团军。其中，川酒、贵酒居于领导地位，徽酒、苏酒、鄂酒及鲁酒等板块正向全国性品牌板块迈进。

各个板块集团军之间的竞争，主要是各个区域性酒品类之间的竞争，或是各个香型和地域文化之间的竞争。在这个意义上，有鲜明品类特色的板块会取得优势地位，如川酒以其浓香型荟萃之地和独具特色的四川文化就独占鳌头。

2. 全国性品牌或者说是一线品牌之间的竞争

包括高端酒市场的"茅五剑""水井坊""国窖1573"等；中高端白酒市场的"泸州老窖""金六福"等；低端白酒市场的"沱牌曲酒"等。这些产品表现在市场竞争范围上，为覆盖全国市场；表现在消费领域，则为领导者品牌群。

全国性品牌竞争的焦点集中在品牌的影响力、规模优势和资源的垄断力等三个方面。

3. 二线品牌，或者说是扩张型品牌

如近年风头甚劲的洋河蓝色经典、汾酒、西凤、双沟、稻花香及枝江大曲等品牌，它们紧随一线领导品牌之后瓜分市场份额，发起进军全国的运动，随时都有超越对手晋级一线品牌的可能。

二线品牌之间的竞争，争夺的是根据地市场和重点市场的数量并连接成片，最终将逐渐形成自己的区域性强势市场与诸侯割据局面。

4. 区域性白酒与一二线品牌之间的竞争

在一线品牌布局全国、二线品牌争筑重点根据地市场的格局下，在品牌影响力和资金实力不如对手的情况下，区域性品牌唯有依靠本地资源优势，形成区域割据，

构筑区域堡垒，方才能够奠定不败之局。

在这样的市场格局下，中国二线品牌白酒要实现崛起，势必就会出现白酒行业所特有的一个集中资源掌控产业链下游渠道终端的营销模式——"盘中盘模式"。

大家都知道，中国白酒行业走过了"作坊酒—工业酒—广告酒—品牌酒—文化酒"的发展道路，那些全国白酒品牌和一线白酒品牌，依靠其品牌先发优势和强大的广告投入，形成了适合企业特点的高投入、高产出的营销模式。

在领先品牌所构建的品牌文化壁垒和大投入的广告壁垒格局下，口子窖、洋河蓝色经典等二线品牌，不能和对手硬拼品牌与广告，于是，这些地方性白酒名牌（又称"二名酒"）从2000年开始了一场以"餐饮终端买断（包场、包促销等）"的盘中盘模式，以取得区域市场销量主导权的运动，并诞生了口子窖、洋河蓝色经典、高炉家等依靠盘中盘模式快速崛起的经典案例。

什么是盘中盘模式呢？所谓盘中盘模式，其实就是二线白酒品牌的"以渠道拦截对抗品牌"的营销模式。这些二线白酒品牌采取从高端渗透的推广次序，也就是盘中盘所总结的以小盘（A级高档酒店）带动中盘（B级中档酒店），最终影响大盘（C类酒店、超市、零售店等）的"品牌扩散"路径。

盘中盘模式背后，是白酒行业渠道的变化。

第一个重点，中高端白酒的消费人群主要是官员和商务人群，而这些人群又主要集中在酒楼，特别是一些高档酒楼。所以，只要能够吸引这些即饮终端重度消费者，他们是中高档白酒的"意见领袖"，他们就可能带动和影响白酒消费的潮流。以前白酒行业出现一句话叫"三五年喝倒一个牌子"，指的就是白酒的消费潮流。

第二个重点，盘中盘模式在于终端封闭，白酒企业及经销商采取买断促销权、专销等方式，与核心酒店终端建立起利益共同体关系，树立起强大、牢固的"渠道门槛"。

第三个重点，盘中盘模式在于有效的终端拦截。通过前述的买断、包场、专销方式，白酒企业可以在酒楼派进促销小姐，或者对酒楼的服务员展开开瓶费、客情费等激励。于是，在终端的产品推荐中，买断品牌就能更好地实现销售。

因此，盘中盘模式的实质，其实就是"先渠道、后传播建立品牌"的营销模式。这种营销模式打破了全国性白酒企业的"标王式营销模式"，从产业链下游渠道终端入手，实现了产业链薄弱环节的修补，所以取得了成功。

可是，这种盘中盘模式成功的取得，是二线白酒企业以较高的资源和代价才获得的。

怎样实现盘中盘模式呢？首先就要保证小盘的成功启动。那么，要推动小盘，白酒企业的渠道费用就会包含进场费、包场促销费（或买断促销费）、上架展示费、特殊展示费、开瓶费、年节赞助费、促销管理费及质量保证押金等各项费用，通常一个单店小盘（A级酒店）的渠道门槛费少则5万~8万元、多则20万~30万元甚至更多。

另外，要注意的是，虽然付出了极高的代价，但是，在利用企业资源时，有一个20/80原则，企业能把有限资源的大部分运用在能带来市场启动的小盘上，虽有付出，但收获较大。

故此，白酒二线品牌所采取的这种"盘中盘模式"，就是一种比较极端的将大部分资源集中于产业链下游的一个薄弱环节而取得成功的经典案例。

三、善于修补供应链的薄弱环节

目前的竞争环境、市场的竞争，很多时候，已经不再是单个企业为了争夺市场和顾客而展开的一对一的单打独斗，尤其在技术壁垒较低的行业，要想在竞争中生存取胜，必须联合上下游的供应商、分销商、零售商和用户，在这些伙伴之间结成利益共享、全面合作、风险共担的合作伙伴关系。

那么，什么是供应链呢？所谓供应链，就是围绕核心企业，从采购原材料开始到制成中间产品、再到最终用品，最后由销售网络将原材料的供应商、制造商、分销商、零售商及最终用户连成一个整体的功能结构模型。而供应链管理就是利用计算机网络对供应链中的商流、物流、信息流和资金流进行有效的计划、组织、控制和监督，以实现资源共享、信息共享和利益共享。

供应链能良好运转，对企业运营效率、营运资金管理、资产收益率及最终的利润起着关键性的作用。

据资料统计，供应链管理的实施可以使企业的总成本下降10%；使供应链上的节点企业按时交货率提高15%以上；使订货—生产的周期时间缩短25%~35%；使供应链上的节点企业生产率增值提高10%以上。

2004年，Yankee Group的调查报告指出：由于供应链管理中各个方面的连接薄弱而造成客户产品和零售业的损失高达400亿美元。其中，有3.5%的销售由于供应链管理不善而损失惨重。估计有75%的制造商由于没考虑到企业长期目标和需求数据同步的要求而匆忙上马低成本解决方案，造成现在的交易商间不正确的定价、错误的条款数据和其他坏数据交换，从而给零售业带来很大损失。

中国企业在供应链的建设方面还处于非常薄弱的阶段。这种供应链建设的薄弱，主要缘于两个方面。

一方面，由于我国的法制建设和诚信体制的不健全，导致了中国企业在竞争观和合作观方面与国外企业不同。中国企业习惯了以前那种低层次的竞争，即企业之间的竞争，是你死我活的、非输即赢的、此起彼伏的、两败俱伤的零和博弈，企业都想在各个方面建立竞争优势，不愿意和别的企业建立起共赢的、合作互补的关系。

另一方面，信息系统的落后与供应链人才的缺乏。供应链管理的整个过程都有赖于系统内部信息的高度准确的传递。信息流通渠道不通畅，信息传递不及时，使得传递内容失真，就会影响到供应链的建设。同时，我国懂得供应链管理的人才非常缺乏，这些都限制了企业供应链的发展。

中国企业在各种条件不完善、不完备的情况下，供应链常常出现以下问题：企业生产系统与经营系统的设计没有考虑到供应链环节；产、供、销之间没有形成链；企业内部存在部门主义障碍；企业信息系统落后；库存管理系统不能适应供应链的要求；反应不及时，交货不及时；没有与供应商、经销商之间建立战略伙伴关系，等等。

总而言之，以前是企业与企业之间的竞争，以后将是供应链与供应链之间的竞争。而中国多数行业都存在供应链薄弱的问题，这样的薄弱环节，就是利润区所在。

四、善于修补产业链上游的薄弱环节

诚然，产业链的薄弱环节可能会有很多，我们可以从产业链的下游去寻找薄弱环节，也可以从产业链的上游去寻找。下面，我们以从上游寻找为例来帮助大家分析理解。

产业链上游环节，主要包括研发设计、原料控制和融资三个环节。

针对一些对技术和产品设计要求较高的行业，如机械、重工、服装等行业，在现有加工制造的基础上，向上游技术开发和产品设计环节拓展，促使企业成为集技术、研发、生产、制造于一体的、具备产业链核心竞争力的企业，显得尤为必要。

中国企业关于核心技术的研发与拥有、关于产品设计的提升、关于融资等已有

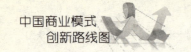

很多研究论述，在此笔者只讲述掌控上游原料环节、修补上游原料环节薄弱点的必要性。

其实，中国本土企业有三个主要竞争优势来源：第一是低成本，第二是速度，第三是灵活性。要保持低成本的竞争优势，我们并不一定非要从劳动力方面去进行节省。战略性地控制原料环节，也是一个非常有效的方法。控制产业链上游的原料获取环节，通过掌握原料环节的控制权，建立对整个产业链的话语权，这是一种战略思维路径。对于那些产业中原材料稀缺且关键的行业，如矿业、资源行业、地板行业、牛奶行业、白酒行业和铁皮石斛行业，这种战略环节的修补都极为可行。

利润来源于过分满足的消费需求

要做一个机会主义者、满足未被满足的消费需求和修补产业链薄弱环节这三个层面的商业模式创新，都是源于需求的未被满足，所以企业需要从商业模式角度进行整个商业系统的重塑，来更好地满足这些未被满足的需求结构。与这种满足未被满足的消费需求相反的是，有一些商业模式创新是来源于过分满足的消费需求。

其实，在过分满足的市场环境中，存在着两种商业模式创新的可能：其一，是针对那些过分满足的低端客户而产生的破坏性创新的机会；其二，是针对那些被过分满足的主流客户而产生的专业化、模块化创新的机会。

一、最容易被过分满足的低层顾客

在市场中，有一部分消费者是最容易被满足的。他们在行业发展的过程中，有时候不得不选择某一类型的产品或服务，因为除此之外，他们别无选择。而他们本身对这样的产品与服务是有不满的，不满的原因是他们不得不为他们不需要的产品性能支付成本。他们希望能够剔除这些多余的产品功能与特征，买到更低价或者更便利化的产品。

接下来，市场中戏剧性的一幕就出现了。当一些企业还在想尽办法拼命满足消费者未被满足的需求的时候，而有一部分消费者却认为产品性能超出了他们的需求。当技术的进步已经远超过这些客户的需求时，公司要想在低端市场上赢得不需要太好性能的客户的生意，就不得不改变它们的竞争方式，以更低的价格、基本的产品（服务）性能去满足那些最容易被满足的消费者。

这时，破坏性创新商业模式就出现了。

那么，什么叫破坏性商业模式呢？破坏性商业模式是指在现有的或许多新的行业领域，通过破坏性技术、破坏性产品或破坏性经营方法，都可以催生出一种新的破坏性商业模式，并依靠这种商业模式对原有企业商业模式形成挑战或超越。如西南航空公司依靠低成本的短线飞机的商业模式，对传统的航空公司造成了巨大的冲击；百度公司，依靠网络技术和竞价排名的商业模式，满足了众多中小企业寻找客户的需求，从而为百度创造了巨大的利润。

但是，"破坏性创新"对于我们中国企业有什么益处呢？其益处就是，那些在一个或数个领域进行有效的破坏性设计的企业，会在未来成为领先的革新者。

显而易见，中国需要这种破坏式创新。因为全球的一些主要产业，其工业和商业模式都被国外的大企业占领了，若要抄袭他们的模式，别人走 20 年，我们也不能少走。这样，我们就永远都不能赶上这些国际性大企业，也就永远不能实现超越。要实现超越，就必须和它们走不一样的发展道路，进行破坏性创新，从而在一个或数个领域成为新型的领导者。

现以如家经济型酒店为例，来阐述如家是如何针对低端被过分满足的消费需求而制定自己的商业模式的。

1996 年 5 月，中国上海诞生了第一家经济型酒店——锦江之星。2002 年，如家经济型酒店诞生。2006 年 8 月，如家在全国开业门店数量已达到 123 家，超过了锦江之星。2006 年 10 月，如家在美国纳斯达克成功上市，奠定了如家国内行业老大的地位。截至 2011 年年底，如家已有 1600 多家连锁酒店投入运营。

那么，如家经济型酒店是依靠什么样的商业模式而取得巨大成功的呢？

第一，如家这一类经济型酒店，面对的消费群是普通商务人士、游客、度假的家庭、政府官员以及会议客人等。这些消费群与那些高端的商务人士在对酒店的需求上是有明显差别的。他们需要的是快捷、标准化的服务和明确适中的价格，也就是说，他们需要的是商务或旅游的一些最基本的需求，而不是商务或旅游的享受。一句话，这些人需要的酒店服务主要包括"廉价、舒适、卫生、快捷"这四个方面。

大家都知道，在经济型酒店兴起之前，中国的酒店业大概可分为两类：一类是提供全套服务和享受的星级酒店，另一类是提供最简单需求的招待所、旅馆等。据统计，中国拥有 28 万多个大中小酒店、宾馆、招待所等住宿设施，其中 1 万个左右

是星级酒店，仅占酒店总数的 4%；另外有 27 万多家、96% 以上的住宿设施未进入星级评定范围，这些多数是中小酒店。

可是，对于那些普通的商务人士和游客所需要的基本的酒店服务，星级酒店所提供过多的豪华装饰、享受型服务、娱乐设施（康乐中心、KTV、酒吧、桑拿和会议场所等）和豪华气派的大堂等，都超出了普通商务人士及游客的需求。他们其实只需要充足的睡眠、方便的地理位置、干净快捷的酒店服务而已。

一些不入星级的招待所、旅馆，则因为其脏、乱、差的服务，满足不了普通商务人士和游客对快捷、干净、标准化的酒店需求。正是因为消费需求的不协调，导致了中国酒店业出现了"两头大、中间小"的格局。各地的高档旅游酒店与低档次的旅馆两头供给过热，高档酒店的客房出租率一直难以提高，而面向大众消费群体的中档酒店的发展严重不足，旅游酒店的结构性失调使得旅游产品的大众化消费受到抑制。在这样的背景下，符合国际标准装修、朴素、干净卫生、设施便利、价位适中的经济型酒店应运而生。

第二，如家经济型酒店定位于为顾客提供"舒适、卫生、快捷、廉价"的专业服务，要实现这样的定位，如家首先是集中资源于服务的专业化。哪些服务是核心内容，必须做好做强；哪些服务是目标市场所不需要的内容，就可以适当予以功能性部门的剥离，降低成本消耗。所以如家在对自己的服务方面做了"有增有减"的工作。

什么是"有增有减"呢？

"有增"是指如家并不排斥服务的特色化。出差公干和游客的需求，主要集中在床和卫生间。所以床品和卫生间就是如家增添服务的重点所在。如家提供的服务包括：干净的地板和卫生间卫生达到甚至超越传统酒店的卫生条件；保留叫早服务；市中心区位所带来的方便性；清洁安全的服务；浴巾、沐浴液、洗发水等基本的洗漱用品；免费宽带上网；简单三餐；打印；叫车服务，等等，充分满足了消费者对基本快捷、卫生、舒适的商旅需求。

"有减"是指如家对那些超出基本商旅需求的服务和设施，一律实行剔除和减少，以创造成本优势。剔除传统星级酒店过多的豪华装饰、享受性服务以及娱乐设施，不设门童，直接把没有太多附加值的购物区、康乐实施、会议场所等功能服务剔除掉，即除了前台、客房、餐厅这三个基本要素外，没有宽敞的大堂、游泳池、娱乐室等配套设施。在人员管理方面，如家每百间房的服务员为 30 ~ 35 人，远远低于传统高星级酒店的每百间房 100～200 人的配置，人力成本仅为同业的 1/3～1/6。

通过这种"有增有减"的服务内容的增删，如家实现了客户的满意，如家 2003、2004、2005 和 2006 年的平均入住率分别为 72.4%、86.8%、89.8% 和 90%。

与如家采取同样的低端破坏性商业模式的中国企业还有很多，如春秋航空、山寨手机及上网笔记本等。

二、被过分满足的主流顾客

什么叫被过分满足的主流顾客呢？哈佛商学院教授克里斯滕森在他的书中分析道：为了满足尚未满足的消费者需求，行业的绝大部分公司都会不断地改进现有的产品与服务。随着公司不断获取解决问题的能力，系统变得更容易理解，规则和标准开始形成。当一件产品过分满足消费需求时，这些规则和标准的形成就使一般的竞争者和后进者有机会利用较少的专业技能生产出足够好的产品或服务。

在这时，当产品或服务的性能超过消费者需求时，便利性、定制和低价就会成为不够好的东西。此时的市场要求企业必须以更快的速度向市场推出更灵活的产品，并对产品进行客户化定制，以满足越来越狭小的细分市场的客户需求。

想要在这些新的层面展开竞争，公司必须设计出模块化产品，各个零部件和子系统之间的接口规范合并起来成为行业标准，以帮助公司更快地推出新产品。因为公司可以在不必重新设计整个产品的情况下就改进子系统，公司还可以从一流供应商处拿到最好的零部件进行组合和拼装，以响应每位客户的特定需求。尽管标准接口总是会使系统性打些折扣，但是这些公司的目标客户并不需要太好的性能，公司也就乐得牺牲掉一部分性能，以换取提高速度和灵活性所带来的好处。

如此，整个行业的市场格局就发生了改变，曾经在行业中占主导地位的整合性公司渐渐被那些在价值链的各段上平行竞争的专业化公司所取代。各公司不得不在便利性、定制化、价格和灵活性上一争高下。而要实现这样的竞争优势建立，就必须进入到对价值链进行分拆的阶段，而不再需要那种一体化的公司。

模块化、标准化导致专业化公司的出现，专业化公司可以在模块化的关键点上提供足够好的产品或服务，利润从组装模块产品或服务的一体化公司转移向那些只控制着价值链一两个环节的专业化公司手中，如那些生产关键子系统的公司，以及那些能够整合影响速度和便利性关键点的公司。

依据这样的行业价值转移路线，很多公司的战略方向就需要调整。很多公司意识到在一个非常长而复杂的产业价值链上，要想在整条价值链上建立战略优势，是很难完成的任务。而更为切实可行的是，只要在价值链中任何流程段中的任何一个环节或者 3~4 个环节构建了竞争对手无法在短期内复制的竞争能力或优势，企业所构建的战略优势就是成功的。

以电脑行业为例来解释这个现象。

在 20 世纪 80 年代，IBM 的一体化模式使它成为无可争议的领导者。但是，市场却在发生着悄悄的变化，微软与英特尔则在价值链的某些关键环节开始走向专业化，并逐渐取得整个行业的主导权。

伴随着电脑行业的功能性和可靠性变得足够好之后，电脑产品在不断标准化，模块化架构和标准接口的采用，虽然牺牲掉了一部分性能，但使公司的速度和灵活性大为提高。企业竞争的角度就变成了使用产品的容易度——是否能够更灵活和简单地使用一件产品（便利性）。而微软的操作系统和英特尔的处理器正好满足了这一新需求。

至此，行业的主要价值开始在有助于提高速度和便利性的环节集中，利润开始流向了部件制造商。在个人电脑行业，钱就从 IBM 和康柏这样的电脑组装者流到了配件制造商那里——操作系统制造商（微软）、处理器制造商（英特尔）、存储芯片制造商（三星和美光科技）和磁盘驱动器制造商（昆腾）。

而微软正是采用了控制价值链关键环节、创建行业标准的商业模式，通过构造、开发和拥有计算机系统的关键部件，成为一家专业的操作系统标准提供商，最终由此成为计算机行业事实上的领导者。

微软从 1976 年开始，几十年来，在盖茨及其后任的领导下，依靠创建行业标准、掌控操作系统软件环节的战略模式，创造了一个市场价值高达 1700 亿美元的大公司。微软的商业模式有四个基本的发展步骤。

措施之一：微软意识到，它必须致力于满足用户在操作系统方面不断变化的基本需要，操作系统必须做到快速交货、价格低廉和使用简单，并能应用于不同的平台。

微软在成功开发出 DOS 操作系统后，于 1983 年推出 WINDOWS 操作系统。因为盖茨发现了另一个竞争对手发明了一种叫 VISION 的产品，这种产品具有鼠标操作的图形界面和应用程序，而且可以把操作系统与应用程序统一在一个产品和一个标准之下。这个产品正是 DOS 的克星。所以，微软急忙推出了自己的这一类产品，取名叫 WINDOWS。

WINDOWS 模仿了苹果机流行的图形用户界面，为用户提供了用鼠标点击执行操作的便利，迎合了用户对简易性的需求，并预装在每一台新机器上。

微软是靠 DOS 操作系统起家的，当微软推出 WINDOWS 操作系统时，微软非常重视在产品开发上降低用户采用新的应用程序的转换成本。微软在确保文件的兼容性和保持相似命令结构的基础上，确保了 DOS 系统、WORDPERFECT 和 LOTUS 可以容易地转移到 WINDOWS 应用程序。WINDOWS 满足了用户简单操作电脑的需求，又使操作系统升级变得很简单，在产品性能上满足了消费者的需求，为行业标准的建立奠定了基础。

措施之二：微软认为，要使某种产品成为行业的标准，它就必须向所有的用户开放这个标准，包括上游的电脑设备制造商、应用程序开发商和下游的最终用户与分销商。通过拥有最大的用户量，实现规模效应的递增。

比如，20 世纪 80 年代 IBM 进入微电脑行业，此时，最终用户不再愿意机械地敲入执行基本任务的基本命令，自动化的、可以简化文件管理和打印操作的操作系统正好能够满足这一需求，IBM 决定把能满足这种需求的操作软件系统开发外包出去。

当发现了这一市场机会，微软准备推出一个能够满足 IBM 程序设计员和最终用户的操作系统。于是，微软购买了 DOS 系统，并与 IBM 一起公布了 MS – DOS 的详细说明，允许任何第三方使用该系统，鼓励程序员编写 DOS 上的应用程序。由于 IBM 程序开发公司的全程加入和推广，DOS 系统逐渐成为一种行业通用的操作系统。到 1991 年，微软在这个产品上实现了 2 亿美元的销售收入，毛利润率也达到 80%。

后来推出 WINDOWS 操作系统，微软同样采取这种普及策略。一般 IYJWIN-DOWS 用户其实主要使用三种同样功能的软件，即文字处理、图形制作和电子表格这三种功能，在其他竞争对手的操作系统中也有。但在 WINDOWS 操作系统方面，微软鼓励其他应用软件开发商为之开发软件。

1989 年，WINDOWS 3.0 的应用软件数量只有 1000 个；到了 1996 年，数量就超过了 3 万个。正是因为拥有如此之多的应用软件，才最终保证了绝大部分用户选择了 WINDOWS。最终用户和信息系统的管理人员之所以会选择 WINDOWS，是因为

他们要使用其他 29997 种应用软件，而如此之多的软件只有微软的版本，而没有微软竞争对手——MACINTOSH、OS/2 或 UNIX 的版本。

措施之三：微软采取了弹性定价的策略。微软在一个新产品推出的初期，愿意牺牲眼前的现金流量，吸引更多用户选择微软产品，使之大众化，然后再通过规模效益的递增实现大幅赢利。因为软件产品的边际成本可以忽略不计，卖得越多，利润就越多。

措施之四：微软改变了自己使用 10 年的定价策略。以前，微软的定价策略是为每一个应用软件单独定价，大约每个应用软件 495 美元。从 WINDOWS 3.0 开始，在零售渠道，微软开始以较低价格提供捆绑系列软件，而不对每一个应用软件单独定价，用户从此能够以从前价格的几分之一购买新版本的捆绑软件。这种定价策略为微软产品的普及化立下了汗马功劳。

在市场渗透期，微软采取这种低价策略。一旦建立了市场领导地位，微软就从平价转向对每台机器收费，然后再提高价格，在每台售出的电脑上获得一份更高收益。

微软会不断升级已有产品和提供新产品，微软是一个不断创新者。它将技术包含在创建行业标准的商业模式设计中，并利用产品的不断升级，抓住不断转移的客户偏好，在产品差别化上建立竞争壁垒，使自己的商业模式设计总是领先于其他竞争对手。

1983 年，WINDOWS 推出；

1990 年，WINDOWS 3.0 推出。

到 1994 年，WINDOWS 系统在全球已经安装了超过 1 亿套。

之后，微软并没有停步，它不断地推出 WINDOWS 的新版本。到 1996 年，WINDOWS95 的销售收入就超过了 10 亿美元。

除了操作系统的不断升级换代，微软还在办公应用软件方面不断升级。微软拥有办公自动化软件市场，它的旗舰产品 OFFICE 在主要的应用软件市场拥有 85% 的市场份额，而且这一数字还会随着每一个升级产品而增长。

总之，微软正是依靠上述四大措施，不断强化自己在电脑操作系统方面的核心控制力，成为电脑操作系统事实上的标准建立者，从而赚取了巨大的利润。

微软在电脑性能过分满足消费需求之后，在电脑行业进入标准化阶段的时候，对价值链进行了分拆，将自己定位成一个专业化公司，分别在操作系统和微处理器这两个电脑的关键环节构建起或者标准化或者垄断的竞争优势，一直到今天，微软仍然掌握着电脑行业最大的利润区。

第二节　重塑商业模式的定位策略——需求结构的调整

重新定义客户和客户需求

行业利润区，更多地象征着企业制订战略定位的目的和方向。因为企业的目的始终是为了赢利，对于战略定位来讲，高利润区更像箭靶。客户需求结构的变化，会引起利润区的变化，所以，客户需求结构既像箭靶代表着战略定位的方向，同时又像警钟，它时刻提示着企业应该要随时留意战略设计的改变。因此，给客户重新定义，抓住了客户需求结构，是非常重要的一环。

一、重新定义客户

我们要想重新定义客户，首先要纠正一下中国企业以往的两个旧思维。

1. "以自我为中心"

当今绝大部分企业都已经拥有的共识就是"以客户为中心"，但是在实际的战略定位制订过程中，像我们前文所分析的那样，大部分企业还是从企业本身的"核心能力和资源"出发，采取产品思维的模式，进行由内而外的战略定位思考，而把"以客户为中心"由外而内的思考路径抛置脑后，所以导致一系列的战略失误。

在新的环境中，成功的企业是那些以客户需求为出发点，以满足客户这些需求偏好为中心进行思维，认识到客户的关键需求并以新的企业战略设计来满足这种需求的企业。

任何产品或服务的价值都表现在满足某种客户需求结构的能力。任何企业能够生存和发展，都是因为它满足了客户的需求。如果它满足了客户的小需求，那么它会取得小的发展；如果它满足了客户的大需求，那么它会取得更大的发展。

2. "以竞争对手的客户定义为准"

商业创新的意义之一在于，与旧有和现有商业相比，新的战略定位旨在满足新的不同类型的客户的需求。对客户群体的选择是一个战略决定，不能视同儿戏。而在选择客户群体这一点上，中国企业基本没有创新，没有自己的判断，大多采取跟随的策略。即基本是按照竞争对手特别是领先竞争对手的选择而选择，竞争对手选择哪一类客户群体，自己就跟着选择哪一类客户群体。这就导致了战略定位的趋同，导致了商业模式的趋同，也导致了利润的流失。

聪明的商业模式设计者要解决这个问题，会战略性地去思考这个问题，要么就是去确认新的客户群体，要么就是以一种创新的眼光重新定位现有客户群体，从而建立新的客户群体。

以上两种办法，都是为了确定谁是企业新的客户群体，即那些消费需求结构发生了改变的客户群体。

下面来看看两个国际快餐巨头的目标市场定位。

麦当劳以孩子为中心，然后才兼顾家庭中的父母与年轻男女；而肯德基则是以年轻男女为中心，然后兼顾家庭中的孩子与年轻父母——两者的市场定位虽然均为城市家庭，但在城市家庭的三大群体（孩子、年轻父母、年轻男女）上却各有偏重。这种细微的市场定位差别，决定了其餐厅装修、布局、产品等诸多环节上的不同，并最终导致其二者的发展速度出现了明显的差距。

二、客户需求结构

众所周知，不同细分市场的消费者，对产品或服务的需求和需要是不同的，所呈现出的消费规模（需求量）也是不同的。我们把行业需求量在不同细分市场的分布称之为消费者的需求结构。消费者的需求结构是处在不断发展变化过程中的，随着时间和外部环境的变化，消费规模会在不同细分市场之间发生结构性的变化。当消费者需求结构发生变化时，就为企业创新商业模式创造了新的可能。

其实，商业模式制订的第一步，就是选择合适的顾客，并设定即将为他们提供的价值是什么。凡是成功的公司都是帮助客户解决了某些问题，使客户获得了某种利益。

诚然，新客户群体的产生，不仅是通过新的客户需求而产生的，它可以通过多种途径获得，即可以通过老客户的重新定义获得，也可以通过寻找现有竞争者忽视或者怠慢的客户群体而获得（西南航空），还可以将现有客户进行差异化的组合而获得。

以饮料行业为例来分析一波又一波消费需求结构的改变这个问题。那些抓住每一轮消费需求结构改变机会的企业，都取得了巨大的发展。

迄今为止，中国饮料业的发展，大概经历了五次浪潮。

第一波，碳酸饮料浪潮。20 世纪 80 年代以中国可乐、健力宝和可口可乐、百事可乐为主导。健力宝是这个时期最有影响力的品牌，当"两乐"进军中国后，七大可乐企业被兼并，唯有健力宝一枝独秀得以保留。

第二波，瓶装饮用水浪潮。20 世纪 90 年代以娃哈哈、乐百氏、农夫山泉为代表的瓶装饮用水兴起。瓶装饮用水成了中国 20 世纪 90 年代中后期的主流饮料。

第三波，茶饮料浪潮。1996 年旭日升冰茶开始热销，康师傅从 1999 年开始在茶饮料市场发力，2001 年至今，以康师傅、统一、娃哈哈为该品类代表。

以上三波饮料浪潮，形成中国饮料市场现有三大主流品类产品。

第四波，果汁饮料浪潮。2001 年统一避开以汇源为代表的 100% 浓缩还原汁、利乐包产品，避开汇源的以家庭、酒店为主要消费的基础，另辟蹊径，以大众即饮消费为主，推出了 PET 装 25% 的鲜橙多果汁饮料，一举成功。娃哈哈果汁、可口可乐酷儿跟进，2003 年农夫果园再次将果汁饮料消费高潮升级。

第五波，功能型饮料浪潮。2004 年出现以乐百氏的"脉动"、娃哈哈的"激活"、农夫的"尖叫"、雀巢的"舒缓"、统一的"体能"、康师傅的"劲跑"以及汇源的"他+她"为代表的功能性饮料新一波浪潮。

这两波饮料新的需求结构的改变，形成现有中国饮料市场两大成长品类。

至此，中国饮料市场形成了三大主流品类、两大成长品类。

我们从中国饮料产业发展过程的回顾中不难发现，现有饮料市场强势品牌几乎都是伴随着某一品类的兴起而成长的。从某种意义上说，我们甚至可以认为饮料业是一个"时势造英雄"的行业。品类的兴起成就了品牌……瓶装饮用水成就了娃哈哈和乐百氏，茶饮料的兴起成就了康师傅饮料，果汁饮料成就了统一饮品，功能型饮品的兴起成就了脉动……

品牌只有搭上品类成长的快车，才可能取得高速的成长。这里的品类成长，其实就是一个消费的趋势和潮流。正是这种消费者群体性的消费需求结构，造就了一

个新品类的诞生。

企业之所以要研究消费需求结构，就是为了要在这种处于不断变化中的需求结构调整中，创造性地重新划分和识别新的消费需求趋势，以发现别人未曾发现的新需求结构，从而实现商业模式的创新。

由此可见，客户需求结构的重新定义和定位，是创新商业模式的起点。创新者们最终采取的商业模式，是从根本上不同于同行业主要竞争者服务主流客户的方式，如沃尔玛、佳能、苹果及西南航空等。

正如本章第一节所叙述的那样，客户需求结构定位主要包括三个方面：

第一，新需求、新市场的客户需求定位；

第二，发现未被充分满足的消费需求定位；

第三，发现过分满足的消费需求定位。

关于这三个客户需求结构定位的方法及具体案例，本章的第一节已经有详细的论述，在此就不再重复叙述。

重新划定产业范围

为什么要重新划定产业范围呢？给产业边界定位，其主要目的是要弄清楚企业到底是属于哪个行业，还要弄清楚企业的业务到底应该是什么，诸如"我是谁""我在哪里"等，这是关系到产业边界定位的核心课题。

不同的产业边界定位，会让企业拥有不同的产业战略和资源配置。因为，产业定位是解决企业做什么产业、进什么领域（产业链的哪一个环节）、企业的资源应该向什么方向配置这一系列问题的。

我们都知道，产业或者产业链不同，行业格局不同，其吸引力就不同，企业配置资源的需求也就不同，竞争方式也更加不同。企业对产业边界定位的不同，决定了客户群体、竞争者和它自身的竞争优势等方面的不同。因此，进入不同的产业，选择不同的产业链，就决定着企业最终的成败。

实际上，中国企业在产业边界定位方面，往往集体性地陷入俗套，或者说集体性地陷入了习惯思路。这种习惯思路，要么是跟随领先的竞争对手，要么是习惯了企业以前的业务边界定位，而不思改变。这样的产业边界长期不变，对我们的企业是有害的。因为一旦产业边界定位一直不变，那么企业的商业模式就难以改变，满新的消费需求或者说创新商业模式，就变得不可能实现。

足新的消费需求或者说创新商业模式，就变得不可能实现。

其实，企业对自身商业领域的定位，直接影响到企业的整个商业模式。对业务领域的重新定位是商业模式创新的核心。许多商业模式创新，正是因为从它开始的那一刻就首先对其自身所处的业务领域进行了重新定位，突破常规的行业边界，重新研究是否有可能整合消费者在使用前后的其他服务，然后，商业模式才取得了成功。通过向新行业转移、重新定义现有行业价值链或创建全新的价值链，是突破产业边界的有效手段。

霍华德·舒尔茨是星巴克的总裁，他不认为自己在从事咖啡交易业务，相反，他认为自己是在营造一种消费体验的业务领域，咖啡仅是其中的一部分。人们为什么要去星巴克，并不仅想去喝咖啡，还是想去体验在别处无法体验的新式咖啡文化。

在中国市场，星巴克全力打造一种"第三空间"的生活方式。星巴克的前身原本是美国西雅图的一个小咖啡零售商，这个店卖咖啡机和烘焙得发黑的咖啡豆，人们拿回家自己研磨煮制。但经过星巴克方法煮制的咖啡非常浓烈，它的开创者——杰瑞·鲍德温、戈登·鲍克和塞伍·西吉尔这三个人都喜欢音乐、写作、美食、酿酒，他们都有着浓烈的艺术家气质。他们创办星巴克，是想保持最纯正的、本质的咖啡，所以他们不想把星巴克做大，直到1981年也才只有四家店。从产品上讲，当时星巴克代表的不仅是优质咖啡，而且代表着创办者们陶醉其中的烘焙至黑的深加工法。

后来，星巴克的发扬光大者——舒尔茨发现了意大利咖啡所代表的精神内涵：意大利咖啡代表真正的咖啡精神，这种精神是一种纽带关系，把喜欢咖啡的人聚集在一起，并不一定非得在家里做和喝，他们在这儿也可以磨咖啡、蒸煮咖啡、喝咖啡，一起聊天。意大利人懂得人际关系可以用咖啡来联结，这是社会生活的一方面。

老星巴克忽略了这一点，过于小众和自闭，只是像杂货铺那样向顾客出售一袋袋咖啡豆产品，以供他们居家消费。这离咖啡的精神和灵魂还差了一大截。

1987年，舒尔茨买下了星巴克，于是展开了"将意式咖啡移植到美国的创意"的生意模式。在老星巴克优质的咖啡产品上，灌输意大利的咖啡生活方式，并倡导建立一种新的企业机制以改变美国人喝咖啡的方式。

　　舒尔茨为星巴克赋予了一种更为深沉的浪漫情怀，也给予了人们一种与咖啡同样有吸引力的氛围，那是一种"第三空间"：在这里可以品尝浪漫。人们在日常生活中每天来星巴克店里小憩片刻，只要叫上一杯咖啡，就能享受到异国情调，为平凡的生活增添几许浪漫。同时，星巴克店铺还是一个绿洲，向你提供片刻的宁静，把你的思绪引向自身，你可以从百事缠身、精疲力竭的状态中暂时得以解脱。也就是说，星巴克这个品牌所代表的，不仅是一杯咖啡，而是为你找到一个心灵的栖息地，为所有人的心灵提供栖所，同时也让许许多多的心灵通向幸福和高尚。

　　如此的品牌精神，正是由于舒尔茨洞察了现代消费者的精神渴望。在当代，人们已经处于失去人际交流的危险之中，人们需要有一处不受骚扰的聚会地点，一个工作和家庭之外的"第三空间"——那是一种心灵的栖所。星巴克正是依靠它的咖啡产品、空间氛围和店铺服务，为所有当代人提供了这种超越于产品之上的精神意义，所以，它受到了消费者的追捧。

　　1992年6月，星巴克在纳斯达克上市；

　　2003年2月，《财富》杂志评选全美最受赞赏的公司，星巴克名列第9；

　　2004年，星巴克营业额达到40亿美元。

　　如今，星巴克已是全球最大的咖啡零售商、咖啡加工商和咖啡邮购商之一。至今，星巴克所倡导的咖啡精神已成为全球文化的一部分。星巴克的成功，不是因为咖啡做得最好，而是因为它给自己的产业边界定位不同，所以其商业模式也与所有竞争对手不同。与星巴克定位自己不是卖咖啡的，而是卖氛围的公司定位一样，耐克公司也经历了这种"我到底是谁"的反复过程，并最终获得了成功。产业边界定位，还有一个范畴就是要回答好"我是谁"，找到企业的产业方向，其实质是解决发展方向的问题。

　　下面来看耐克关于产业边界定位问题的解决过程，耐克的战略定位经历了从跑鞋到篮球的转折过程。

　　1972年，蓝飘带公司开始在韩国生产自己的产品，把品牌名称定为耐克，还确定了它的勾状商标（当时的设计费是35美金）。20世纪70年代，耐克看准了席卷整个美国乃至整个世界的跑步健身运动的狂热和人们日益增长的参与体育运动的兴趣和需求。耐克借助这股浪潮，找到了自己的位置——耐克生产专业跑鞋。

公司不断改进产品和功能，从而赢得了跑步团体的尊敬。1979 年，耐克占美国跑鞋销售量接近一半，一年后它超过了长期主导美国运动鞋市场的阿迪达斯。但是耐克在 1983 年陷入了危机，公司开始走下坡路。原因很多，其中之一是品牌开始模糊，出现了不明智的延伸。但公司受挫最明显的原因还是耐克未加防备地遭到锐步的阻击。

在 1982 年，锐步敏锐地发现了新的市场潮流——女性健美操，它的产品迎合了当时的妇女尤其是美国妇女对舒适、合身和轻便服装的追求。1985 年，锐步的资产激增到 3 亿美元。

耐克决定东山再起，开始重新定义耐克到底是谁。耐克开始重新判断耐克究竟"是什么"和"不是什么"，休闲装、休闲鞋不是耐克，篮球和篮球鞋才是耐克。由此，耐克推出了举世闻名的"乔丹代言"运动，使耐克再度飞速成长。

为什么耐克要将自己和篮球联系起来呢？原来是这样的，运动品牌需要首先解决"我是谁"的问题，要有自己独特的战略定位。在产品同质化的运动市场，由于球类运动是有形的，所以细分某个球类常常更能够使公司具备差异性。耐克与篮球运动，阿迪达斯与足球运动，都是走"细分市场切入，树立专业性后再延伸至其他领域"的道路。

在耐克品牌成功的背后，除了他们抓住了市场机会和拥有创新的研发力量之外，最主要原因的就是他们找对了自己的方向和位置，他们知道自己现在和将来要做什么以及不做什么。

在商业活动中，价值是一个链条，在原有的价值链条和产业链条的界限开始模糊的时候，对于一个先知先觉的企业而言，不妨再次问一下自己："我是谁?"或者说，再一次在企业经营目标和产业链条之外，看看与自己的目标相伴生的价值链条，也许就会发现一个新的收获。

重新定位在产业链中的地位

《共赢》一书是马尔科·扬西蒂与罗伊·莱维恩合著的。他们在书中说：竞争定位要解决的问题是如何确立在产业链中具体的竞争地位，然后根据自己所处的产业链地位来确定自己的竞争策略，并配置不同的资源。

在很多行业中，单个企业都置身于一个商业网络中。在经济中，商业网络无处不在。一条产业链往往是由各个企业主体所构成的网络，就像自然界一样。这种商业网络与生物生态系统有高度的相似性。

从宏观上说，在一条产业链系统中，主要有四种不同地位、不同作用的参与者存在。这四种参与者是：产业链核心型企业、产业链主宰型企业、产业链坐收其利型企业和产业链缝隙型企业。

一、产业链核心型企业

这是一个广泛联结其他成员的中心物种。这个中心物种在网络中扮演了核心的角色，就像在食物链及其他类型的生态系统中，那些处于中心地位的物种，它们能给整条产业链及其他成员带来益处，它们一旦消失，会给整条产业链带来灾难性的影响。

因此，产业链核心型企业可以采取的策略是，为了改善整个商业网络的健康状况，核心型企业可以利用自己在网络中所处的关键中心地位，与网络成员一道共同创造价值并共享价值。

大家都知道，沃尔玛公司一直扮演的也是商业网络的核心型企业角色。它创建一个可靠的供应链平台，使整个商业系统的成员运营的复杂性降低，显著地提高了其零售系统的效率，从而让消费者享受到了低价的商品。沃尔玛还通过其规模化销售渠道，为大大小小的供货商创造了新价值，帮助它们将自己的产品销往世界各地。

沃尔玛在共享价值方面创建了庞大的供应链信息平台，这一信息经过处理和打包后，最终可以为它所有合作伙伴所共享，从而降低了供应商所面对的不确定性和复杂性。

二、产业链主宰型企业

与核心型企业不同的，有两点可以判断它到底是不是主宰型企业。其一，从实体规模或资源拥有量来看，核心型企业通常只在其生态系统中占据很小的一部分，而主宰型企业则占据很大一部分；其二，主宰型企业不鼓励多样性，它们采取的策略是直接接管其想代替的环节的功能，或者干脆直接取消掉这些环节的功能。

在商业系统中，主宰型企业主要有两类。其中一类就是那些行业传统形成的垄断者，它们通过纵向或横向一体化直接控制或拥有网络的大部分节点，它们成为直接而独自地负责网络中的价值创造，并几乎独享其利益。苹果公司就是这种传统主宰型企业。在计算机及其他行业中，苹果公司独享其操作系统，而且由自己来生产高度一体化的产品（包括硬件、软件平台及其他应用软件）。计算机行业早期，IBM公司就自制其生产大型机所需的每一种技术组件，并为顾客提供几乎每一项服务，其业务包括了存储器组件的生产、客户应用软件的开发，以及安装服务和资金结算等方面。

三、产业链坐收其利型企业

主宰型企业的第二类就是价值独占者，它们与传统的主宰企业不同，它们不是着眼于控制网络中的价值创造活动，也并不谋求纵向或横向一体化控制产业链的大部分节点，而是单纯地为了在价值分配方面谋求控制力。

美国在线公司和雅虎公司在发展的前期，采取的就是坐收其利型战略。它们的利益参与者主要有消费者和商业伙伴。1995—2000年，它们对消费者提供免费的高附加值服务，对商业伙伴则过于刻薄，以通道费、流量共享协议等形式从商业伙伴那里抽取大量价值。2000年下半年，网络公司的伙伴们完全垮了，雅虎和美国在线也陷入衰退。

后来，雅虎重构其商业模式，均衡地对待消费者和商业伙伴，现在雅虎公司向消费者和商业伙伴两方都以一种比以前更公平的方式收取服务费。既向消费者收取高级电子邮件、就业岗位搜寻和个人服务的费用，又为商业伙伴提供有针对性的商务发展支持。通过商业模式的重构，雅虎与消费者、商业伙伴建立起了真正双赢的关系。

四、产业链缝隙型企业，或者称为专业型公司

它们占据了生态系统中的一个小环境，并在其中的关键环节建立自己的利基战略和专业能力。缝隙型企业着眼于拥有开发或增强其专长的能力，以使自己区别于网络其他成员。它虽在网络中仅占据一个狭小的缝隙，但它可以利用整条产业链的资源。

在商业系统中，大多数企业都采用或者应当采用缝隙型战略，它们总体数量大、

种类多，一起构成了整个商业系统的影响力，并与核心型企业配合，将核心企业确定要做的事情由缝隙型企业群体来完成。

重新定义为客户提供的价值

什么是重新定义为客户提供的价值呢？也就是产品或服务的定位，意思是指企业决定用什么样的产品（服务）来满足目标消费者的需求。或许有人会问一些问题：向客户提供哪些产品和服务？在很多中国企业的眼里，这样的问题还值得探讨吗？我们生产什么产品，不就向客户提供什么产品吗？

假如是按照这样上面的思维逻辑思考问题，那么商业模式的研究就失去了意义，中国企业又会重新陷入2008年以前的那种低成本、低附加值、低利润的红海竞争当中去。为了避免这样的结局，我们才有必要重新思考我们应该向客户提供什么样的产品与服务，也就是说，并不是说你生产什么就向客户提供什么。

其实，到底应该提供什么样的产品与服务，不是由企业的生产能力决定的，而是由企业的战略定位所决定的。下面来看一下通用电气在提供产品与服务方面的案例，你就能够体会该怎样确定产品与服务的范围。

20世纪80年代，原通用电气董事长兼CEO的杰克·韦尔奇对通用电气进行了两次重大的改革：一次是采用"不是第一，就是第二"的战略，将不能做到第一或第二的业务出售或者退出；第二次是采用"群策群力"的计划，将单纯的市场份额设计转向高效率市场份额，提高生产率。

到了20世纪90年代，杰克·韦尔奇认识到，即使是高市场份额和高生产率也不能保证持续的利润增长，通用电气的战略设计必须进行再一次调整。当时，客户的偏好已经发生了变化，即由于客户从通用电气购买的产品越来越多，客户对这些产品也内行起来，产品技术和规格已经不再重要，重要的是产品对使用者的经济效用。而且，因为客户需求的这些变化，也导致购买产品决策人也发生了变化，即由以前的工程师、技术员变成了高层管理人员。

杰克·韦尔奇针对这一客户偏好发生的根本性变化，决定将通用电气的战略定位由卖产品转变为向客户提供解决方案。由此，通用电气在企业向客户提供的产品和服务方面作出了以下调整。

第一，卖解决方案。为了使产品的差别优势从以前的价格优势转变为现在的使客户的系统更加经济有效，通用电气不能仅卖产品，而需要把产品放到客户的整体经济系统中去考虑，通过设计采用一种同时增进客户和供应商利益的解决方案。

第二，将产品导向转变为服务导向，卖服务。通用电气认识到，在市场上对任何产品来说，周围都有一个更大的经济系统，而产品本身只是其中一个子集。产品一旦买过来，还需要维修、更换零部件、升级等。通常，这样的非产品或后产品收入要比产品的直接销售利润高很多。于是，通用电气开始卖服务，以获取这种产品售后收入和赢利。通用电气目前40%的经营利润来自服务和融资。

第三，开发为客户的融资市场。通用电气设立了专门的金融服务部门——通用电气资本公司，为通用电气的产品提供融资服务。如通用电气生产飞机发动机，并为购买者提供融资。通用电气资本公司年净收入增长率达到了18%。

经过以上三个方面的改变，通用电气为客户提供的产品和服务，由20世纪80年代单纯的产品，变成了20世纪90年代以后的"解决方案＋服务＋融资＋产品"这样多样化的产品与服务组合，既避免了与同业的竞争，又为企业创造了更多的持续的利润源。

我们可以从通用电气的案例中看出，一个企业对产品或服务的选择，其背后其实就是一种战略决策的选择——企业该以一种战略的眼光向客户提供什么价值服务。企业在进行商业模式创新时，首先需要确认新的客户需求结构，并由此开发新产品或新服务，或甚至做得更好，并对同样的产品或服务作出新的价值定位。

可见，每个企业所面对的市场都是多层面，而非单一层面的。基于此，企业在做战略决策时，有必要采用多层面思维而非单一层面思维。有时候，换一种眼光来重新审视企业自身所提供的产品或服务，为产品或服务重新做一个根据消费需求而改变的定位，也是可以得到惊喜的。

其实，像一些成功的商业模式创新，他们虽有与现有竞争者相同的产品或服务，但他们更强调与现有竞争者传统商业模式不同的卖点。换句话说，他们提供相同的产品或服务，但是以不同的价值定位促成销售。

比如，施乐公司关注复印机高超的复印技术和优异的复印速度，而佳能通过低价格和高质量的复印效果进行回击；精工表注重手表的精确性、多功能，而斯沃琪则强调款式设计和风格；吉列剃须刀强调剃须彻底干净，比克则强调剃须彻底、价

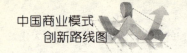

格优惠且携带方便。

从上述案例中可以看出，"为客户提供什么样的产品或服务，并将这些产品或服务进行重新的价值定位"，对于一个企业的商业模式创新来说是非常重要的。

要想建立一个本质上不同于以往的价值解决方案，并通过强调该价值解决方案与现有竞争对手关注的产品或服务特点是不同的，并以该价值方案侵入已有的市场领域，就会给对手以麻痹，为己方创造出不断壮大的时间差。

现以墨西哥西麦克斯水泥集团公司为例。

大家都知道，在水泥行业里，购买决策关键取决于价格，即水泥本身的成本。同时，水泥行业在运输效率方面存在问题，在传统订单方法下，客户（建筑承包商）需要提前几天下订单，然后用四天的准备和运输期最终到达客户手中。这就容易造成建筑承包商人工成本的浪费，因为建筑承包商需要支付在工地上等待水泥到达的闲散的工人工资。

而墨西哥西麦克斯公司重新定义了自己提供的产品和服务，它不再仅提供水泥，更提供准时的水泥运输服务。这样，西麦克斯在产品上有了新的价值定位——花费在客户上的全部成本，包括水泥价格和从客户下订单到把水泥运送到建筑场地的费用。

墨西哥西麦克斯在保证同样的服务标准下，为了实现这一价值新定位，创立了新的交易流程，即无限制下订单，把其作为标准化的运营程序。西麦克斯承诺，如果不能在规定的20分钟时间内到达，则将返还买方相当于将近5%的折扣，这个速度让所有竞争对手无法望其项背。墨西哥西麦克斯的运输可靠性超过了98%，车辆运输效率超过了30%。

1994年，西麦克斯为了保证运输的高效，启动了"动态同步运营程序"。让公司的运输卡车摆脱固定区域的任务承担，允许其在整个城市或地区漫游。公司在卡车上配备了GPS全球定位系统，由此能给总部的计算机系统提供准确、实时的位置、方向和每辆车的行驶速度等数据。现在，公司能利用计算机系统把信息按三个纬度传输给目标定位和搅拌站，以保证运输过程高效进行。

就这样，西麦克斯通过锁定那些更加关注水泥的送达效率而并不太关注水泥基础价格的客户，重新定义自己的价值解决方案，建立起一个与现有竞争对手不同特点的价值提供，并进入已有的水泥市场，从而避开对手的打击和直接竞争，既为自已建立起对手无法超越的竞争优势，又为将来囊括所有建筑承包客户奠定基础。不过，重新定义为客户提供的价值，除了从提供什么产品和服务的角度之外，还有就是如何为客户提供价值的新角度。比如亚马逊和当当网等电子商务网站，并没有发明新的服务，只是重新定义了这些服务内容——客户能够从中获得什么和如何向客户提供服务。

总而言之，重新定义客户需求结构、重新定义产业边界、重新定义行业竞争地位以及重新定义提供的产品或服务，实际上，都是沿用价值思维的模式，对"为谁提供价值—做什么—怎么做—提供什么价值"这样的商业模式思维路径，进行了价值角度的创新和重新演绎。而这样的重新演绎，并不一定需要开发全新的产品或服务，也并一定需要在核心技术上进行突破，其实只要重新定义现有产品或服务，以及这种产品和服务提供给客户的方式，就能获得巨大的成功。这就是商业模式的价值思维的巨大魔力。因此，也可以说，在价值思维模式下，一切都可能重估。

第三节　制订独特的客户价值主张

具备独特性的客户价值主张最有力量

什么是价值主张呢？价值主张是指能够为客户、伙伴或内部员工创造价值并最终为企业带来收益的关于价值的主张。它是企业将在哪里和如何创造或发掘价值的思路的清晰和概要表达。

在重新定义了客户是谁、重新定义了满足客户的什么需求、重新定义了产业边界在哪里、重新定义了自己的竞争地位以及重新定义了提供的产品或服务之后，我们需要为企业制订明确的客户价值主张。

一个完整的客户价值主张，包括三个方面的内容。

第一，企业的目标客户是谁？

第二，要解决某个重要问题，或满足客户的某项重要需求，要完成的工作或者

要满足的客户需求是什么？

第三，提供什么样的产品或服务？也就是指解决问题或满足需求的一种产品或服务，它的内容不仅包括销售的内容，也包括销售的方式。

简单地说，客户价值主张就是企业为了满足特定客户的特定需求，明确地表达向客户提供什么产品或服务，也明确地表达不向客户提供哪些产品或服务。企业为了要将自己提供的价值有效而清晰地传达给客户，就需要建立一个清晰的价值主张。

满足客户需求的重要性越高，客户对现有满足方案的满意度越低，企业新的客户满足方案就越好，客户的价值主张就越卓越。

什么样的客户价值主张最有力量、最卓越呢？就是那些具备独特性的客户价值主张的。

当其他可选产品和服务的设计都未考虑到客户真正的需求，而有些企业却能够设计出圆满地满足客户的这一需求的价值主张，也就是说，他们提出的主张是其他竞争对手前所未有的，这样的客户价值主张就是独特的、最有力量的。

在制订战略定位的时候，有一个基本的原则就是客户价值主张的差异化，只有差异化的战略定位才能为企业带来差异化的竞争优势。所以，差异化定位必须要求企业进行关注，只不过，如果在实际的战略定位制订过程中，如果你真正地关注了客户需求结构的变化，并且关注到竞争对手没有关注到的客户需求结构新的变化，而且结合产业链加以了定位，那么，最终的结果，必然是战略定位具有差异化的特征和优势。

瑞士的SWATCH手表，不再局限于产品的功能，而让手表向消费者情感价值需求转移，把手表从一个计时机器变成一个时尚的配件，SWATCH手表就创造了独特的客户价值主张。

众所周知，全球的钟表业经历了三轮大的价值转移，最终，SWATCH手表在第三轮价值转移中，依靠卓越的客户价值主张，重新夺回了行业桂冠的宝座。

瑞士的钟表业具有古老的传统，瑞士钟表代表着工艺、品名、精美的图案、期望、合作和信任。多年来，瑞士钟表业依靠这些优势建立了在全球钟表业的霸主地位。但在半个世纪里，瑞士钟表业没有什么变化，它的目标仍然是那些保守的、富裕的消费者，因为这些消费者肯为一件产品出高价，手表的价位从100美元到50万美元不等。这就是手表业的第一轮价值转移。

手表业的第二轮价值转移来自于 20 世纪 70 年代，日本西铁城、精工表和卡西欧等企业，注重于低成本制造、普及性销售和市场推广，他们通过低价策略和手表的石英技术，迅速攻城略地，由此导致瑞士钟表业陷入困境，从业人员从 90 万下降到 30 万。工艺精良的瑞士机械手表被走时更加准确、体积更小更薄的日本石英表取代。

手表业的第三轮价值转移来自于瑞士手表的绝地反击。20 世纪 80 年代初，哈耶克进入瑞士手表行业，他开始从消费需求的变化去寻找对日本表绝地反击的机会。

哈耶克发现，瑞士手表之所以败给日本表，并不仅是因为技术，而在于瑞士传统的行业领导者没能革新他们古老的商业模式设计。瑞士手表古老的商业模式一直在强调功能或奢华，他们把精力放在制表上，而不是放在满足客户需求上。

瑞士钟表业的成功不是来自技术，而是工艺和品名。而这样的优势，即使在日本手表的劳动力成本为零的情况下，瑞士手表仍然会有市场，因为瑞士手表有独特的产品差别优势。所以，哈耶克认为，瑞士手表的这一优势，在将来的商业模式重塑中，还有必要坚持。

哈耶克还发现，消费者需求发生了改变，高档消费者正在萎缩，瑞士手表却只占据这 3% 的高档市场，而放弃了 97% 的中档和低档市场。另外一个重要发现是，消费者的消费偏好在从工艺、低价格转向更柔和、更富有主观色彩的消费者行为、消费者偏好和消费者情感。

根据以上两点，哈耶克将 SWATCH 手表的客户价值主张确定为"高质量、低成本、刺激，具有生活情趣"。

哈耶克为 SWATCH 手表注入情感，使 SWATCH 手表跨过"经济型手表"的门槛，使它不仅成为一种高质量的产品，而且是一种有滋味的、招人喜欢的装饰品，像耳环或领带一样，进入"附件""风格"和"时尚"的领域。

哈耶克发现，在中低档市场里，如果日本手表在价格上低于瑞士表的 30%～50%，消费者就会选择买日本表。SWATCH 手表想要达到"高质量、低价格"的要求，新塑料材料和新技术工艺恰在此时给予哈耶克以重要的支持。哈耶克在瑞士制造出了 30 美元的手表，并且返修率仅有 1%，而世界上最好的手表返修率也只达到 3%。

在"刺激、具有生活情趣"方面，SWATCH手表不仅是一个计时器，也不仅是一个时尚的标志，它代表的是理念和技术创新，以及具有高质量、高技术、高吸引力。哈耶克赋予了SWATCH手表以灵魂，对于消费者来讲，SWATCH手表就是一份纪念品、一段历史、一件工艺品。

在SWATCH独特的营销活动中，SWATCH作为手表品牌的形象渐渐模糊，代之而来的是一种诱惑、一种激情、一种永恒，一种无穷无尽的唯一……

清晰明确的价值主张是创新的前提

为什么说客户价值主张一定要清晰明确呢？因为客户价值主张不明晰，建立或重塑商业模式就无从谈起。客户价值主张代表着企业的战略定位和价值内容，而企业的战略轮廓或者价值内涵，应该被明确、清晰地表达出来。

比如，美国西南航空公司的客户价值主张就明确地表述为三个元素：友好的服务、速度、频繁的点对点直航的起飞班次。

西南航空公司按照这样的价值主张，比照汽车运输的费用为机票定价，它不在旅行用餐、商务舱候机室和座位选择上做过多投资；与西南航空相反，其他航空竞争对手则在这些元素上大力投入，导致其高成本结构，所以无法与西南航空竞争。

生力啤酒是一个地方性的老品牌，随着时间的推移，已渐渐面临品牌老化的威胁，顾客与品牌的关系非常紧张，在年轻一代中几乎没有市场。如果不能改变这种紧张的关系，吸引新一代消费者的注意，生力啤酒就会丧失最核心也最具有潜力的新生代消费者市场。

生力啤酒发现，语言缺少逻辑性、情绪起伏较大是新生代消费群体的典型特点。新推出的生力清啤就以这群18~45岁的男性消费者为主，以白领、文化程度较高的消费者构成主力群体。生力清啤挖掘出这群人"人性里恶作剧的一面"这个价值主张作为清啤的品牌核心，并创意出一个卡通人物"Sammy"作为广告主角，制作了一系列的卡通广告。

生力清啤的广告主题是"有点野哦"。"Sammy"是一个矮墩墩、长着啤酒瓶脑袋的"恶作剧者"。他在电视、网络Flash动画、平面漫画以及电脑屏保上到处惹是生非、频频搞怪作乱。他向一幅艺术画喷尿；他居然忍心把爱他爱到骨子里的女孩扔下，再甩上一句"我让你爱……"；把地铁车厢中打瞌睡女孩的鞋子踢出车外；好像是向女孩露体但实际上是拿出一支啤酒瓶，等等。所有的广告都围绕"有点野哦"展开，这句话一度成了流行语。

"Sammy"的个性既有些俏皮，又不乏纯真，正体现了年轻人那种既喜欢恶作剧，又本性善良的自我矛盾性，所以深受年轻消费者喜爱，生力啤酒由此获得巨大成功。

客户价值主张还要具有简单、精确的特点。如何完美无缺地满足客户的需求，而且只针对满足客户的需求，这样的精确性，往往是比较难以做到的。企业在创造新的客户价值主张的时候，经常会忽略"只针对某项需求"这一点，总是将重点分散，试图做到面面俱到，而面面俱到的最后危害就是不够精确。

软件制造商财捷公司发明了财务管理软件QUICKBOOKS，目的是帮助小企业主避免发生现金断流。一般的财务管理软件高深莫测、技术复杂，让人望而却步；而财捷通过极为简单化的会计软件，让这些中小企业主们跨越使用上的技术门槛，顺利地使用软件。

我们再来看看中国典型的一个依靠精确的价值主张从而突破强势对手、获得强大地位的价值创新案例。

如果要说最权威、垄断资源最多、号召力最强、资金最雄厚的电视媒体，对于中国来说，那肯定是中央电视台，可以说它既是裁判也是运动员。一直以来，没有一个地方媒体敢向中央电视台叫板，也没有一个地方媒体的声音能与它抗衡。

湖南卫视就不信这个邪，与打败竞争者争夺市场份额的做法不同，湖南卫视走了另外一条路：不和中央电视台正面竞争，不和中央电视台比权威，不和中央电视电比新闻。湖南卫视确定自己的战略定位是"娱乐电视"，广告语也叫"快乐中国"。湖南卫视通过在娱乐方面创造新价值，力图使观众得到完全不同的和不可抗拒的新感受。

湖南卫视开发出了"娱乐电视三驾马车"：主打娱乐节目——让观众开心；原创新闻节目——首开"说新闻"风格；巨资引进大剧——开发22点非黄金档。

在几年内，湖南卫视连续展开了多次"娱乐大手笔"："快乐大本营""玫瑰之

约""超级女声"等节目红遍大江南北；《金枝欲孽》《大长今》《还珠格格》等电视剧更是家喻户晓。

从总体上看，湖南卫视是如何 PK 中央电视台的呢？我们做了一个竞争框架来分析，发现其中最为关键和灵魂性的就是湖南卫视的价值创新战略：通过价值创新摆脱竞争。

正如现任湖南卫视副总编辑潘礼平所说："我们做的都是离经叛道的事。"正是这种离经叛道，不按牌理出牌，才正是价值创新的精髓。

客户价值主张要具有说服力

客户价值主张一定要具有说服力。而要想让客户价值主张具有说服力，一定要有清晰而令人信服的主题句。

如今，中国消费者分化的趋势日益明显，市场竞争激烈度的升级、消费群体的分层、传播媒介日趋零散化以及消费者需求离散化导致的顾客购买决策体系的变化，这所有的一切，都表明当今的客户价值传递，不再是那种一味的"炒作造势"和"广告轰炸"，而应该更多地从消费者的角度，找到价值主张能够打动消费者的DNA，从而引发企业价值主张的爆发力。

消费者每天接触到成百上千条信息，他们根据自己的知识、经验、个人需求和冲动来过滤这些信息。客户价值主张有四个基本要求，第一个要求是一条清晰而令人信服的价值主张主题句，能够让消费者清晰地接收到我们的信息。第二个要求是它提供了一条联结消费者的途径，鼓励消费者对你的信息张开他的耳朵。第三个要求是价值主张主题句还能在品牌和消费者之间创造机会、形成桥梁。

下面来看一些完美的客户价值主题句。

西南航空的价值主张主题句是"飞机的速度、驾车旅行的价格——无论你何时需要它"，这句话将西南航空价值主张的三个元素（友好的服务、速度、频繁的点对点直航的起飞班次）表达得非常清晰，且非常有说服力。

诺基亚的价值主张主题句是"科技以人为本"，虽然诺基亚并不是最早提出这一理念的公司，但它却把这一理念发挥得淋漓尽致，让人信服。

雅芳的客户价值主张主题句是"女性的知己"。这句话是为了清晰表达雅芳的战略定位。雅芳的战略定位是："成为一家最了解女性需要、为全球女性提供一流的产品和服务，并满足她们自我成就感的公司。简言之，成为一家比女人更了解女人的公司"。

客户价值主张要能动人，具有销售力。

因此，客户价值主张的第四个要求是要能动人，并具有销售力。

如果说战略定位是一颗炸弹的话，那么，客户价值主张就是引爆炸弹的引线。

大家都知道，《读者》杂志在国内读者中拥有一大批的忠诚粉丝。但是，你知道为什么有那么多人都爱看《读者》吗？也许，你会有各种各样的猜测，如合自己口味、故事动人、可以消遣等理由。

不过，你如果仔细研究就会发现，《读者》这个品牌背后，它所代表的最真实的东西，竟然深埋在其读者的潜意识里，解读出来，可能连读者本人都会为之大吃一惊。

有人专门做过调查发现，《读者》的实质是一处小资的精神乐园，它能够最大程度上满足文化水平一般但又不安于现状的小人物们的虚荣心，它使得小资们通过一些难度不大的哲理破译获得一种智力上升的感觉、一种逃避现实的快感。

"最大程度上满足文化水平一般但又不安于现状的小人物们的虚荣心"，这样的客户价值主张也许让你一时难以接受，但是，仔细想想，《读者》的消费群又何尝不是如此呢？这样的客户价值主张，可谓是"一针见血""入木三分"。

而正是只有这样"一针见血"的客户价值主张，才能真正打动消费者，击中消费者内心最敏感的那根琴弦。

客户价值主张，在很多时候是消费者生活的真实与企业的真实之间的交汇点，可用来创建两者之间的联系；它也是人性行为或情感的透现，能连结产品利益点及情感的需求，它可用来建立品牌。也就是说，客户价值主张是建立品牌的最重要资源。

从本质上讲，客户价值主张要动人，就要利用人性，因为企业面对的对象是人。好的客户价值主张，应该是有深度的，而不只是浮面的。我们既要看穿水面，不只是去重复消费者表面的行为，还要有看穿表面的能力，发现消费者内心深处所隐藏的话外音。而这种话外音，从人性的角度去解读，就更容易动人。

你见过最动人的客户价值主张吗？你见过最动人的消费者洞察吗？

那就是"哈姆雷特雪茄"的客户价值主张：本产品不能真的改变什么，不过，享受它那一刻的悠闲，可让你对事物多一点包容性。因为，人生不如意之事十之八九，不如点支烟，看开点儿。

像这样的价值主张，不正能打动你内心深处的琴弦吗？

总之，要衡量你是否寻找到一个动人的、有销售力的"客户价值主张"，实际上有3个标准：第一是相关性；第二是无人提及；第三是有激发力。

第三章 价值创造

——提升竞争力层次，获取结构性竞争优势

创建商业模式，有一个基本的原则，就是要以最少的资源投入实现企业价值最大化。我们知道，每个企业的资源都是有限的。要想创造更大的价值，就必须找到利润源。其实，找到客户需求结构，就等于找到了利润区的源泉。企业根据利润之源进行战略定位，并发展出独特的客户价值主张。要想真正地享受提供价值后的胜利果实，企业必须选择不同于竞争对手的运营活动，或者选择不同于竞争对手的活动实施方式，从而提升竞争层次，获取结构性竞争优势。

第一节　重塑业务系统

业务经营系统和资源整合

一个企业要实现客户价值主张，完成战略定位，并向客户提交价值，就需要有一整套完整的工作流，这个工作流包括了采购、研发设计、生产、营销、招聘和培训、人力资源管理、行政管理及财务管理等一系列流程和服务的集合。其中有些工作流，如薪酬、应收账款和应付账款、采购以及客户服务是每个企业共同的工作流；还有些工作流则具有较强的行业特性或者企业自身特性，它并不一定是所有企业共同的，如保险业的精算服务、制药业的药物测试、零售业的库存管理以及大众消费品业的定价和生产管理等。

不管是共同的还是非共同的，总之，一个企业要实现客户价值主张，就有必要提供和完成所有这些工作流和服务。但是，企业的资源往往都是有限的，在有限的资源下，应该如何高效而价值最大化地完成这些工作流和服务呢？

这里就涉及企业的资源利用问题。企业并没有必要全部由自己去完成所有的工作流，而可以采用引进和利用外部合作伙伴提供部分服务的方式完成资源整合，从而实现企业利用较少资源而价值最大化的初衷。

资源整合一般有四种方式。

一、自己构建和维护

这是传统的做法，这种方法就是利用企业自身的人力、物力、财力去构建和提供所有工作流与服务。

二、外包

任何服务都可以通过购买获得，而无须自行构建。外包也分为好多种，有全面服务外包、选择拥有众多分包商的主要供应商以及选择性外包。选择性外包是指在

众多供应商中挑选出同类最好的，然后选择性购买相互独立的各部分服务。

三、合作

通过建立合资企业、联盟或者某种模式获得外来的服务。通过合作，两个或两个以上的企业可以集中资源，以获得解决方案。

建立伙伴关系联盟和利益共同体有很多方式，在很多方面都可以与外部企业展开合作，以互补优势。在研发、开发产品、营销渠道、客户服务、产品和服务的多元化等各方面，都可以与外部企业进行合作。

三洋和海尔就进行了合作，三洋充分利用海尔的销售网络，在中国销售三洋的产品；海尔则与三洋合资成立在日本销售海尔产品的销售公司，并扩大三洋主要零部件向海尔的供应及技术协作。

在竞争中，如何由弱转强，也可以采用超企业组合的形式，形成弱势企业战略联盟，组合在一起与强势品牌进行竞争。

四、让内部服务提供者自负盈亏并向企业提供服务

这些内部提供者，可以是 IT 部门，也可以是业务部门，还可以是独立品牌部门。他们需要建立自己的盈亏机制，同时依据一定的计费机制向企业提供服务。

企业要想完成所有的工作流与服务，主要就由以上四种方式来实现。企业可能的业务范围，就有可能出现自己经营、外包经营和合作经营这三种业务范围的主要形式。那么，企业到底应该利用哪一种业务范围模式呢？这就应该主要考虑战略定位的问题，根据战略定位来决定应该自营、外包还是合作经营。

根据战略定位制定合理的业务范围

怎样制定合理的业务范围呢？企业具体要从事哪些经营活动、不从事哪些经营活动、是外包还是合作，其主要决定因素是企业有什么样的战略定位。

企业战略定位有四种，它们是：客户需求的重新定位、产业边界的重新定位、市场竞争地位的重新定位、提供产品或服务的重新定位。它们从四个方面为我们界定了企业业务的范围。

第一，客户需求结构的重新定位，是找到谁是真正的顾客以及这些真正的顾客有什么需求结构变化的过程。企业业务范围的确定目的，也是为了满足顾客的真正需求。这些业务范围要有的放矢，针对客户的需求来设定自己经营的范围，根据客户的需求来提供量身定做的产品或服务。

第二，产业边界的重新定位，则更加明确地界定了企业的产业边界在哪里，哪些产业是该做的，哪些产业是不该做的，企业的经营范围的边界在哪里。

实际上，产业边界的定位，是一个划定企业所在产业的势力范围的过程。企业的业务范围，就需要根据产业边界划定的业务范围来设定企业经营活动所可能涉及的环节。

第三，市场竞争地位的重新定位，则把企业在产业链中的竞争地位和所起的作用进行了限定，并由此而限定了企业业务范围和资源利用的方式。如果企业竞争地位战略是核心型企业，则企业需要建立一个平台，在整个网络范围内广泛地与其他同行分享价值。企业这个时候需要有选择性地确定其支配主宰的领域。这里所说的建立平台和有选择主宰的领域，就是企业业务范围所需要遵从的原则，即在需要主宰的领域，企业必须自己建立控制力；而其他部分环节的工作，则可以外包或者通过合作的形式完成，微软正是这样做的。

如果企业采取的是主宰型的竞争战略定位，则需要侧重于控制和拥有，在业务范围上则需要纵向或横向一体化，以占据和控制网络的大部分节点。纵向和横向一体化，则是指绝大部分甚至所有工作环节，都由企业自己来完成，而不需要外包或外部合作完成。

如果企业采取的是缝隙型竞争战略定位，则需要企业专注于一些专业领域的活动，这些领域通常是它已拥有或将来可以开发出独特能力的领域。毋庸置疑，这样的专业领域和关键环节是企业必须自己构建和拥有的，而其他的一些相关环节，则可以与其他企业合作、外包或共享。

第四，重新定义企业为客户提供的产品或服务。这种产品或服务，可能是一种具体的实体产品，也可能是一种服务，还可能是一种解决方案。提供价值的不同，相应的，企业的业务范围也会不同。如仅提供产品，与提供解决方案就有天壤之别。通用电气的解决方案，就不再仅是产品，而是包括产品在内的"解决方案＋服务＋融资＋产品"这样多样化的产品与服务组合。

经营活动的选择不可盲目

对于企业的价值来说，一个企业的众多经营活动是有主次、轻重之分的。对业务范围及如何对自己核心业务进行清晰地划分是商业模式设计的关键所在。确定自己从事哪些经营活动千万不可盲目。

企业的核心业务范围在哪里，企业的非核心业务范围又是哪些？哪些领域是该不惜一切代价去保护的，哪些领域又没有必要不惜一切代价去保护？在哪些领域未来最可能产生利润，在哪些领域目前的利润最可能减少甚至陷入无利润？企业战略控制手段是什么？企业防止竞争对手模仿和竞争的核心能力在哪？为适应未来的竞争，不断变化的业务边界要求企业的核心业务能力做怎样的变化？诸如此类的问题都是商业模式设计中最为重要的问题。

选择了一个独特的客户价值主张，这种不同的客户价值主张就要求企业采取不同的运营活动组合，要求企业不同的产品配置、不同的设备、不同的员工行为、不同的技能和不同的管理体系。企业在这一方面多做一些，就势必意味着在另一方面少做一些，这就是业务活动的取舍。有舍才有得，没有舍就没有得。

商业模式设计中的业务范围组合，就是在竞争中作出取舍：选择哪些事做，哪些事不做；选择做那些重要的事，选择不做那些无关紧要的事。

那么，如何判断哪些业务是重要的，哪些则无关紧要呢？判断标准是什么呢？这个标准就是要先了解企业的产品对客户的价值所在，然后根据企业所要建立的竞争地位来确定。也就是说，要根据企业提供给客户的价值主张来判断，哪些业务活动对实现这样的价值主张是至关重要的，哪些则没有那么重要。

比如，美国西南航空公司是定位于"低成本地满足那些对价格和方便性敏感而对旅途舒适性不敏感的旅客的航空公司"。围绕这一低成本定位，西南航空公司对自己的运营活动作出了取舍。

第一，西南航空公司不选择大机场，也不设远程航班；相反，它只在中等城市和大城市中的二级机场之间开设短程、低成本和点对点的飞行服务。

第二，西南航空公司的飞机停靠在航站楼的周转时间只有15分钟，它的飞机的飞行小时数就比竞争对手少，飞行密度也更高，可以用更少的飞机提供更多的航班。

第三，西南航空主营美国国内短途业务，由于每个航班的平均航程仅为一个半小时，因此西南航空只提供软饮料和花生米，这样既可以将非常昂贵的配餐服务费用"还之于民"，又能让每架飞机净增7~9个座位，每班少配备2名乘务员。同时，西南航空公司不提供指定座位、联运行李托运或高级舱位服务。它还在登机口设立自助售票处，鼓励旅客跳过旅行社直接购买西南航空的机票，这些措施进一步降低了运营成本。

第四，西南航空公司的飞机全部选用波音737客机，从而大大降低了维护成本。

如此看来，西南航空公司就这样在业务活动的取舍之间，组合出一整套实现"低成本航空"价值主张的独特的运营活动。一些"巨人级"综合性航空公司称西南航空是"地板缝里到处蔓延的蟑螂"，可以感觉到，但就是无法消灭它。

假若没有对业务界限有一个清晰的认识，一个企业就难以认识到自己真正的核心业务、难以认识到各种业务范围的相对重要性以及不同业务组合对企业的成长机会的重要性。

企业应该从事哪些经营活动，其最终解决方案并非只有虚拟经营一种，有的企业采取的是"产供销一体化"，有的企业采取的是"轻资产模式"，还有的企业采取的是"横向一体化"，种种业务组合方式可谓是千变万化，不一而足。而具体应该采取哪种业务组合，一是要根据企业的价值定位进行取舍，只要那种经营活动对满足客户价值主张有重要作用，我们就可以把它划分在企业经营活动的范围之内；二是要根据企业的资源配置能力来进行。

20世纪60年代，美国经济越来越依赖服务业和高科技行业，这就让许多制造企业不再依赖接近原料产地，而转为依赖技术人员、科学家和管理人员。因此，许多公司纷纷把企业搬离原料基地，而改设在离科学家、技术人员和管理人员更近的地方；工厂则有可能设在郊区或偏远的地方。这一新的产业布局造成了人员和产品的分散，从而带来了快递行业飞速发展的机遇。

联邦快递创始人敏锐地把握到这一趋势，为了避免与美国邮政总局、联合包裹运输公司和埃墨里货运公司等大型快递公司的竞争，在1971年创立联邦快递时，他提出"隔夜送达"的客户价值主张。

为了实现这一客户价值主张，联邦快递在业务范围上进行了组合。

第一，购买飞机组成货运机队。公司原先购买的是小型飞机，随着公司的发展，小型飞机已经不能适应隔夜送达的主张，于是，联邦快递公司决定投巨资再购买一

批载重量达 4.2 万磅的波音 727 型飞机。

第二，建立起创新的货运飞机中心辐射型系统。联邦快递找到了美国任意两点之间的最短距离——每次均取道田纳西州的孟菲斯，隔夜就可以送达包裹，使快递效率提升了 100 倍。

第三，收购飞虎国际航空运货公司。利用飞虎公司在 21 个国家里拥有长达 45 年以上的航空权和降落权，建立起全球快递网络。

第四，联邦快递公司以其利润 10% 的巨额资金用在推销活动上，在广告宣传、公关活动、塑造企业形象中投入了大量的人力、物力和财力。

精心选定将哪些业务进行分包、外购或者与外部伙伴协作

确定将哪些业务进行分包、外购或者与外部伙伴协作也是重塑业务系统的重要一环，一定要静心选定。

美国著名学者罗杰·内格尔提出一种企业策略，主张以"虚"的业务活动为营运核心，外包"实"的业务活动，借此最大效率地发挥企业有限的资源，这个策略就叫"虚拟经营"。虚拟经营的核心，其实就是对实现企业价值主张并不十分关键的业务进行外包。

21 世纪的消费潮流是绿色，绿色消费成了越来越多企业的必然选择。在食品领域，消费者的绿色意识更为强烈，绿色消费需求已占主导地位。顺应绿色消费潮流，内蒙古草原兴发集团成功树立了绿色特征十分突出的品牌。

草原兴发集团主要经营来自内蒙古大草原的绿鸟鸡、兴发羔羊肉、四野杂粮和藏酷牛这些健康食品产品。但在具体的经营过程中，草原兴发并不具备在肉食行业集大成的实力，如果走"大而全"的传统老路去集成，企业成功的可能性非常小。

为此，草原兴发集团采取了一条虚拟经营的道路。将养鸡、养羊、养牛的饲养环节、孵化屠宰等生产制造环节都外包出去，由合作伙伴来从事，实行虚拟生产制造，实现了以较少投入获取大量原产品的战略意图。

草原兴发集团则将自己的主要精力放在了品牌的培育和产业化模式标准建设这些无形资产的经营上。在上游的饲养加工环节，集团只是提供产业模式、产品标准，进行技术指导培训，抓少量的示范户、样板户，提供产品质量标准，提供订单，议

妥价格，监督质量，贴牌订货。这样，兴发集团只通过品牌、订单、标准等手段，实现了对供应链成员的指挥调度和控制。

在下游销售环节，兴发集团采取虚拟方式建设"一园两店"营销渠道，即由加盟商建"一园两店"。它也采取虚拟方式销售产品，即由经销商成为虚拟员工销售产品，同样在销售环节实现了虚拟经营。

将没有竞争优势的企业内部价值链外包，是价值创造的一条有效途径。很多公司意识到在一个非常长而复杂的企业内部价值链上，它们也许只能在价值链的 3～4 个环节具有高度竞争力，要想在所有环节上都具有竞争力是不太可能的。而一旦认识到企业内部价值中的优势环节，就应该把公司定位在那个位置，将其他部分以签约方式外包，从而使价值创造更加有力。

现今，外包已经成为一种趋势。比如，劳斯莱斯将其主要精力集中于发动机的核心竞争力上，而对于车身等部分则完全外购，从而取得价值最大化；宝马（BMW）公司控制着与其核心竞争力密切相关的关键部件，如发动机、车辆平台的设计，其他非关键零部件则外包。

除了业务的外包，企业在进行业务范围界定时，还要注重与其他企业的协作。

在今天激烈竞争的环境里，不再是产品与产品、企业与企业之间的竞争，竞争的对象不再是单一的个体，而是多个个体的总和。总体大于部分之和，一加一大于二。这就意味着，未来的竞争，是产业链、价值链之间的竞争，谁能够率先进入到这样一个集体价值链当中去，在商业的各个领域建立伙伴关系联盟，学会协作，谁就能够把握先机。

建立伙伴关系联盟和利益共同体有很多方式，在很多方面都可以与外部企业展开合作、互补优势。在研发、开发产品、营销渠道、客户服务、产品和服务的多元化等各方面，都可以与外部企业进行合作。

除此之外，企业还必须进行上下游的利益共同体打造，建立产业链协同和完善的供应链。

现在很多企业正在展开深度分销，就是与下游的经销商和终端建立利益共同体。企业与渠道成员进行利益共享、分工协作，企业在一级城市进行直营，经销商负责物流和市场维护；在二三级市场，企业可采用部分直营加经销的方式，由经销商主要负责渠道的精耕细作，企业提供充足的市场支持和指导，其关键是要强调企业组织的

保障和客户顾问的强化。这样，通过厂商双方的合作，进一步扩展渠道、细分渠道、精耕细作、提升销售，通过不断取得区域市场的第一，最终争取主导全国市场。

另外，企业还要加强整体价值链的构建，做好价值链的管理。比如，可口可乐公司就一直坚持成为价值链管理者的战略定位，不断地确定价值链上每一个环节的价值，自己则专注于价值链的开发、提升和管理，从而牢牢地把握住碳酸饮料的国际领导地位。

再比如，以日本为背景的7-Eleven连锁超市，在中国市场的扩张初期，采用了与其他成熟市场不同的托管方式或反向释放经营权与管理权的方式，在中国进行了初次的试探。

一方面，7-Eleven本身对连锁便利超市具有全面系统的经营管理体系和经验；另一方面，如何在最短的时间利用闲散的社会资金快速占领中国市场，是7-Eleven的主要策略。所以，7-Eleven在初期所采取的连锁模式，主要是以托管的连锁模式或反向的释放经营与管理权的模式，既充分利用自身在经营管理体系方面的经验，又充分利用社会闲散的资金和店铺资源，初次完成了在上海的布局。

7-Eleven连锁为了掌控加盟者，通过不动产抵押等方式招收夫妻店零成本加盟，既迅速发展了店数，又确保了加盟者一心一意工作，还保证了资产和品牌的安全。

总的来说，企业要与精心选定的伙伴——客户、供应商、经销商和第三方物流公司——组成的产业链构建特殊的竞争优势。因为产业链是建立在优化配置所有伙伴特殊能力的基础上的，它是一个众人合力、可操作的系统智慧。

第二节　整合产业链，构建协作网络

构建共赢结构的步骤

在竞争越来越激烈的成熟市场，单体企业之间的竞争也开始转向群体企业之间的竞争。因此，企业必须通过不同路径，加入某个群体企业之中。这个群体可以是一个跨国企业，也可以是一个品牌组合链，"强强联手，与强共舞"，才是制胜之道。

尤其是在未来，在自建、外包、合作的框架之上，建立利益参与者的协作网络；在整合产业链的基础之上，建立起利益参与者的共赢结构。中国企业如何建立自己的协作网络，建立起自己的价值网，是决定未来竞争胜利的关键。

可是，要想建立一个完善、高效、有序的协作网络，并非易事。世界很多领先的企业，在建立利益参与者的协作网络过程中，经常会碰到以下三个方面的问题：

- 协作网络成员之间的沟通不畅；
- 协作网络的核心成员对网络内的相关成员控制不力；
- 协作网络的各个成员之间协调不足。

其实，利益参与者的协作网络，反映的是企业与其内外各种利益参与者的协作关系。因此，各协作成员在网络内的定位、业务分工、所起的作用、成员之间如何沟通和协调、网主如何控制整个网络，这样的协作网络架构的合理搭建，就显得特别有必要。

商业模式构建的核心就是要创造更大的商业价值。价值越大，成本越低，商业模式就越成功。在这个创造价值的过程中，需要将各个利益参与者或者放在内部，或者放在外部，设计企业与它们之间的交易结构和共赢结构。所以，设计商业模式，就是设计利益参与者的共赢结构，以此构建出一个高效的、整合的价值协作网络。

设计利益参与者的共赢结构，主要有四个步骤：一是界定谁是结构的利益参与者，这些利益参与者各自是否存在薄弱环节；二是分析这些利益参与者各自在结构里可能贡献哪些价值，它们有哪些价值可以交换；三是从共赢的角度，主要设计好协作网络成员之间的利益分配模式；四是确定协作网络内各成员之间具体的合作关系、各自在网络中所扮演的角色、承担的职责以及所起的作用。

下面我们就以佛山乐从欧浦钢铁物流股份有限公司的商业模式为例，来阐述如何通过这四个步骤来设计利益参与者的共赢结构。

广东欧浦钢铁物流股份有限公司成立于2001年（前身主要经营钢铁加工），现为广东省流通行业龙头企业、国家SA级物流企业，拥有华南（国际）物流钢铁交易中心及欧浦钢网两大业务实体，创造出"现代物流＋电子商务＝现货钢铁电子交易平台"的全新商业模式。

华南（国际）物流钢铁交易中心总投资6亿元，总建筑面积35万平方米，为

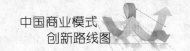

全国最大的钢铁物流基地之一。该中心拥有 150 万吨全国最大的钢铁仓储物流区及年加工能力达 280 万吨的大型钢铁加工中心。欧浦钢网由欧浦公司投资数千万元开发，为全国首家通过网络实现钢铁现货买卖的公共交易平台，能够提供电子合同交易、现货交易两种交易模式服务，以及仓储、加工、运输、金融质押及公共保税五种配套服务。

欧浦钢铁电子交易中心是全国首家通过网络实现钢铁现货买卖的公共交易平台，2002 年成立，2005 年就开始产生效益。"欧浦钢网"的电子现货与合同交易平台已拥有注册会员近 10 万家，网站日均点击率达 20 万余次，采购商逾 10 万。2008 年电子合同成交量（单）为 3737.473 万吨，总成交金额达 630 多亿元。

一、界定谁是结构的利益参与者，并分析各成员的薄弱环节利益参与者

一般分外部参与者和内部参与者两种。外部参与者包括原料供应商、研发合作商、生产外包商、渠道商、零售商和顾客等。设计共赢结构，不仅要关注外部参与者，还要关注内部参与者，即股东、企业内部的某个部门、员工等。

设计利益参与者的共赢结构的第一步，就是要首先界定谁是我们的外部参与者，谁是我们的内部参与者。

欧浦钢铁物流公司，诞生于乐从这个全国最大的钢铁贸易中心，它正是背靠乐从，依托乐从钢铁市场产业基础及欧浦物流钢铁交易中心的平台优势，才实现了商业模式的创新。

乐从钢材市场兴起于 20 世纪 80 年代，改革开放初期，乐从钢材市场起源于众多从事废旧金属回收的个体户。他们不满足于仅做些废旧金属回收，于是开始涉足小型钢材交易。通过近 20 多年的发展，乐从镇形成了全国最大、全球知名的钢材贸易集散地，拥有钢材贸易商 2100 余家。乐从钢材市场占地面积 220 多万平方米，其中地摊式交易区 100 万平方米，现代仓储区 120 万平方米，年促成钢材贸易总量超过 2000 万吨，销售网络辐射全国各地，以规模大、品种全、客户广和服务好而闻名于世。

一直以来，乐从的钢材贸易，都是遵循"钢厂拿货—囤积货物—寻找买家"的销售模式，在这种传统的销售模式中，存在着几个利益参与者，它们是钢铁厂、钢厂经销商、钢材贸易商、钢材加工企业和终端客户。

为什么乐从镇能够成为中国最大的钢材贸易中心呢？这是因为珠江三角洲乃至

整个华南经济圈内数万家工厂的工业用钢材大多采购于乐从钢铁市场，仅乐从附近的顺德，就是中国家电中心，那里汇集了美的、科龙、格兰仕和樱花等钢材需求大户。

从钢铁厂的角度来说，顺德乐从镇拥有1000多家钢材经销商，年度钢材交易量达到1000万吨，宝钢、鞍钢、武钢等全国大钢厂都在乐从镇设有一级和二级代理。另外，由于全球钢铁买方化、客户需求个性化、生产工艺先进化以及个性化的需求，要求钢厂提供多品种、少批量的钢材服务，再加上钢材重量等原因，物流对钢厂来讲，是一个急需解决的薄弱环节。于是，大型钢铁企业纷纷兴办物流公司，直取钢铁贸易。如从1982年开始，鞍钢就开始了物流服务的历程。

20世纪80年代，对于钢厂经销商和贸易商来说有三大软肋。"骑着单车跑生意，推着板车拉货物，抬着杆秤称钢铁"，钢铁搬运装卸成本高、效率低，物流成本高昂，这是他们的第一个软肋。

第二个软肋是，钢材属于资金密集型的产品，从生产厂家获得资源基本上需要全款资金，因此资金的占用量特别大，周转时间也长。资金一直是经销商和贸易商的心病。在下游需求旺盛时，他们由于缺乏强大的资金支持，会看着生意白白流失；而在下游需求突然受阻时，由于前期的压货，他们手上又形成大量库存。

第三个软肋是，传统的钢材贸易模式是通过电话询价，客户亲自到卖方所在地仓库进行验货、交割和配送，这是一种通过地摊式的摆卖、面对面的传统交易模式实现的。这种交易模式在需求日益旺盛的背景下严重限制了贸易商开展业务的地域范围。

对于钢材加工企业来说，乐从钢铁市场每年拥有1000万吨的销售，但由于乐从钢材企业分散、仓储设施不够、加工能力不足、加工设备陈旧及配套服务落后等问题，钢材的深加工一直徘徊不前，更多的利润流给了外地。

对于购买钢材的下游客户来说，他们需要的就是乐从商家手上的板材，乐从地摊式的露天经营、现货的交易方式、市场点多面广比较分散的特点，让这些下游客户产生程序烦琐、交易时间长、交易成本高昂等问题。

然而，对于整个乐从钢铁市场来讲，原有交易模式中最突出的问题就是市场功能单一，主要为卖而卖、为买而买，没有形成现代物流所具备的采购、深加工和配送为一体的系列功能。而交易只是其中一个环节，更大的赚头可能还在后头，如物流、加工、服务等，这些一度成为乐从商贸业的短板。所以，延伸乐从钢铁交易中

心的产业链，使之从单纯的仓储、交易，发展和完善到后续的深加工和物流环节，就有了必要性。

乐从镇是具备做物流中心的条件的。公路方面，325 国道乐从段、三乐路正在拓宽；水路方面，2010 年国内物流巨头湛江港集团投资 1 亿多元，对乐从码头进行大规模改造，改造完成后，顺德大江码头的标准箱年吞吐量将从 10 万个提高到 30 万个。

在以上各个方面的条件促使下，乐从这个全国最大的钢材集散地，产生一个集钢材大型仓储、交易、物流、信息流、深加工和融资的"一站式钢铁交易服务平台"就成为了可能，也适应了市场的需要。

这种新的模式，为广大的钢铁流通企业带来的价值创新是突破时间的限制、打破地域的阻碍、节省运营成本、信息更加公开透明以及企业 24 小时不间断销售服务。

二、界定各利益参与者有哪些价值可以交换

欧浦钢铁物流公司拥有欧浦（国际）物流钢铁交易中心及欧浦钢网两大业务实体，以实业支撑为基础，打造以"现代物流"与"电子商务"相结合的核心竞争力。

欧浦是全国首家通过网络实现钢铁现货买卖的公共交易平台，它采用"虚实结合"的模式。所谓"实"，是指它的电子商务建立在传统仓储、运输的基础之上，欧浦拥有国内最大的钢铁第三方存放仓库，占地约 30 万平方米，仓储量达 150 万吨，同时拥有国内最大产能的钢铁剪切加工中心，年加工能力达 280 万吨。运输物流方面，欧浦拥有投资约 1600 万元建成的运输系统，拥有数十辆大型货车和先进的运输工具。所谓"虚"，就是欧浦要把钢材放到网络上进行交易，彻底改变乐从以前那种面对面、地摊式、点多面广的交易方式，为交易各方创造价值。

怎样才能实现"虚实相生、各方得利"的格局呢？这就需要打造欧浦通过网络实现钢铁现货买卖的电子钢铁交易平台。欧浦下一步就是要考虑在整条供应链中，各利益参与者在其中能有什么价值贡献，也就是各方有哪些价值值得交换。

钢铁厂、钢铁经销商、钢铁贸易商，是卖方；下游客户，是买方。为了完成全国任何客户可以在任何地点轻点鼠标，即可即时查询欧浦仓内任意钢铁库存及货品详细资料，分享华南区域高达 150 万吨最大钢铁仓储数据库，还可实现钢铁超市、

竞卖竞买、网上现货交易，欧浦首先必须拥有大量的钢铁现货，建成最大的第三方钢铁存放仓库。

所以，在这个链条中，钢铁厂、钢铁经销商、钢铁贸易商为欧浦提供钢铁现货，欧浦钢材超市有近200万吨分别来自钢厂、代理商、贸易商所提供的不同品种的钢铁现货，开放给广大钢铁需求企业进行自由采购。

针对下游客户，他们提供给欧浦的价值是在购买之前预先交纳30%左右的保证金给欧浦。这样，在欧浦交易中心的交易保证金账户里，始终就有大量的现金存在，交易越多，现金越多。

有了这些可以互相交换的价值，欧浦物流就开始对利益参与各方进行整合。欧浦整合了上下游关联企业，构建了由"钢企—地区分销机构—钢铁终端用户业务协同运作"的全程供应链管理。同时，欧浦物流整合了物流配送与电子商务的优势，为会员企业提供电子合同交易实现钢铁网上交易，以及提供资讯、仓储、加工、运输配送、金融质押、公共保税和信息等多种增值配套服务。

经过几年的运作，欧浦钢网还大力推进物流网点建设与信息化建设，又相继在上海、南京、杭州及天津等地建立了十余个运营中心。同时，通过在全国设立的合作仓库，不仅让华南客户，还让全国的客户享受到了交易成本降低、流通环节缩短、解决融资难题等实际利益。

欧浦公司加快和全国各地的仓库物流企业合作，由欧浦输出管理模式、优势技术、规范整合，使得全国各地客户通过欧浦钢网实现就近交收货物，打造一条"厂家—欧浦经销集群—用户"的扁平高效的"产业链"，节约了中间繁复环节的费用，从而降低了客户的物流成本。

三、设计利益参与各方的共赢结构

2003年，欧浦钢铁物流公司投资兴建欧浦国际钢铁物流中心，储能达150万吨。但仅依靠仓库距离赢利还很漫长，于是公司开始搭建线下的第三方增值服务系统，即仓储、加工、运输、金融质押和配送五大实体配套系统。

作为一个第三方的电子商务平台，欧浦钢网在最初以信息查询为主的基础上，逐步衍生了电子合同、钢材超市等更多服务形式，不仅完成了中远期大宗商品交易和现货交易，而且还通过自己第三方的地位提供验货、监管、支付担保和实物交收等中间服务。

欧浦钢网"一站式"服务体系，由三大网络服务（电子合同交易、网上现货交易、钢贸商机服务）和五大实体配套（大型仓储、剪切加工、运输配送、金融质押和公共保税）支撑。欧浦钢网还拥有可靠的安全密钥系统、自主办单系统和银行资金监管系统，可确保交易方便快捷、安全无忧。

1. 电子合同交易

欧浦钢网电子合同交易，是在除价格、买卖数量不确定，其他合同条款已确定或已约定的前提下，在欧浦钢网规定的钢铁品种范围内，买卖双方各自出价，由欧浦钢网电子合同交易系统撮合配对的一种交易方式，并由保证金作为担保进行交易。

欧浦钢网的注册会员，可以用20%的保证金，通过电子交易平台的"订货易"提前三个月订货，还可以实现市场风险的规避。

2. 网上现货交易

依托欧浦钢网数千家钢铁供应商网络现货资源及采购商户遍布全国各地的优势，只要是欧浦钢网会员，即可轻松享受网上钢铁超市、竞卖竞买、现货查询等服务。

欧浦钢网在全国各地设立交收仓库。交易的会员在欧浦钢网指定仓库，可用仓库保证履约；若在其他仓库，则用保证金履约。

3. 钢贸商机服务

欧浦钢网建立了具有庞大数据库的商机商情中心，为商户提供资讯频道、资源频道、联盟、专栏、分站和企业库等创新、专业服务。

4. 大型仓储

欧浦钢网仓储量达200万吨，配备有100多台20吨、32吨大型吊机、叉车及先进安保设施，并导入多种信息化手段和先进管理方式，为广大会员提供仓储平台和公共保税仓多元化服务。

5. 剪切加工

欧浦钢网自有加工厂可对厚0.2～26mm、宽100～2200mm的各种不同规格冷热轧板、不锈钢板、镀锌板、电解板及彩板进行分条、平直等深加工服务，年加工能力达280万吨。客户只需通过网络指令，就能自动完成钢材加工的全过程。

6. 运输配送

欧浦钢网配套庞大的自有专业运输车队，并与中铁集团、中外运集团、中远集团、中国五矿集团、广州铁路集团及广州港集团等国内大型运输企业保持着密切的合作关系，可通过水路、公路、铁路等渠道为客户提供迅速、方便、安全和及时的运输配送服务。

7. 金融质押

欧浦华南仓已成为 13 家银行的指定首选物流合作仓库，钢铁企业信贷难的问题得到根本解决。只要将货物存放在欧浦指定仓库，经银行授信，即可凭仓单向银行申请贷款，大大提高了企业资金周转率。

8. 公共保税

与过去开设在港口的保税仓相比，欧浦公共保税仓报关、提货、配送服务方便快捷，免除过去保税仓与经营地分离的弊端，减少运输搬运环节，大大缩短物流周期，直接降低了物流成本，更降低了货品损坏的风险。

欧浦钢网依靠这八大服务，使整个乐从的钢材贸易，从"地摊式"到"超市式"交易，从现场看货到电脑选货，从传统钱货两讫到远程网上交易，从产品的起点到终点，在高度信息化的辅助下，从看货、订货到交易、深加工，最后通过中心内强大的配送能力，在最短的时间内，货物就可以到达全国各地购货商的手中。而且，欧浦物流以可靠的第三方物流监管方的身份，要求电子商务平台交易的货物必须是欧浦仓库中的，这样就保证了交易标的的安全性，解决了货物交割的安全性、真实性等问题，使"现货交易、电子合同交易"两大交易模式无缝衔接。对于钢铁厂来说，将钢材放在欧浦的仓库里，借用欧浦遍布全国的客户网络，钢材会更好卖。

对于钢厂经销商和钢材贸易商，欧浦的服务可为他们带来四大利益。

第一，通过欧浦钢网，欧浦公司将自身及全国各地数千家钢铁供应商的仓库变成网上货架，钢材放在欧浦的仓库里很容易卖；通过这里交易的钢铁费用，每吨能降低 100 元左右，全年可以节约费用近 30 亿元。

第二，欧浦主要采取仓单质押和引入担保公司两种融资服务，为进驻物流园区的企业，特别是为中小型企业解决融资难的问题。仅 2008 年 12 月，客户就利用仓储货物向银行质押获得 10 多亿元的贷款。

第三，与前店后仓的传统简单运输式物流经营模式不同，欧浦整合了加工、运输、金融质押和大众保税等供应服务链，变革了过往各环节严重脱节、程序繁复、信息不符等毛病，通过电子商务平台开展的钢铁网上交易，欧浦物流已经将传统模式历时几天的交易流程缩短为几分钟。对于下游的钢铁购买客户，欧浦服务体系的好处是，购货商不用像以前那样亲自到乐从购买，而只需登录中心网站，就可以查询并实现购买，而不用管你身在何处。

而对于欧浦钢网来说，它可以通过验货、监管、支付担保、实物交收及融资等会员服务赢利；还可以利用"钢材超市"交易赢利。欧浦与广发行推出类似于"支付宝"操作原理的"仓贸银"业务平台，有效解决钢铁贸易商在现货贸易中遇到的付款先后、违约、交货品质保证等常见问题。

第四，欧浦还可以利用网络广告赢利。

当然，除了以上几点以外，欧浦在仓储、加工、物流、金融质押及公共保税等方面都可以增加赢利点。

总的来说，欧浦钢铁物流公司通过几大服务体系的打造，实现了自身、钢厂、钢铁贸易商、钢厂经销商和购买客户几方的共赢，而这种利益参与各方的共赢、利益均沾和皆大欢喜，则是商业模式设计当中最重要的一环。也可以这样说，是否能够实现利益参与各方的共赢，是判断一个商业模式设计是否成功的重要标准。

四、确定协作网络内各成员之间具体的合作关系、各自在网络中所扮演的角色、承担的职责以及所起的作用

首先，就是确定协作网络内各成员之间的具体的合作关系，是外包，还是联盟，还是合资，亦或是租赁、特许、控股等，从而确定具体的合作关系；其次，再为这种特定的关系制定相应的交易内容和方法；最后，明确各利益参与者在网络中所扮演的角色、承担的职责以及所起的作用。

只有权责分明、轻重有序，各自明确自己所要提供的业务服务范围，各个成员之间才有可能形成一个稳定的协作网络。所以，网络成员在加入网络之前，就需要问自己三个问题：第一，我拥有或者可以从事什么样的业务活动？第二，我可以为各网络成员提供什么价值？我怎么做才能将自己的业务活动与其他合作伙伴的业务活动整合为一个整体？第三，我在协作网络中希望占据什么样的地位，是支配地位还是协助地位？

在欧浦钢铁物流公司的案例中，作为链主，欧浦已经把利益参与各方的角色、职责以及合作关系作了明确界定。

在合作关系方面，与钢厂、经销商、贸易商、银行和下游购买客户之间，欧浦都是第三方的角色。欧浦通过钢铁交易中心，将其他几方整合在一起，形成一条完整的供应链，它们之间的合作关系可以用联盟来形容。

而在具体职责及分工方面，钢厂、经销商和贸易商，除了把自己的钢铁产品放

在欧浦的仓库中并接受欧浦的监督之外，其他的工作与传统交易没有太大差别；下游购买客户要购买钢材，则可以通过交保证金的方式，提前完成交易。

在整个产业链中，欧浦是链主，做得最多；其他参与各方是网络成员，只要保证利用欧浦钢网进行诚信交易即可。

遵循共赢结构的原则

规划了构建共赢结构，那么，还必须遵循一定的原则。因为中国企业个体与个体之间的竞争，在未来必将转变为产业链与产业链（或者说协作网络）之间的竞争。中国企业必将进入链时代、价值网络时代。俗话说：无规矩不成方圆。所以，为了构建高效、科学的协作网络，还需要遵循以下五个原则。

一、原则之一：利益共享，各方共赢

商业模式的设计，网主一定要从共赢的角度做好协作网络之间的利益分配模式。一个优秀的商业模式能够存在的前提，就是各利益参与者在其中能够得到自己想要的利益，而又不损害其他合作伙伴的利益，实现几方共赢。

在这样的思想指导之下，商业模式设计强调的是，在各个利益参与者之间，不是传统产品思维模式下的那种不是你输就是我赢、不是你死就是我活、不是非此即彼、不是你起就是我伏的博弈格局，商业模式设计需要的是利益各方的共赢，而不是零和博弈。

二、原则之二：价值互补，强强联合

网络成员之间核心竞争力的互相补充与优化，是整合产业链、构建协作网络的主要目的。

要构建强大的供应链，意味着专业与分工，每一个加入其中的成员都必须是最优质的战略协作伙伴，而这种最优质，就意味着你必须在你的领域内具有独特的优势、核心竞争力和把控能力。只有这种"优＋优"的体系组合，才能使得供应链是强大的。

三、原则之三：无缝融合，高效协同

一个理想的供应链协同网络中，供应商、制造商、分销商和客户可动态地共享

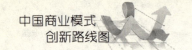

信息，紧密协作，向着共同的目标发展。要实现这样的高效协同，一是需要品牌商对供应商的持续控制与管理；二是品牌商需要主动控制供应链的某些核心环节，并将企业本身成功的运作系统和经验复制到达些环节中；三是品牌商与各合作伙伴需要建立共同的协同规划并有效执行。

协作网络管理的思想是："一种基于协作的策略，它把跨企业的业务运作连在一起，以期实现市场机会的共同愿景"。而产品的品质、运作是否高效与毛剩的高低则取决于企业的供应链管理和流程控制的能力。

四、原则之四：快速反应，高效整合

现今消费需求结构的一个重大变化是：它们总是希望在尽可能短的时间里拥有更为丰富的选择。这样的消费结构变化，要求企业必须对供应链体系的效率进行大规模的提升。在这方面，做得最为极致的是 ZARA 和 HM。在中国，很多服装企业都在努力，美特斯·邦威经过三次信息系统的建设，将完成一个完整订单处理的时间由 15 天缩短到 2 ~ 3 天，将存货周转次数由 1.05 次上升到 7 次，实现了大幅度的快速运作；李宁公司则从 2005 年之后也致力于打造灵敏型供应链，李宁在广州、北京、上海和武汉建立了四个物流配送中心，并在全国范围内建立起以 ERP 为起点的信息系统，这些措施，使得李宁的平均库存天数从 2003 年的 160 天缩短为 70 天，实现了部分的快速反应。

五、原则之五：链主掌控，建成核心能力

大多数时候，整合资源、整合产业链、构建协作网络，都是产业链的链主型企业主动、有计划地去展开的，其目的是为了在这种整合过程中，建成、强化或者优化自己企业的核心竞争能力，并使得这种核心能力为己所用。

美特斯·邦威之所以要将生产和渠道外包、特许出去，其目的就是为了将企业有限的资源全部集中在产品设计和品牌建设中去，而这两个能力，就是美特斯·邦威苦苦经营和打造的核心竞争力。

产业链的整合方式

出于各种各样的战略目的与规划，整合产业链对于不同企业的意义有所不同。

有些企业整合上下游是为了稳定经营、应对经营风险；有些企业是为了降低成本；有些企业是为了多元化经营开拓新业务、增加利润增长点；有些企业是为了在行业快速发展过程中提高企业参与竞争的能力；有些企业是通过商业模式创新定义行业、确立产业链核心地位。基于整合产业链对于不同企业的不同意义，总结出五种整合产业链的方式。

一、第一种方式：整合产业链上游

有时候，在一些行业中，如果上游的原料生产企业少，资源的垄断性强，使更多企业不得不从它这里进货，那么，上游原料企业的谈判能力就强，利润的增值点就较高；反之，上游行业的谈判能力弱，利润的增值点就低。

所以，一些明智的企业，当发现上游出现某个薄弱环节时，这种薄弱环节会影响到自己企业的经营和提供价值的能力，于是，这些企业就会采取整合产业链上游环节的策略，以提高整个产业链的表现和质量。

在20世纪60年代，麦当劳正处于快速成长期，并且正在实施其雄心勃勃的品牌扩张计划，而这样的目标要能够实现，麦当劳的产品质量必须完全符合标准。麦当劳的产品质量，除了后道工序的严格要求之外，麦当劳对土豆原料也有严格要求。

比如，麦当劳要求的土豆要有较长的果形，芽眼不能太深，同时淀粉和糖分含量必须控制在一定范围之内，不然经过油炸，薯条的颜色会呈现较深的焦黄色，而不是麦当劳薯条应有的金黄色。同时淀粉含量还不能太低，低了薯条炸出来之后就会疲疲塌塌，口感欠佳。麦当劳要求供应商提供的薯条中，对其规格也有量化的要求，长度为5英寸的要达到20%左右，3~5英寸的要达到50%左右，3英寸以下的比例在20%~30%。

面对如此严格的要求，当时美国食品工业的供应基础远远不能满足。比如土豆，由于美国农场主的原因，致使加工过程影响了最后炸土豆片的质量。对于麦当劳来说，土豆的种植和初加工成为整个产业链中最薄弱的环节。

之后，麦当劳通过与辛普劳这些在原料质量和产量控制方面强有力的公司的合作来强化薄弱环节。麦当劳花费了很多年教导它的供应商去适应它的系统和了解它的优先需求，这其中包括许多技能：供应商的统一、培训、咨询和标准系统化。

麦当劳在严格要求供应商的同时，会充分考虑供应商利益，给予供应商大力的

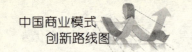
扶持，与其共同成长，和它们一起形成一种共生关系。而这种共生关系要保持长久，利益分配显得至关重要。雷·克洛克曾在他的回忆录中写道："只有一个方法可以培养供应商对公司的忠诚度，那就是保证他们可以赚到钱。"

我们再来看麦当劳在中国市场上，是如何整合上游原料环节的。

1990 年，麦当劳在中国深圳开第一家店，而在 8 年前，麦当劳便与辛普劳公司开始共同调查中国有哪些土豆品种适合加工。他们几乎走遍了黑龙江到甘肃省的中国北部的大部分地区。当时中国大约有 600 多个土豆品种。但由于单纯追求高产，因此中国农村习惯了高密度种植的耕作制度，土豆的品种虽然产量较高，但单体却很小，这种土豆根本就无法加工出符合麦当劳标准的薯条。

1983 年，麦当劳及其供应商的马铃薯专家一起来到中国的承德围场试种从美国引进的"夏波蒂"等马铃薯，并把美国先进的种植技术传授给当地的农民们，其中包括施肥、灌溉、行距和株距及试管育苗等，最终在麦当劳的中国土豆基地成功建立了一套种薯繁育体系。

与麦当劳整合上游土豆环节这个个案的精神相一致的商业模式，即如果产业链上游出现薄弱环节，或者上游某个关键环节对于企业建构竞争优势至关重要，那么企业将采取商业模式创新去弥补和整合这个关键环节。这样的商业模式有很多，包括缩短前导时间模式、供应链管理模式、联合供应商模式、控制原料模式及 ODM 模式等。

二、第二种方式：整合产业链下游

为什么要整合产业链下游呢？因为与整合产业链上游关键环节相类似的是，如果下游行业所对应企业的采购量的规模大，每年的需求量非常高，那么它的谈判能力就非常强；反之，就非常弱。我们在很多行业里都发现这样的问题，比如，酒水行业中酒店等下游环节对企业的影响能力非常强；家电行业的国美、苏宁等下游卖场环节对企业的反控制；食品行业中卖场环节对企业的控制，等等。

当然，这是产业链下游渠道过于强势的情况。在一般情况下，企业的下游渠道都是由一些经销商和贸易商所组成，它们的竞争力只是体现在简单的买进卖出的层次，在如何与现代流通企业合作、如何更好地与消费者沟通等方面，处于比较薄弱的状态。

因此，在这样的情况下，企业有必要制定整合产业链下游关键环节的商业模式。很多快消品企业，在整合产业链下游环节时，要么是整合一级经销商，要么是整合二级经销商，还有一部分企业是整合终端。下面我们来看一看企业是如何整合二级经销商的。

在以往的经销制下，企业对经销商和二批商往往是漫天撒网，不管好坏，一股脑儿收进来。但企业到了需要整合下游渠道的时候，必须拥有高质量的渠道成员，运作到二批，绝对不能漫天撒网。

在渠道运作中，往往20%的二批商就能够覆盖80%的终端网络。因此，二批商中间的精英分子就成为企业整合的对象。

第一，企业要筛选二批商，挑选出市场上20%的关键二批商，将他们招至麾下。

第二，要通过资源配置，充分调动二批商的积极性。在划分分销区域、产品经销政策等方面，企业给予这些二批商以实惠。

第三，企业要对二批商进行助销支持。派出助销人员，与一级经销商一道，对二批商进行直接促销、服务和管理。

此外，企业要最大限度地控制零售终端，最大限度地控制经销商，保证渠道的畅通和价格体系的稳定，最大限度与经销商结成伙伴关系，都可以通过渠道增值性助销手段，把控二批商来实现。助销的本质意义在于取常规经销制与直营体系之精要，融会贯通二者优势于一身。

同时，在推行一系列新政时，企业应实施销售人员"重心下沉，深度助销"的营销策略。销售人员不能停留于表面工作，即销售的过程及管理不能只停留在对总代理商的送货和收款这两项工作上，而应要求每一个销售人员必须扎下去，深入市场一线，掌握最终用户的信息，帮助代理商完成产品的二三级分销网络的建设、市场的开发、重点工程的投标开发、销售队伍管理和指导等工作，实现对分销渠道的增值性助销工作。

不管是新开发市场，还是成熟市场，企业的销售人员都要下沉，销售人员的主要工作地点是市场，而不是企业的办公室。

销售人员下市场后，从经销商谈判、销售小组管理、客户订单回款、价格协调控制和终端网络的组建与控制，到促销活动安排、卖场陈列买位及新产品上市铺货

等，都需要企业下沉销售人员完成。

企业销售人员在帮助经销商销售的同时，有另一个更重要的任务就是规定二级商的标准，保证二级商的数量和质量。所有的二级协议连同区域划分、职能划分表格都必须交由生产商总部备案，二级商的终端网络如门市、专卖店等也都可以作为附件，连同营业执照复印件等证明材料一起交总公司存档。

如此企业就能准确地收集到网点的基本信息资料备案，掌握网络布局，既方便企业销售人员走访市场的沟通和核实公司政策执行到位情况，同时也可以作为乱价、窜货和纠纷的处理依据。更重要的是在掌握和反控了渠道网络后，经销商愿意"老实"地和企业配合，认真做市场，形成战略联盟，那自是皆大欢喜的事情。

同时，企业要转换观念，树立助销意识，列出专项超市陈列、买位费用，注重大卖场的陈列销售。当然，所有这些费用，都应掌握在企业下派的销售人员手中。

在这个过程中，企业要注意，只要有关产品进场和促进销售的费用，企业都应该予以考虑，提供支持。如进店费、占地费、堆头费、端架费、导购人员费用及特殊陈列费等，只要有利于销售，企业都应给经销商以支持。只有这样，经销商才能真正上心地帮助企业去做终端、开发市场。

总而言之，以上措施的核心目的就是避免企业销售人员孤军奋战，而是企业要联合经销商、联合二批商进行利益捆绑和伙伴联盟，共同开发终端，掌控二批，扼住渠道的咽喉，使渠道真正地为企业服务，不仅有利于销售业绩的提升，更有利于企业销售体系的完善和顺利管理。

改变产业链下游关键环节的商业模式，概括起来主要有以下几种：控制分销模式、直销模式、服务模式及一体化解决方案模式等。

三、第三种方式：整合产业链中游

整合产业链中游关键环节，实际上指的是产业链的薄弱环节就是制造企业自身。这一问题已经引起中国企业的普遍关注，很多企业开始进行品牌的打造和技术的研发，都是为了弥补企业在这一环节的薄弱。

中国企业往往长于产品的硬性制造，而短于产品的虚拟制造；长于产品的物质性卖点挖掘，而短于产品的精神性卖点挖掘；长于产品的模仿制造，而短于产品的原创性研发制造。这一系列的不足，导致中国企业生产的产品，普遍都是附加值不够高，利润率较低。

如何改变这一现状呢？

我们通过研究发现，整合产业链中游关键环节，现阶段其基本发展趋势有两个。

第一，利润从产品的实体环节转向虚拟环节。什么叫虚拟环节？就是塑造产品之外的价值，这种价值更多的是品牌的核心价值观、情感和品位，这就是我们一直强调的做品牌。

第二，利润从产品内在环节转向外围环节，不仅要赚足产品本身的价值，还要把外围的环境营造好，通过产品捆绑环境一起销售来获得更高的利润。这可以称之为体验经济，即通过体验来获得利润的商业模式。

改变价值链中游关键的商业模式，我们很多的企业都或多或少地有一些接触，一些先发的企业甚至已经在开始执行这样的商业模式，这样的商业模式主要有品牌第一模式、多品牌金字塔模式、利润倍增模式、"剃须刀＋刀片"模式及破坏性技术模式等。

四、第四种方式：纵向整合产业链

怎样纵向整合产业链呢？企业要采取纵向整合或垂直一体化整合产业链，主要有三个条件。

第一，所在行业处于新兴阶段，当产业链不成熟的时候，产业链的各个环节和界面还不够清晰，也经常出现薄弱环节。这个时候，由一家企业来整合这些链条环节，是有利可图的。

第二，当行业或产业链不成熟的时候，产业链条上的环节和界面在成本压缩方面，还可以榨出一部分利润。

第三，当产业边界被打破的时候，对上下游资源的跑马圈地，是实现交易成本最低和价值增值的最佳方式。

比如小肥羊餐饮连锁，为了有效地控制产品品质和供给平稳，逐步向上游扩张，实现了从牧场到屠宰、运输、储存、调拨和预加工等全产业链的"垂直一体化"，形成了拥有一个调味品基地、两个肉业基地、一个物流配送中心、一个外销机构和国内十五大餐饮市场区域的格局，为企业的扩张奠定了良好根基。如果没有这些关键资源的掌握，现在的小肥羊难免会像东来顺扩张之初一样，出现各种问题，导致扩张受阻。

小肥羊餐饮连锁商业模式的持续成功有赖于其"垂直一体化"的全产业链整

合，为了实现这种全产业链整合，小肥羊在整合下游店铺方面也经历了先放后收、血本整合的过程。

在发展初期，小肥羊采用的是以"加盟为主，直营为辅"的连锁模式。2006年，为了能够更好地掌控下游各店，小肥羊展开了"直营为主，加盟为辅"的方式。同时，为了严格控制加盟者的条件，小肥羊从过去的以数量激增的总代理加盟方式转向了单店的加盟方式，并通过信息化的建设对加盟商进行了严格的管控。

如今，已进入快速发展阶段的小肥羊连锁体系，目前直营与加盟连锁体系的比例已经发生了很大的变化。目前，小肥羊的直营店面约占据整个体系当中的55%～60%，除了加盟店面之外，小肥羊还以与加盟商进行合股或参股的形式增强控制权与管理权。最为重要的是以企业现在的规模，追求稳定的、可持续的成长能力是企业现在的主要目标。

五、第五种方式：水平整合产业链

鉴于市场的不断变化以及新兴技术的兴起，市场创造新价值的方式也在发生变化。很多时候，企业可能从自己单独创造价值走向与别人合作来创造价值，企业也可能从单一行业中挖掘创造价值发展到从多个行业挖掘和创造价值。

现今，成功的商业模式的中心不再是企业本身，甚至不再是单个行业，而是很多行业。在很多行业组成的产业链中，不同的经济角色（如供应商、商业伙伴、联盟和客户等）共同合作来创造价值。

大连万达集团，是一个以商业地产为核心，然后围绕商业地产这个核心产业而伴生出高级酒店、文化产业、连锁百货等其他产业。在大连万达的产业链整合战略中，商业广场是消费、娱乐、交流的一个综合体，要达到这些功能，超市、百货、影院、娱乐中心都是必须有的业态。

大连万达集团之所以会采取这种水平整合、跨行业整合产业链的战略（即万达模式），主要是缘于中国现阶段城市化发展速度加快和国内消费需求的提升。中国在商业地产产业方面并不成熟，商业地产在开发完成后，既没有成熟的专业投资者进入，也很难找到专业的商业管理公司接管。正是因为这些产业链条关键环节的缺失，大连万达采取了延长产业半径的加法来解决。这种水平整合产业链的模式，其核心在于提高现有商业项目的投资回报率，同时培养新的利润增长点。

目前，大连万达集团已经拥有全国唯一的商业规划研究院、全国性的商业地产建设团队、全国性的连锁商业管理公司，形成了商业地产的完整产业链和企业的核心竞争优势。

万达集团的主营业务是商业地产的投资及运营管理，核心产品是以"万达广场"命名的万达城市综合体。城市综合体是万达集团在世界独创的商业地产模式，内容包括大型商业中心、商业步行街、五星级酒店、商务酒店、写字楼及高级公寓等，集购物、休闲、餐饮、文化和娱乐等多种功能于一体，形成独立的大型商圈。在这方面，大连万达已经持有物业总面积达到 1000 万平方米左右，年租金收入 60 亿元左右。万达计划到 2012 年开发 70 个万达广场，持有收租物业面积 1300 万平方米，年租金总收入超过 70 亿元。

万达之所以成立商业管理公司，是因为以前商业地产项目完成后，在国内找不到人管或找国外公司管比较贵，于是采取了自己管的方式。万达商业管理公司经营管理范围覆盖全国所有的万达广场，创造了连续多年租金收缴率超过 99% 的世界行业纪录。

万达电影院线是中国排名第一的院线，拥有五星级影城 86 家、26 块银幕，占有全国 15% 的票房份额。万达在电影院线方面最初选择的合作伙伴是时代华纳，但是后来时代华纳退出内地市场，于是万达不得已采取自己进入，并做到了税后利润率 10% 左右（中国电影行业平均利率大概就是 5%）。以 2009 年上半年为例，万达院线收入 3.8 亿元，同比增长 66%，利润 3600 万元，同比增长 170%。

万达集团是中国五星级酒店投资规模最大的企业之一，目前已开业 8 家五星级和超五星级酒店，高级酒店包括索菲特大饭店、万达国际大饭店等连锁品牌。

万达集团 2007 年成立的万千百货，目前已在北京、上海、南京和成都等地开业 40 家百货店，计划到 2015 年开业 110 家店，营业面积 300 万平方米，年销售额 120 亿元。

就这样，万达集团在商业地产开发、商业地产管理、影院建设、星级酒店和百货公司等各个方面，进行了水平一体化整合，形成了一个跨行业、跨产业的大型集团。

总而言之，企业整合产业链，可以从上游、中游、下游，也可以纵向一体化，还可以横向一体化，从多种角度去构建产业链。

103

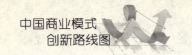

可是，企业应该如何来构建自己的产业链和价值网络呢？主要的方法是，在创建商业模式之前，企业需要问自己几个关键性的问题。

商业模式是企业与客户关系经营与竞争优势建立的战略手段，企业需要基于产业现实，将企业放到实际产业运作环境中，关注企业与客户与供应商与上下游合作伙伴的关系。

为此，企业第一个要问的就是，现有整体产业的产业链条实际运作如何？如何有效运用才能提升终端消费者价值？

第二，现有产业价值链模式是否有效率？有没有垂直分工、垂直整合、水平分工与水平整合的可能？

第三，现有价值链是怎样的？哪些厂商在主导控制产业链？有没有新兴技术与替代产品介入的可能？

第四，现有产业共通平台与标准是怎样的？有没有以新平台取代现有平台的可能？

第三节　探索赢利模式，铺设持续赢利的新道路

利润直接来自客户的赢利模式

什么是赢利模式呢？赢利模式是指企业在市场竞争中逐步形成的企业特有的、赖以赢利的商务结构及其对应的业务结构。而赢利模式说白了就是为了获得更多的利润。其实，利润来自很多方面，比如，利润来自直接客户是一种最为简单直接的赢利模式。这种赢利模式思考的路径是这样的：企业为消费者或者客户提供产品与服务，消费者或客户为这种产品与服务进行付费，企业从这种付费中扣除企业成本，剩下的就是企业的利润。中国企业对这种赢利模式可谓是再熟悉不过了。我们的家电业、服装业、食品业、汽车业及房地产等，采用的都是这种依靠直接产品向直接客户获取利润的模式。中国的绝大部分行业和绝大部分企业，都是采用这种赢利模式。

当然，赢利模式无所谓优与劣，关键在于要适合不同的市场环境与不同的企业，适合的、有效的，就是好的。但是，如果99%的中国企业都采取同一的而且是单一的赢利模式，更严重的是，同一个行业里的99%的企业也是采用这种同一的、单一的赢利模式，那么，这种赢利模式在一个行业中的弱点就很容易暴露出来，它也未必就是所有企业都应该采用的模式。

一、利润来自直接客户的赢利模式往往赢利点非常单一，甚至只有一个赢利点，从而容易导致企业的利润越来越微薄

大家都知道，通常的方式是，企业把产品设计与生产出来后，就将它推销给渠道，由渠道和终端把产品卖给消费者。表面上看，企业似乎应该有三种顾客——经销商、终端和消费者，那么，围绕这三种顾客的赢利方式似乎就应该不只一种。虽然有三种顾客，但企业提供的产品流只有一条，随着产品流到达最终消费者，资金流倒向回到企业手中。企业赢利的源泉最终还是来自产品或服务的销售利润，并且只有一个赢利点。

同时，这个单一的赢利点还是在企业与经销商、终端、消费者甚至上游原料商等多个赢利主体的博弈中得来的。一般来讲，一方的利润多了，另一方往往就少了，因此，企业是在与上下游伙伴一边合作，一边竞争利润。当整体利润比较高的时候，企业和上下游的合作伙伴还能够相安无事；但一旦这个利润越来越薄时，企业和上下游合作伙伴的矛盾就容易激化，这也就是为什么现在众多行业的企业与上游供应商与下游渠道的利益冲突越来越激烈的原因。

二、单点赢利的模式容易被竞争对手模仿，是同质化的根源

相对于多点的赢利模式，单点的赢利模式更容易被竞争对手模仿。一旦对手开始模仿企业的赢利模式，最后的结果往往是两败俱伤。因为随着同质化的到来，利润就会离开同质化的环节，包括离开这种同质化的赢利模式。

三、利润来自直接客户的赢利模式，容易导致企业与直接客户的对立与博弈

企业在行业初级阶段往往是企业拥有价值链的话语权，所以企业在开始的时候能够赚取高额的利润。而随着行业不断成熟，竞争对手越来越多，直接客户的话语

权就越来越大，直接客户和企业之间的博弈与矛盾与日俱增。企业提高价格，直接客户不会接受，往往转而去和竞争对手交易；企业降低价格，直接客户当然满意，但是企业的利润却因此大大降低。企业与直接客户之间希望达到双赢的局面常常变得非常困难。

依据上面的分析，你会发现，这种利润来源于直接客户的赢利模式，有它自己的局限性。在买方市场下，为了争夺客户，同行企业被迫竞相提高产品、渠道和促销的质量，同时降低产品价格，这种红海竞争必将导致整个行业利润下降，企业、竞争对手、上下游合作伙伴和直接客户，都处于多方共输的境地。

当然，这并不是说利润来自直接客户的赢利模式不够优秀，而是主张在有选择可能的条件下，企业应该选择利润点更多、能够多方共赢的赢利模式。在竞争激烈的时代，一个优秀的企业，一定要懂得创造更多的赢利点，并达成多方的共赢。否则，无论企业的规模有多大，最终也会昙花一现。

利润来自第三方的赢利模式

条条大路通罗马，任何一个行业，都有成千上万种商业模式可供选择。随着网络化的盛行，利润来自第三方的赢利模式逐渐普及开来。很多的互联网企业，其赢利模式都是直接客户用最低的价格或不付费的方式购买产品或服务，而企业利润的来源则主要来自于相关的第三方。

比如，Google 网站和百度网站，都属于搜索引擎类网站，它们的赢利模式是：普通上网用户在网站上免费享受方便、快捷的搜索服务，Google 和百度不从直接使用者身上赚取利润，而从第三方——信息发布者的企业或商业主体收取利润。因为大量的上网人群的搜索，为 Google 和百度创造了巨大的"注意力"，"注意力"就是价值，引得无数企业实体在这两个网站上投放广告。

就是靠这样的赢利模式，在创业之初并没有多少原始资金的 Google 和百度，几年之后就创造了赢利的神话。2011 年，Google 市值已经达到了 2000 亿美元，百度的市值也已达 460 亿美元。

这种利润来源于第三方的赢利模式，是一种三赢的模式。

第一，对于直接客户来讲，获得低价甚至免费的产品与服务，当然非常愿意经常来享受这样的服务，企业也为这些直接客户创造了顾客价值。

第二，对于第三方来讲，因为企业对直接客户是低价甚至免费的，所以企业为这些第三方吸引了无数的目标消费群，而这样的目标消费群正是第三方所需要的。企业也为第三方创造了巨大的顾客价值，第三方也愿意为此埋单。

第三，对于最初的价值制造者企业来讲，虽然没有从直接客户处得到多少利润，但是因为自己同时为直接客户和第三方都创造了价值，所以，企业能够享受第三方提供的利润。同时，因为企业针对直接客户的产品和服务是低价甚至是免费的，所以，企业能够吸引到大量的直接客户。这些直接客户越多，企业从第三方处获得的利润就会越多，企业也更加具有话语权。

如此一来，这种赢利模式就达成了企业、直接客户和第三方的三赢，而且这种三赢，不会造成像利润来自直接客户赢利模式那样的企业与直接客户间的竞争和博弈。这种通过跨行业整合、多元目标顾客和第三方买单的赢利模式，避免了企业与消费者、合作伙伴之间非输即赢的博弈，避免了多方同时陷入红海，而开创了多方共赢、同赴蓝海的新天地，创造了一个更加宽松和谐的企业生态环境。

当然，与 Google、百度赢利模式异曲同工的，还有很多互联网的成功案例，如新浪、QQ、搜狐等，都是应用这种赢利模式的经典范例。

商业模式创新在于最大限度地排除在交易中损害对方的利益而获得自身利益，其主导思想就是要维护直接客户或者消费者的利益，其中也包括商业交易过程中协作者和联合者的利益。

其实，这种赢利模式制胜的关键点在于，它为直接客户创造了一种近乎完全没有风险的服务，对直接客户来讲，当然具有极大的吸引力，整个商业模式因此被激活。对于第三方来说，看到该种模式下直接客户的巨大磁场，从而展开投资，其风险也相应地被降低了，也获得了一种超值的价值。这样，交易三方都因为赢利模式的创新而获得了更大的价值与参与的积极性，因此这种赢利模式就具有强大的生命力。

不过，这种由第三方付费的赢利模式，并不仅存在于互联网行业，它也经常存在于实体行业和传媒行业。

现以传媒行业为例来加以说明。传媒行业的电视，就主要依靠的是第三方——企业做广告来实现赢利的。我们在上海地铁经常看到的地铁免费报纸——《时代报》，也是采用第三方付费的赢利模式来运作的。

《时代报》主要刊载的是当天的国际国内新闻和上海本地新闻，包括一些政治、军事、娱乐和生活方面的新闻与咨询。在每个重要的地铁站口,《时代报》都设有报刊免费派发点,坐地铁的人可以每天免费领取一份报纸在地铁上阅读。虽然该报的质量无法与正规报刊的质量相比,但作为一份免费报纸,对人们来讲还是具有较大吸引力的,所以,阅读该报的人非常多。

正是这样的阅读率为《时代报》创造了赢利点,即招徕第三方企业在该报上投放广告。由于该报主要面对城市里消费能力较强的白领群体,很多面对这一群体的企业都纷纷在《时代报》上投放广告,因此,《时代报》就获得了巨大的利润。

来自"直接客户+第三方"的赢利模式

什么是"直接客户+第三方"的赢利模式呢?是指企业向直接客户提供产品或服务,赚取一定的利润;同时,它还与跟自己有价值关联的合作伙伴合作,并从这个第三方赚取一定的利润。

比如,在游戏机行业,任天堂公司最初的赢利模式就是"主机+游戏软件",即依靠卖游戏机和游戏软件赚钱。后来,SONY公司PS游戏机采用第三方付权利金的赢利模式,并依靠其先进的游戏机本身打败了任天堂游戏机。

任天堂被打败后,不甘于失败,一直在寻找新的市场机会。后来它发现,SONY游戏机由于一直强调自身产品的先进性,所以导致它的游戏操作越来越复杂,只有"骨灰级玩家"才能使用SONY的游戏机,而这样的玩家只占所有玩家的2%。

有了这样的市场洞察之后,任天堂推出"Wii"游戏机,这款游戏机是针对那些5~95岁数量巨大的普通玩家而创造出的一种没有复杂操作程序、玩起来简单方便的游戏机产品,并把赢利模式改为"主机+软件+权利金",即"直接客户+第三方"的赢利模式。

第一,因为"Wii"游戏机没有复杂的操作程序,所以它的制造成本大大降低,虽然其售价每台只有249美元,但每台仍能为任天堂带来50美元的利润。

第二,任天堂的游戏软件不像SONY那样依靠第三方提供,而主要是由自己开发,这些游戏软件每卖出一份,能净赚30~50美元,为任天堂带来巨大的利润。

第三,任天堂还允许第三方的游戏软件商为"Wii"游戏机开发游戏软件。因为"Wii"游戏机设计简单,从而使"Wii"游戏软件比SONY游戏软件开发成本降低了2/3，所以，"Wii"游戏机获得第三方游戏软件商的追捧。任天堂从这些第三方游戏软件开发商处收取权利金，使得"Wii"来自"第三方"的游戏软件几乎是PS3的3倍，这为任天堂创造了大量的"权利金"收益。

某种程度上，建立商业模式的目的就是让企业的价值最大化，并尽可能地吸引更多未来的现金流入。所以，在设计商业模式时，要综合考虑怎样才能使投入最少，以及如何获得更多的利润，甚至是未来的现金流，而且，要控制现金流的结构。

除了任天堂出色地运用了这种赢利模式，中国的很多企业也采用了这种模式，并且取得了巨大的成功，包括国美、苏宁、永乐等。

国美、苏宁等家电流通企业，将家电产品低价卖给消费者，让消费者得到实惠，自然能够快速吸引更多消费者购买。而它怎么赚钱呢？其利润来自于"直接客户+第三方"。

第一，它大力向厂商压价，低价获得厂商们的产品，它可以通过销售这些产品获得微薄的利润。

第二，厂商的货款结算有一个比较长的压款周期。这样，它就利用厂商资金存在的时间价值，在为消费者提供低价服务的过程中，从资金的时间价值中获得收益——把这些资金用来大量扩张门店，跑马圈地赚"圈位溢价"的钱；同时，还可把这些资金拿去开发高利润的房地产。

从而，苏宁、永乐等这样利中取利，就创造出了更多的赢利来源。

放开视野来看，我们的收入可能来自于直接消费者，也可能来自第三方，或者二者兼有；我们的成本可能自己支付，也可能由第三方支付，或者共同支付。不同的设定，将带来不同的商业模式和不同的发展速度。

另外，企业要尽可能地提前收入到来的时间，推迟成本支出的时间，打造更多自由现金流。比如，众多连锁企业推出的储值消费卡，就具有"提前拿到客户消费资金"的作用；而一些零售连锁企业也通过"月结""批结""铺底"等结款方式和付款账期的设定，成功推迟了资金付出时间，打造出了良好的现金流。

"客户自助"的赢利模式

"客户自助"的赢利模式近年来比较红火，主要是得益于它本身就具有价值。

通过"客户自助",更增添了更多的情感性价值,也就是说,增添了价值创造过程的深度和广度。

正如《财富的革命》一书的观点认为,从工业革命以来,人类社会的生产方式经历了几个阶段。

第一个阶段,标准化制造的 1.0 阶段。得力于大规模制造和流水线的出现,福特"T"型车得以大规模生产,其分摊的固定成本以及更快的生产速度,使社会资源获得迅速的积累和扩张。

第二个阶段,大规模定制的 2.0 阶段。戴尔在线产品定制的出现,用户可以根据自身需要配置不同电脑,尽管这种组装的方式依然由戴尔在其工厂车间里实现。在大规模定制环节,用户开始有更多选择余地和更多的满足感。在企业与用户之间,也开始出现了互动。

第三个阶段,个性化需求的 3.0 阶段。更加个性化的消费者,以及伴随而来的"碎片化"市场——大众市场被打碎,重新分化组合。而像宜家这样的家居公司,通过标准化组件的生产,产品的组装开始从工厂车间向外部转移,并交由用户自己完成。

在标准化的生产阶段,价值只是由企业向用户的转移。而到了大规模定制阶段,用户有了更多可选择性,由此带来更多满意度,用户实际上参与了价值创造的过程。到了个性化需求阶段,这种用户参与价值创造过程的深度和广度开始变得更加明显,用户甚至直接参与了价值的设计过程。

例如前些年十分红火的十字绣行业,就是一个企业吸引用户亲自参与价值设计并为产品增值的赢利模式。

在这个模式下,一些有钱又"有闲"的女性(如白领、家庭主妇、大学生等),为了向某个特别的人(如男朋友或老公)表达自己的感情,而加入十字绣队伍。她们从专卖店处取得十字绣品的针线、面料和图案,为这个特别的人亲自缝制礼品。本身就很精美的来自欧美皇室的十字绣,经由这些女性的亲手绣制,就在精美产品的产品价值之上,增添了更多情感性价值,使得这种产品的价值变得更加高昂。

这个赢利模式,对于企业来说,其利润主要来源于以下几点。

第一,渠道的代理和加盟费用。十字绣企业的渠道采用"省级代理+地县加盟"的方式,企业向省级代理收取金额不等的区域销售授权资金。

第二，十字绣成品和半成品的利润。企业为每个专卖店配备一定数量的成品和半成品，这些精美的成品与半成品价格高昂，一款 16 开大小的产品就能卖到 800~1000 元，其净利润非常高。

第三，针线、面料、图案的利润。企业更重要的一个利润来源是卖原料。十字绣行业最重要的模式是吸引消费者亲自绣制，针线、面料和图案都从专卖店里购买，企业通过卖这些原料赚取了最大一笔利润。

如此看来，同样一个纺织产品，十字绣企业通过模式创新，把一个产品拆解成几份来卖，既可卖成品，也可以卖原料，一品几赚，还让消费者认为非常值得，因为消费者本身就参与了这个价值创造过程，亲手为产品创造了附加价值。

来自"产品＋内容服务（解决方案）"的赢利模式

什么是"产品＋内容服务（解决方案）"的赢利模式呢？中国企业习惯了以单一的产品去赚取利润的赢利模式，其实，在产品的基础之上，添加内容或者服务，就能够创造出远远高于纯粹产品带来的利润。这种赢利模式，我们把它叫做"产品＋内容服务（解决方案）"的赢利模式。

"产品＋内容服务（解决方案）"的赢利模式，企业获取利润的对象虽然仍然是直接客户，但是，企业的赢利点却不再仅是纯粹的产品本身，而是增加了从内容方面所获得的利润。这样，企业的赢利点由单一的产品赢利变成了"产品＋内容"的双重赢利，无疑就增加了企业的赢利来源。

我们所熟知的苹果 iPod 就是采用的"产品＋内容"的赢利模式。

以前，MP3 是依靠卖产品来获得利润的。单从产品本身来看，苹果的 iPod 与其他 MP3 相比，除了外形更时尚、品牌更响之外，它们之间并没有本质的区别。但是，iPod 从 2001 年 11 月诞生以来，成为历史上售出最快的音乐播放器，无疑创造了进入 21 世纪后第一个商业神话。

iPod 凭什么能取得如此辉煌的销售业绩呢？其关键之处就在于将设备和服务（iTune）联系在了一起。消费者买这个设备更多的是要用上面的服务。iPod 是第一个把线上音乐与 MP3 随身听捆绑销售的产品。

iPod 从诞生之初，就有一个观念，音乐与设备本身一样重要。为此，iPod 将线

上音乐与 MP3 捆绑在一起，组成"iPod + iTunes"的赢利模式。

第一，从 iPod 产品上的赢利。以 iPod 第五代产品为例，该机每台 299 美元，在这 299 美元零售价当中，有 163 美元属于美国的企业和劳工，其中有 80 美元被苹果拿走，另外 75 美元属于销售和物流成本，剩下的 8 美元要给不同的零部件制造商。从 2001 年到 2007 年 4 月，在这 6 年时间里，iPod 销量已突破 1 亿台，为苹果创造利润达到 80 亿美元。

第二，从 iTunes 音乐商店上的赢利。苹果将 iPod 设备与 iTunes 在线音乐商店捆绑在一起，开创了音乐市场的新模式，这种模式把 iPod 用户锁定在 iTunes 音乐商店。iPod 不支持从其他在线音乐商店购买的歌曲，如 Napster 等使用的是与苹果不同的格式、不同的 DRM（数字版权管理）技术，因此用户无法在苹果的 iPod 上播放。同时，苹果使用的是 AAC 格式和拒绝许可的 FairPlay 数字版权管理技术，具有很强的排他性。

在"iPod + iTunes"模式之下，iTunes 每销售一首歌收费 99 美分，苹果大概能拿到 10 美分，其他的 65 美分付给唱片公司作为版权费用，剩下的 24 美分作为支付信用卡和其他配送费用。

这就是 iPod 的双重赢利模式，以 iTunes 的内容服务拉动 iPod 产品市场的发展，反过来 iPod 产品市场的发展又推动 iTunes 服务被用户所接受，形成一种良性循环。而苹果公司则从硬件和内容两条战线上获取滚滚财源。

与 iPod 的赢利模式异曲同工的是中国远大中央空调的赢利模式。

远大中央空调，在销售上采取"用服务代替销售，用内容代替销售"的模式，即第一台产品靠销售人员卖出去，以后的产品要靠服务卖出去。

从 2007 年 5 月开始，远大开始为客户提供一站式的增值服务，这种一站式的增值服务，就是"主机 + 增值服务"的模式。

关于这个模式，远大总裁张跃这样来介绍它：

"我卖给你主机，还要卖给你跟空调系统相关的所有配件，甚至施工工具。这样，我们的产品就由几十种变成了 300 多种。对远大来说，这是一个巨大的挑战。也许有人会问，你是不是想扩大生意啊？完全不是！远大这样的企业去做末端的配件，就像让博士去做小学的算术题一样。"

"当然，这也不是浪费时间，这是用服务代替销售。中央空调的几百个配件，以往80%是靠客户自己采购，他要一件件地去买，不但耗时费力，而且价格很高，质量也没法保证。现在，远大为他选择知名品牌的最好的产品，我们与相关厂商签订协议，并对它的生产过程进行一定的管理，保证产品的质量，给客户的价格也比零售价便宜。"

来自"主业＋副业"的赢利模式

很多企业发现，相对于利润直接来自客户的赢利模式而言，采用这种传统的以销售主营业务或产品的商业模式逐渐在走入困境。于是，一些企业开始进行赢利模式的创新，它们把主营业务或主导产品做成吸引客户的基础或平台，在主营业务上不赚钱或少赚钱，而靠副业、衍生业务或延伸服务来赚取利润。说起这种赢利模式，最早来自吉列剃须刀的"剃须刀＋刀片"的赢利模式。

我们都知道，瑞典利乐公司是世界500强企业之一。瑞典利乐公司是一家生产销售包装材料、饮料加工设备和灌装设备的公司。作为全球最大的软包装供应商之一，它掌控着全球75%左右的市场份额，并控制了中国95%的无菌纸包装市场。蒙牛、光明等均是其客户。

利乐公司早期所采用传统的销售模式，直接对应各大乳制品厂家提供灌装设备和售后服务。由于设备价格昂贵，动辄几百万元，所以限制了厂家的购买能力，后来，随着竞争企业的加入，利乐的销售受到了更大的影响。

针对激烈的竞争，利乐创造了一种设备与包装捆绑式的销售模式，即客户只需支付灌装设备20%的费用，就可以买到设备。之后，利乐要求厂商每年定制一定量的利乐包装，四年以后，就可免除厂家80%的设备款。

后来，利乐又采用了"买纸送机"的赢利模式，免费赠送价值千万元的灌装机生产线给客户。该生产线可识别利乐纸上的识别密码，只有利乐纸才能让该生产线运行。这样就通过坐产线锁定了客户必须从利乐购买包装纸，通过包装纸赚取利润。利乐还利用这种方式，快速地占领市场份额，并且可以源源不断地向乳制品厂家赚取利润。

对厂方来说，在前期不用付出较多的现金购买设备就可立即投入生产，而且可以利用生产线节省下来的资金全力开拓市场，可谓是两全其美。

在伊利公司 2002 年的财报中，其 40% 的成本来自于包装材料环节，由此可见利乐公司在包装材料环节的利润之丰厚。

我们这里所说的"主业＋副业"模式，与一般的中国企业所采用的"主业不赚钱＋副业房地产赚钱"的模式是有本质不同的。此处所说的"主业＋副业"，是在一个有核心竞争力的系统内，对主产品与副产品进行组合而产生的。而中国企业主业不赚钱，在房地产行业赚钱，这是不相关多元化，而且是没有核心竞争能力的一种行为。

据可靠信息，中国民营经济最发达的浙江省，有 50% 甚至 60% 左右的企业，其主业基本都是亏钱或者是微利的。这些企业生存利润的主要来源，要么是投资房地产，要么是依靠企业以前所圈占的土地资源等硬资产的升值来获得银行贷款，然后拿银行贷款再去投资的方式赚钱。最令人感到可悲的是，中国企业这种没有核心能力的"主业＋副业"的模式，正处于大面积蔓延当中。

来自"租赁而非销售"的赢利模式

很多企业在开发出一个产品后，急需解决的一个赢利思路就是：租赁，还是卖？"租赁而非销售"的赢利模式，在一些大型设备企业的销售中经常采用。这种方式中，承租方通过采用向出租方（厂家）租赁的方式获得设备或产品的使用权，然后，利用设备产生的利润，向出租方交纳一定的费用，自己也能够从中获得利润。这种租赁实现了在销售活动中产品所有权和使用权的分离，减少了承租方前期购买大型设备或产品可能的费用，厂家也能够获得稳定的收入。比如，施乐复印机、九阳商用豆浆机等，就是依靠"租赁而非销售"的赢利模式在销售。

2006 年，占有家用豆浆机领头羊地位的九阳公司研制出九阳商用豆浆机。这种豆浆机可以提供现场磨制的、高品质的、原汁原味的原磨豆浆系列饮品，保持豆浆的新鲜和原汁原味；还可以现场榨出黑魅淳露、豆啡、黄金双香、罗汉珍果露、五彩蛋白蔬、红绿豆爽、金瓜玉米汁及黄豆豆浆等多种饮品。这种豆浆机以 15L、30L、50L 的大容量产品为主，可以在宾馆、酒店、酒楼、商务会所、酒吧、茶楼、机场、大学餐厅及医院餐厅等餐饮场所使用。

因为这种豆浆机每台价格高达 2 万多元，所以经销商难以将产品销售出去。

2007 年，九阳改变以往的销售模式，与经销商合作中创新性地采用了租赁的模式，经销商的资金压力才得以缓解。这种模式，九阳一直用到 2009 年。

"租赁经营"模式的原磨豆浆，非常适合酒水经销商在餐饮渠道运作。对于酒水经销商来说，采取租赁经营的方式，不用支付产品购买费用，只需要交纳一定的产品押金就可取得产品的经营权，何时不合作还可无条件退租。然后，酒水经销商再与酒店终端联营本项目，分成合作。

一个酒水经销商，平均启动单店的总资金约为 23800 元左右，20000 元为设备押金（结束合作时还可以退还），真正的投入仅为购买大豆原料等经营必备物料的 3800 元。

后来，酒水经销商只需在 2 年内每月支付给九阳 450 元的品牌使用费，而风险则由九阳公司 100％ 承担。酒水经销商只是在原有餐饮渠道上增加了一个经营项目而已，不会增加额外的投入，但能获得高额的利润回报。经销商只需负责谈店进店，其余事情都由九阳公司负责协调运作。

从经销商的利润方面来说，根据经营场所和品种的不同，这种原磨豆浆的价格可以卖到每壶 28～198 元，利润率极高。最后，这些利润由酒水经销商和酒店终端五五分成共享。

对九阳来说，既可以依靠售后服务赚钱，还可以依靠豆浆机的配件销售赚钱，更可以依靠卖黄豆等原料赚钱。而且，九阳这种豆浆机，只认九阳提供的大豆原料，保证了大豆原料利润的源源不断。

租赁赢利模式的优点是：化解了经销商和餐饮店的利益冲突，实现了厂家、商家、终端三位一体，三方共赢，降低了进入酒店的门槛。这不得不说是一种大的创新。

来自"资金周转率"的赢利模式

什么是资金周转率呢？资金周转率是反映企业资金周转速度的指标。它是销售收入与平均资产总额之比，是衡量企业资产管理效率的重要财务指标。资金周转速度可以用资金在一定时期内的周转次数表示，也可以用资金周转一次所需天数表示。企业资金（包括固定资金和流动资金）在生产经营过程中不间断地循环周转，从而

使企业取得销售收入。如果企业用尽可能少的资金占用，取得尽可能多的销售收入，说明资金周转速度快、资金利用效果好。

加快资金周转可以节约资金，在一定的生产规模和销售收入的情况下，把资金周转率提高一倍，就可以节约一半的资金。加快资金周转率，还可以提升企业的利润水平。试想，同一笔资金，周转一次，假如带来的纯利是5%，如果让它在同样的时间内周转两次，那么，带给企业的纯利就会接近10%了，纯利几乎要翻一番。

下面以IT行业为例阐述"资金周转率"的赢利模式。

在传统IT行业，终端形式主要是电脑城。电脑城与各品牌的销售商之间的关系是租赁关系，电脑城提供场地租赁给销售商，销售商负责产品销售和物流。在这种模式下，传统IT行业在渠道终端层面就存在两个薄弱环节。

第一，资金周转率低。从产品制造到终端销售，一般会经历这样一个过程：厂家→办事处→分销商→经销商→用户，基本上都有这5个步骤甚至更多。厂家从设计产品、市场调查到筹集生产制造，整个周期大概是50~120天，非常漫长；此外厂家还需要承担共计12%~22%的市场推广费用。这些费用，最后都必须由消费者来承担，所以导致产品零售价高。产品零售价一高，销售速度就慢了，于是就导致资金周转率低。

第二，在IT行业有一个著名的摩尔定律：集成电路上可容纳的晶体管数目，约每隔18个月便会增加一倍，性能也将提升一倍，当价格不变时，或者说，每一美元所能买到的电脑性能将每隔18个月涨两倍以上。这一定律揭示了信息技术进步带来的速度的重要性。IT行业人士讲："IT产品永远在跌价。如果货物3个月没卖掉，那就是损失；如果7天卖掉，就能卖到最好的价格、最高的利润。并且永远卖新鲜货，快就永远比慢强。"这样，随着摩尔定律在IT行业特别是PC行业广泛应用，电脑厂家要求加快产品销售速度和提高资金周转率，而电脑城的产品销售速度却不能满足厂家的要求。

针对这一薄弱环节的现状，宏图三胞应运而生。

宏图三胞给自己的定位是大型终端零售商，它通过买断或特供的方式从厂家那里直接进货，利用自己3年就多达35家以上的店铺规模，在从厂家拿货、物流等方面都具有较强的话语权，能够为消费者提供价格更低、物流更快、服务更快的价值，所以深受消费者欢迎。

宏图三胞的这种模式，有三个好处。

第一，渠道扁平化，加快上游企业的生产周期。宏图三胞采用"上游厂商—宏图三胞连锁店—消费者"这样的扁平直供结构，可以将市场用户的真实需求直接告诉厂家，这样厂家的装配生产周期只要十几天就可完成，保证厂家能够不断推出"新鲜货"。同时厂家利润高、周转快，并节省了库存费用。

第二，厂家可以直接砍掉分销商和经销商的中间环节，直接面对卖场。砍掉中间环节后的市场推广费用仅为 6%～12%，仅为电脑城的一半，企业成本大大降低。

第三，宏图三胞还采用库存信息化管理系统。宏图三胞实施了一套完整整合业务流、资金流和物流的信息管理"XP 系统"。这套系统作为企业"信息神经"，贯穿了产品采购、销售、调拨、组装生产、出入库等整个供需链流程。该系统大概的流程是这样的：总部十几名操盘手专门监控各子公司的库存和销售价格，当库存降到最低时就补充库存，任何的出入库过程以产品所贴条码为准；出库时，条码扫描告知库存减少，然后财务、采购、物流和配送等环节立即知晓，于是整个库存信息在体系里都实现了共享。

系统实施后，库存准确率达到99.8%，产品库存比实施前下降30%左右，实现了 7 天一次的超速库存周转。也就是说，宏图三胞的资金周转率是每年 50 次，一年可以赚50 次钱。而沃尔玛、家乐福这样的企业，其资金周转率大约是每年 20～30 次，中国企业资金平均周转率则仅为一年 2.5 次。

来自"授权收费"的赢利模式

什么是"授权收费"赢利模式呢？是指从某一产品、产品形象、商标或服务，重复地通过授权等方式收获利润。

大家都知道，QQ 以及它的那只憨态可掬的小企鹅是被数以亿计的网民所熟知和喜爱的。广州东利行礼品公司就发现了 QQ 授权收费赢利的模式。

东利行首先与 QQ 的所有者腾讯公司签署了为期 7 年的 QQ 形象有偿使用协议。随后，东利行相继开发出精品玩具系列、手表系列、服饰系列、包袋系列等十大类106 个系列、约 1000 种带 QQ 标志的衍生产品。

随后，东利行开始了形象授权的赢利方式。所谓的授权生产，就是将某一形象或品牌的使用权通过收取一定的使用费授予生产厂家。厂家得到的好处是，可以通过已经为人们所熟知的形象或品牌迅速打开市场。

东利行在 QQ 上的获利是累加式的，先通过授权获得一笔收入，而且自己不用投资进行产品的生产，就使得授权产品种类达到了一定数量。

同时，东利行把自己的授权产品集中在一起，开出了"Q - Gen"加盟连锁店，并吸引加盟商，这样，就赚了利用 QQ 形象的第二笔也是最大的收益，实现了利润的倍增。

来自"类金融"的赢利模式

"类金融"赢利模式是指将企业某一方面的核心能力与资本运作联系在一起，其本质是企业运营资本管理或者说是商业信用管理。在中国市场上，有一大批的企业在采用类金融的赢利模式，如国美、苏宁、红星美凯龙及淘宝支付宝等。"类金融"赢利模式的主要运作方式是，通过对供应商资金的占用，将这部分资金投入到资本市场、房地产市场或者用于设立更多的连锁分店。企业这个时候的扩张，不是通过自有资金或者通过企业自身实体经营来获得，而是通过延迟向供应商付款而产生的现金流。以这种融资方式，把特定的供应商对象当做提款机，用这些融资去进行扩张，然后再利用扩张再一次向供应商提款。

我们以国美为例来阐述"类金融"赢利模式。

国美以大批量进货、大批量销售，并享受价格上的批量折扣优惠，充分发挥规模效应的方式降低成本。国美的定位是一个渠道品牌，是一个资源整合者。

国美通过"低价"这一利器，牢牢掌控消费者需求这一环节，融入产业链，整合上游厂商，整合物流平台，整合媒体、送货安装维修、售后服务和政府资源等资源，利用自己的资源整合能力和对消费需求的认识，参与到上游厂家的生产计划、产品开发和成本控制中去，变供应链为价值链，并成为份值链的掌控者。国美的成功是资源整合的成功。

在利用渠道规模优势整合社会资源的同时，在国美的运作链上，家电零售业事实上只是扮演了一个资金渠道的角色。家电零售利润低，而国美真正的高利润来源在于房地产和资本运营（它们有国美电器产生的强大现金流支持）。

而要实现以上所有战略规划，唯一的一个条件就是店铺的规模。

只有店铺在数量和销量上产生无可匹敌的规模效应，低价才能实现，融资平台才能实现，整合资源才能实现。

所以，国美的价值不在于它单个的店，单店是不值钱的，值钱的是整个销售网络，织网就是织钱。

因此，从 1999 年开始，国美连续 5 年扩张，在全国 60 个城市建立 30 个分部，拥有 200 家连锁店，成为电器零售老大。之后，2004 年 11 月，国美在中国香港上市，黄光裕身价达到 105 亿元；2006 年，身价 200 亿元；2008 年，身价 430 亿元，成为中国首富。

随着国美的上市，国美展开了更为疯狂的店铺扩张行动，疯狂抢占商业资源。从 2005 年开始，国美一年新开 200 家店；到了 2006 年，国美电器店铺数已达到 820 家，销售额达到 869 亿元；2007 年，店铺数 1020 家，销售额达到 1023 亿元；2008 年，国美店铺达 1200 家。

2004 年借壳上市之后的黄光裕，建立了三根链条的混业公司集团模式。

第一链：由电器零售和房地产企业构成，这是经营获利的实业基础。这个链条以鹏润房地产、国美电器（上市公司控股 65％的子公司）为主。

第二链：由从事内部资金调配的投资企业构成，这是公司集团内部现金流动的平台。链条以鹏泰投资、鹏润投资、国美投资为主。

第三链：由从事资本运作的上市公司构成，承担放大公司集团经营实体财富效应的使命。2006 年以前，这根链条里只有上市公司国美电器一家企业。

综上所述，通过本章十个方面的赢利模式来源的分析，我们可以总结出一个道理：商业的本质是获利。所以，赢利模式的设定是商业模式创新的核心内容。一个企业，必须要通过赢利模式的创新来创造更多的赢利点。因为除了帮助企业获得更多的利润之外，更为重要的是，当你与对手争夺顾客群时，主营业务逐渐会变成"锁定客户"的平台，主业的直接利润会越来越薄，甚至亏本。如何开创新的赢利点，如开创第三方付费的赢利方式，就成为了企业长久获取利润的关键所在。

诚然，除了以上十种方式之外，赢利模式还有很多种，对于企业来说，一定要举一反三，通过创造性思维，创造出更多的赢利模式。

第四章 价值维护

——创造并实现战略控制手段

在商业模式设计当中，战略控制手段的寻找和建立非常重要。在创造了强有力的客户价值主张、确立价值主张的有效业务范围组合、找到利润源之后，就应该保证长期稳定的利润增长。因为，随着客户话语权的增强、竞争对手的增多及模仿，要想保护自己创造出来的利润不被侵蚀，是非常不容易的。所以，一定要铸造好战略控制手段这道利润防火墙，从而做好价值维护，使企业立于不败之地。

第一节　战略控制手段——建立强有力的利润壁垒

做好战略控制手段的必要性

战略控制手段就是企业为防止竞争者掠夺本企业的目标客户和利润，为后来者设置的一道门槛，以保护利润不流失而采取的利润保护手段，也可以把它叫做企业的核心能力，这是一种为企业利润设置壁垒的能力。

为什么要做好战略控制手段这个环节呢？

因为随着客户话语权的增强，竞争对手的增多及模仿，企业在创建商业模式的同时，必须建立自己的利润控制手段，以保护企业创造出来的利润流，使其免受竞争对手和用户势力的侵蚀。一项商业模式如果没有战略控制手段的支持，很难立于长久。

企业如果想要保护住自己经过千辛万苦创造出来的利润不被侵蚀，必须要掌握其中对于创造价值有重大贡献的关键能力与资源，为这些利润建立起保护壁垒。也就是说，企业必须要掌握产业链中的重要核心能力，以保障利润的实现和不被抢走。

其实，战略控制手段需要解决的问题是，面对客户话语权的增长和竞争对手的侵蚀，你如何让客户必须要向自己购买？客户为什么不能和竞争对手眉来眼去？哪些战略控制手段能够让客户不再见异思迁？

如果将战略控制手段进行分类，大概有四大类：总成本领先控制手段；差异化控制手段；资源优势控制手段；领袖地位控制手段。

做好总成本领先控制手段

总成本领先是指通过采用一系列针对成本降低的具体政策在产业中赢得总成本领先。

实际上，把总成本领先战略这种含义放在商业模式战略控制手段上来，同样是

指企业为了保护自己的利润流，而通过各种手段降低成本并取得成本优势。这种总成本领先控制手段，主要包括控制原料、10%～20%的成本优势、轻资产等手段。

上海新高潮有限公司就是控制了原木的原料优势，而成为国内最大的木业加工企业。新高潮建立自己原料优势，主要做了三个方面的动作。

第一，在1999年国家颁布禁伐令以前，就早早与5个原木出口国达成稳定供货协议，从而完成拥有充足原木供应的目标。

第二，新高潮集团北上黑龙江、吉林、辽宁和内蒙古等地承包共建林业，建立自己的原木供给基地。

第三，与南京林业大学共同成功开发"新高潮一号"速生杨树，从2000年起，每年投入6000万元，在上海市郊扩种速生杨10万亩，计划到2005年累积植树60万亩。从2006年起每年以10万亩的规模采伐和更新，并长期保持这一成材林规模，形成集团公司自有林材基地。

就这样，新高潮控制了行业必需的上游资源，企业既有了做大做强的可能，又在行业内占据了登泰山而小天下的地位。

有产品定价的话语权，就能在保证自己高利润的同时，强有力地打击对手，并能团结相当一批同行联手开拓市场，成为行业"盟主"。

在中国，建立成本优势控制手段，应用得最成功的当数格兰仕。格兰仕依靠贴牌生产换回世界名企全套生产线，严格控制成本，大规模生产，以大降价和清教徒的精神，在国内甚至全球建立起了强大的总成本领先优势。格兰仕一度被称为微波炉行业的"价格屠夫"，并创造出12年全国第一、9年世界第一的优异成绩。

做好差异化控制手段

对于设计商业模式而言，必须要知道，商业模式需要以差异化竞争优势和核心能力为基础。如何在实际运作中创造和保持差异化竞争优势与核心能力，成为企业能否持续成长的关键。那么，什么是差异化战略呢？差异化战略又叫标新立异战略，是将企业提供的产品或服务标新立异，形成一些在全产业范围中具有独特性的东西。这种差异化竞争优势和核心能力，因为有了差异化，企业利润才可能建立起防护闸。

建立利润保护的差异化战略手段，包括核心技术、品牌、专利、版权、2年的产品提前期、1 年的产品提前期、良好的客户关系以及独特的企业文化等。其实，做到这些的有很多公司。

比如，英特尔公司就有核心技术、2 年的产品提前量等战略控制手段；中星微电子的"星光系列"数字多媒体芯片；海信的电视"中国芯"；格力空调 2010 年发布的新一代 G－Matrik（G10）低频控制技术、高效离心式冷水机组和新型超高效定速压缩机等三大核心技术；鼎芯半导体成功开发出拥有完全自主知识产权的"中国射频第一芯"——射频集成电路收发芯片……这些核心技术的突破，都创造出了强有力的战略控制手段。再比如，迪士尼公司在家庭度假领域拥有良好的客户关系、一系列的版权和竞争对手无法仿效的、独特的企业文化等战略控制手段。

管理专家约翰·科特说："从更深一层意义上讲，企业文化是一个企业中的人们在潜移默化中逐渐形成的、共有的、含蓄的标准。这些标准构成企业的规则。也就是说，行为规则倾向于反映标准，标准也倾向于反映行为规则。"

目前，中国企业所处的商业环境，其最大特征是商业环境的供大于求和企业规模的扩大与管理的吃力。

针对供大于求的问题，就必须使企业上下保持一致，为顾客创造价值，使企业本身建立起自己的核心竞争力，以创新求得发展。那么，如何才能在供大于求的环境里求得大发展呢？起着决定性因素的是企业文化，因为企业需要拥有自己独特的经营之道。

同样的资金、同样的原料、同样的设备、同样的渠道以及同样的人，在不同的企业，所产生的效益会大不相同，有的企业欣欣向荣，有的企业则奄奄一息。究其根本原因就在于，所有这一切，在企业内部是按照什么逻辑来进行运转的，也就是按照什么企业文化来运转的。

此外，企业规模的扩大会导致一系列的问题，如官僚体制、互相推诿、逃避责任、互相嫉妒、恶性竞争、得过且过和无所作为等行为。因为企业缺少机制和文化，所以员工没有统一的行为准则。

因此，企业只有建立了完善的资源体系、完备的流程体系和完整的企业文化，企业才可能真正强大，才可能真正变成正规军。只有变成了正规军，才有资格参与决战。决战的成败则在于以上各方面的综合，在于企业整体的竞争能力和协调能力。

美国蜡烛制造商普罗克特与肥皂商甘布尔合资成立了宝洁公司，他们两个都是

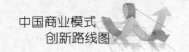

具有强烈宗教信仰与道德观念的人。他们创建宝洁的三大价值观至今仍然是宝洁之道的基本内容：雇用具有优秀品质的人，重视内部选拔；支持公司员工拥有明确的生活目标和个人专长；提供支持和奖励员工个人成长的工作环境。这三大价值观为宝洁公司发展的王道。

沃森创立了IBM，他是一个清教徒，并且提倡的"大家庭文化"为每一个IBM员工制定了严格的行为规范和道德规范：永远保持对员工的尊重；不断追求为客户提供高品质的客户服务；力争产品精益求精。

不管社会如何变化，产品会过时，市场会变化，新技术会不断涌现，管理时尚也在瞬息万变，但是在优秀的公司中，企业价值观和企业文化不会变，它代表着企业存在的理由。

企业文化到底是什么呢？企业文化是指企业全体员工在长期的发展过程中所培育形成的并被全体员工共同遵守的最高目标、价值体系、基本信念及行为规范的总和。企业文化，能够内化为员工的内驱力，这是它的最大价值所在。它是企业可传承、可复制的企业灵魂。所以，开展企业文化建设，使企业能满足员工多层次的需求（社交情感需求、他人认同的需求、自我实现的需求），就能使企业文化成为一种柔性的、持久的驱动力，驱动员工自发、主动地为顾客服务——不但复制企业的"服务利益"，也复制企业的"服务态度"。

其实，在差异化战略手段中，还有一个就是我们所熟知的品牌。

宝洁公司可谓是一个"品牌王国"，它在用品牌保护公司的利润流方面可谓投资巨大、收效卓著。

星巴克是一个品牌文化成功的典范。星巴克的成功并不是因为它研究出了比其他品牌的咖啡味道更奇特的咖啡，而是因为提供了一个玩味这种充满情感的饮料时周围的环境和气氛。这是一场伟大而又优雅的咖啡体验，星巴克因而成为一个全球部落。你愿意花更多的钱坐在这个环境里，你还可以一边喝咖啡一边流眼泪，一边喝咖啡一边来一场华丽的记忆旅游，你还可以把自己想象成蓝色生死恋的男/女主角，这就是一种优雅的生活方式。这正是星巴克的独到之处。

耐克为什么能用一双鞋跑遍全球？为什么全球各地遍布这个品牌的脚印？"Just do it"（尽管去做），这是真正的体育精神，这是年轻一代甚至是不年轻一代最需要的精神。从精神需求上，耐克获得高度的认同，这就是它没有年龄、没有国界的品牌统治。耐克之所以能够在运动鞋市场呼风唤雨，就在于它对产品设计和品牌建设上的核心控制力。

做好领袖地位战略控制手段

在众多消费者心目中，第一就是最好的。因为消费者认为选择第一名的企业可以避免很多风险，也就是有"安全感"，而且也是为了方便购买。

企业通过有组织的、系统性的、超前的、战略性的经营活动，抢先占领行业领袖的地位，就可以阻碍其他企业，形成其他企业难以逾越的制高点。企业一旦在市场上建立起第一的认知，很多资源就会向第一企业集聚，如此，第一企业很容易就能拉开与第二企业的距离。所以，设计商业模式时，抢先占领领导者的地位，充分利用领袖地位的影响力，就能把其他对手甩在后面。

2004 年，格力空调以 19% 的市场份额，与第二名拉开了 5% 的差距。

2005 年，格力电器继"好空调，格力造"的口号后，正式对外宣布了其"领跑世界"的"野心"。之后，格力在四个方面进行了"建立领袖地位战略控制手段"的战略布局：

第一，生产规模效应，把格力建设成为全球空调生产规模最大的企业；

第二，致力掌握核心技术领跑世界；

第三，建立规范、可控的渠道管理体系，营造经销商良性生态环境、一致利益的产业链条；

第四，全面覆盖空调产品线（从家用到商用），延伸适合现有渠道的系列家电商品线。

在四大战略布局的基础上，为了让市场和消费者真正认可"格力空调，领跑世界"的领袖地位，格力还利用各种荣誉认证和传播手段来建立和巩固格力的领袖地位。

再比如，波司登羽绒服，在建立领袖地位战略控制手段方面，坚持了十几年

之久。

早在 1997 年，波司登就已连续三年实际销量第一，但市场优势并不明显，消费者对其他老品牌还存在一定的信任，对新品牌的认知仍需一定的时间。所以，这个时候，波司登缺乏强有力的领袖地位核心优势。

从 1998 年开始，波司登为了抢占领袖地位优势，一直强调自己"全国销量遥遥领先"，一直在坚持这样的传播。

除了在品牌传播方面一直坚持这一主题，波司登还以一系列的媒介宣传活动抢占行业制高点：

第一，确定以挑战世界最高峰为品牌核心精神；

第二，赞助中国登山队攀登珠穆朗玛峰的活动；

第三，获得中国登山队冠名权；

第四，"波司登中国销量第一"金属牌放在世界最高峰。

经过多年对领袖地位的努力，波司登品牌的市场状况发生了根本性的改变。

1997 年后，波司登市场份额直线上升；1999 年比 1998 年提高了 12 个百分点，以 26% 的市场综合占有率独居魁首；"波司登"羽绒服被指定为中国登珠峰顶唯一指定产品并长期使用；"波司登"羽绒服被指定为中国驰名商标；2000 年度全国羽绒服市场前十名品牌中，波司登以 26.7% 的市场综合占有率、39.7% 的市场销售份额遥居榜首。

不过，我们这里所说的领袖地位，既可能是整个行业的领袖地位，也可能是价值链某个环节的领袖主导地位。它包括了建立行业标准、控制价值链（如控制原料供应商、分销渠道、产品体系等）、领导地位等控制手段。

在建立行业标准控制手段方面，已经有很多的经典案例，如微软建立操作系统的行业标准、甲骨文建立管理软件的行业标准等。

做好资源优势控制手段

这里所说的资源，并不是指所有的资源，而是指稀缺性资源。稀缺性资源之所以能够成为战略控制手段，就在于其"稀缺性"的价值。正所谓"物以稀为贵"，所谓"得天独厚，独一无二"，就是这个道理。而如何把这种"稀缺价值"发挥到极致，就是建立"稀缺资源控制手段"的终极目标。

比如，国酒茅台。

稀缺资源是茅台成为高档白酒最好的理由。受特殊的水源、气候和微生物环境影响，离开茅台镇，就生产不了茅台酒，所以，茅台镇就是茅台酒的稀缺资源。而且，并不是茅台镇所有的地方都可以生产出茅台酒，能生产的大概只是方圆 2 平方千米多一点的地方。这就让茅台酒成为了"稀缺中的稀缺"。

正是这种茅台酒自然垄断性的特征，让茅台酒成为中国人心目中的"国酒"，也在消费者心目中树立起了"酱香鼻祖"的品质至尊地位。

高端稀缺性资源的稀缺所在，就在于其产地、配方、原材料的不可复制，这就是这一类企业的独特价值所在。

"干邑"是法国西南部的一个小镇。在它周围约 1000 平方千米的范围内，无论是天气还是土壤，都最适合良种葡萄的生长。因此，干邑是法国最著名的葡萄产区，这里所产的葡萄可以酿制成最佳品质的白兰地。

除了产地和原料资源，历史文化和历史故事，也是特别具有战略作用的稀缺资源。

"中华香烟"拥有"领袖用烟"和"政府用烟"的特定的历史文化资源，这种资源正是"中华香烟"始终能够保持其高价地位不被竞争对手超越的重要战略控制手段。

从"中华香烟"诞生的那一天起，就没有停止过其"意见领袖营销"的步伐。在"中华香烟"的品牌传播中，我们经常可以看到这样的语句："1950 年，国营中华烟草公司接受了'中华牌'卷烟的研制。样烟做成后，由当时的华东工业部部长汪道涵同志专程送往北京，供毛泽东等中央领导评吸。因为当时的公司名称是中华烟草公司，故这个品牌也顺乎其名，特谓之'中华'。"

这就是"中华香烟"的由来，它抓住了中国香烟消费的最顶级用户。作为一代领袖指定用烟，多数消费者尤其是上年龄的消费者非常熟悉"中华"和毛泽东之间的历史故事，很多人看到"中华"，都会提到电影中毛主席抽"中华"的镜头，这种历史资产是其他品牌所不能比拟的。

并且,"中华香烟"在"毛主席品吸故事"的基础上,又演绎出更多的品牌故事,为"中华品牌"的成功注入了更多光环和神秘。

1954年食品工业部曾派工作组专门赴上海检查"中华牌"卷烟质量,规定"中华牌"卷烟配方如有较大的变动,必须经工业部批准。上海烟草公司和生产厂一直把它当做政治任务来完成,其政治意义是不可低估的。上海对调拨计划的完成情况,经常向中央有关部门汇报;在主管部门感到为难时,也不得不向国务院办公室汇报,并凭国务院介绍信去产区督促调运。

比如,1980年烟叶减产,上等烟叶紧张,山东临沂地区有7包上等烟叶运到开封烟厂。省公司知道后,责成必须追回,调给上海,否则停止对开封一切调运,这说明了对上海调拨上等烟叶保证中华烟生产的严肃性。

在20世纪五六十年代,"中华牌"卷烟是我国政府用于招待中外宾客的指定品牌。

"中华牌"卷烟出口始于1954年,作为礼品赠送给东欧国家领导人。

实际上,对于中国企业来讲,资源控制优势确实是一个不可多得的战略控制手段。可以说,中国地大物博,拥有众多的稀缺性资源,如西部的白酒带、云南的烟叶带、河北的红酒带、东北的人参鹿茸灵芝、杭州的茶、江西的陶瓷、新疆的葡萄、山西的醋、山东的苹果及内蒙古的大草原等。

中国企业在利用稀缺资源作为战略控制手段方面,已经作出了很多好的尝试。

内蒙古大草原的控制手段保护着伊利、蒙牛、草原兴发和小肥羊等企业的利润流。

千岛湖水资源的控制手段保护着农夫山泉、千岛湖啤酒等企业的利润流。

四川白酒产业带的控制手段保护着"六朵金花"的利润流。

茅台镇白酒带的控制手段保护着茅台酒的利润流。

云南烟叶的控制手段保护着红塔集团、红云红河集团的利润流。

中国政治高层与中华烟的历史文化渊源的控制手段保护着中华香烟的利润流。

北京烤鸭文化的控制手段保护着全聚德的利润流。

根据上面的事例,企业可选择的战略控制手段有很多,每一种控制手段都有助于使公司更长时间地留在利润区,防止竞争对手"偷走"这里的利润。

在信息化的时代，无数投资者的眼睛都在寻找好的项目。如果没有关键资源和能力的掌控，企业被别人"克隆"而分食市场，甚至彻底失败的可能性相当高。

创建商业模式，就必须要注重企业独特优势的培育，有了这个差异化竞争优势，企业才可能真正保护住自己的利润，如微软的技术开发优势、高通的核心技术优势、可口可乐的配方和价值链控制优势、国美的渠道资源以及耐克的品牌资源和研发优势等。这种优势一旦形成就演化成了一个行业的特殊标准和规则，从而构成了强大的经营壁垒和利润壁垒，使竞争者或者望而却步，或者要花巨大的代价才能与之相对抗。

从这个意义上讲，好的战略控制手段不仅是一个企业的核心竞争力，还是一个企业商业模式的动力源泉，它在一定程度上驱动着商业模式的正常运转。

有些企业的关键资源是核心产品、核心技术、核心人员或核心服务手法或流程，有些企业的关键资源是品牌影响力、渠道掌控能力，还有些企业的关键资源是资产、原料控制、关键物质或者信息流，等等。任何一个好的企业设计都至少有一个战略控制手段，有的企业设计往往有两个或两个以上的战略控制手段。在每一个行业，可以有不同的战略控制手段供选择，品牌并不一定对所有的市场都适用。

但是，并不是说所有的战略控制手段都是同等重要的，也不是每一种战略控制手段都是企业所需要的，只有与战略定位和业务范围相吻合并能够相互强化的战略控制手段，才是企业真正所需要的。

第二节　提高核心竞争能力

核心能力的概述及企业核心能力的特征

提高企业核心能力是西方经营思想中非常重要的一条理论，也是众多西方企业在激烈的全球竞争中保持不败的重要原因。对于中国企业而言，只有建立自己的核心能力，才能在当今全球化竞争激烈的市场上获得优势，长期生存。

哈默尔说："长期来说，竞争力源自有能力建立核心能力，创造出奇制胜的产

品，而且要比竞争对手更快、成本更低地建立核心能力。优势真正的根源，来自管理者能整合全公司的技术与生产技能，转化为核心能力，使个别事业得以迅速应对变动不居的商机。"所以，考核中国企业的领导者是否优秀，针对前30年来说，就要看其是否依靠发现机会、降低成本从而取得性价比竞争优势；到了21世纪，就是要看其是否有能力发现、培育和应用企业的核心竞争能力。

当前，中国经济所表现出来的一切症状，都表明中国经济已经进入核心竞争力的阶段。未来企业是否优秀，就是看它是否拥有核心能力。

一、核心能力的概述

早在20世纪50年代，很多学者就从不同的角度对企业能力理论进行了阐述，比较有影响的理论是塞斯内克用"独特竞争能力"来表示一家企业同其他企业竞争时在某方面做得更好。

到了20世纪80年代后，一大批依靠核心能力快速发展起来的新企业，如通用电气、微软、网景等，取得了令人瞩目的新成就。许多学者通过研究这些企业，发现了企业竞争力的关键因素。这其中，迈克尔·波特教授创立了竞争战略理论。在《竞争战略》一书中，他提取出五种基本的竞争力量：新竞争对手的加入、替代品的威胁、买方的讨价能力、卖方的讨价能力和现存竞争者的竞争。他认为，通过充分利用这五种竞争力的关系，企业就可以推动竞争向有利于自身的方向转变。波特教授的这一理论，为企业核心能力理论的提出奠定了基石。

1989年，美国学者普拉哈拉德和哈默在《哈佛商业评论》上发表了《企业核心能力》一文，指出"核心能力"是"组织中的积累性学识，特别是关心如何协调不同生产技能和有机结合多种技术流派的学识。核心能力是一组技能和技术的集合体，而不是某单一的技术或技能"。由于这一理论解释了成功企业长期竞争优势存在的原因，为企业的发展指出了道路，所以，迅速得到了理论界和企业界的追捧和运用。

那么，核心能力到底是什么呢？依据业界公认的观点，所谓核心能力是指某一组织内部一系列互补的技能和知识的结合，它具有使一项或多项业务达到竞争领域一流水平的能力。核心能力由洞察预见能力和前线执行能力构成。洞察预见能力主要来源于科学技术知识、独有的数据、产品的创造性、卓越的分析和推理能力等；前线执行能力产生于这样一种情形，即最终产品或服务的质量会因前线工作人员的工作质量而发生改变。企业核心能力是企业的整体资源，它涉及企业的技术、人才、管理、文化和凝聚力等各方面，是企业各部门和全体员工的共同行为。

二、企业核心能力的特征

企业的核心能力与一般能力的区别在于，核心能力对企业的竞争力和获利力都起着至关重要的作用。核心能力具有以下特征。

1. 代表企业整体的能力

核心能力能体现出企业整体的能力，而不是企业的某个业务部门、某个行业领域的能力。

2. 长期性

核心能力有助于实现目标顾客最为看重的核心的利益，而不是那些一般性的、短期限的好处。

3. 独特性

企业的核心能力是企业独一无二的，其他企业不具备（至少暂时不具备），也难以逾越。

4. 难以模仿和不可替代

核心能力在企业长期的经营活动过程中逐渐积累形成，并深深打上了企业特殊的烙印，导致其他企业难以模仿。

5. 延展性

企业能够从某种核心能力衍生出一系列产品与服务。

6. 不能买卖

核心能力不是"资产"，不出现在资产负债表上，其载体往往体现为人力资源，但同时又超越个人员工的能力而存在。

综上所述，核心能力的形成有赖于企业所拥有的各种一般能力，但核心能力又具有增强企业一般能力的作用。企业的核心能力处于企业核心地位，它能让竞争对手在一个相当长的时间内难以超越，并具有较长的生命周期和较高的稳定性，能使企业保持较为长期稳定的竞争优势。

核心竞争力是企业最强的竞争优势

核心竞争力的定义是："在一个组织内部经过整合了的知识和技能，尤其是关

于怎样协调多种生产技能和整合不同技术的知识和技能。"从与产品或服务的关系角度来看，核心竞争力实际上是隐含在公司核心产品或服务里面的知识和技能，或者知识和技能的集合体。

核心竞争力是一个企业（人才、国家或者参与竞争的个体）能够长期获得竞争优势的能力，是企业所特有的、能够经得起时间考验的、具有延展性，并且是竞争对手难以模仿的技术或能力。正如海尔集团总裁张瑞敏所说："创新（能力）是海尔真正的核心竞争力，因为它不易或无法被竞争对手所模仿。"

企业核心竞争力，又称核心能力或核心专长，它不同于企业竞争优势。普拉哈拉德和哈默曾有过一个形象的比喻：多种经营的企业就好比一棵大树；树干和树枝是核心产品；较小的树枝是经营单位；而树叶、花、果实则是最终产品；树的根系则提供了大树所需要的营养；大树的稳定性就是核心竞争力。可见，提高核心竞争力是非常重要的，是组织具备的应对变革与激烈的外部竞争，并且取胜于竞争对手的能力的集合。

如果用公式来表示的话，核心竞争力可以这样来表示：

$$核心竞争力 = 人 + 科学 + 技术 + 知识 + 经验 + 社会网络关系 +$$
$$组织架构 + 管理制度 + 企业文化$$

为什么公式里把"人"放在第一位？因为核心竞争力的主题是人，是企业里的人，再加上科学、技术等其他因素。核心竞争力是竞争优势的一个重要组成部分。一些企业有竞争优势，但不一定有专长。核心竞争力虽然不等于竞争优势，因为有了竞争优势，并不意味着拥有了核心竞争力；但是，有了核心竞争力，企业就能创造和加强竞争优势。

那么，企业建立核心能力，有哪些好处呢？

一、企业有了核心能力，就能够建立起保护利润不被侵蚀的战略控制手段，成为企业最为坚实的利润保护壁垒

核心竞争能力不是一蹴而就的，是企业长期积累学习形成的，这一点使模仿者在时间上具有劣势。就算对手想模仿，核心能力也形成了进入壁垒，以保护高额利润的获得；同时，核心竞争力又能形成退出壁垒，对企业产生凝聚作用。

比如，英特尔的 CPU 和微软的视窗技术都有着极具竞争力的核心技术（进入壁垒），它们都称得上是企业的核心竞争力，这使得英特尔和微软也因此赚取了丰厚的利润，并防止了竞争对手对利润的侵蚀。

二、企业有了核心竞争能力，就能够帮助企业从核心能力往外进行战略扩张，协助公司进军广泛多元的市场

从核心向外扩张，意思就是指扩张行动的大部分要素都与企业核心竞争力相关，而且这样的向外扩张更有可能成功。

众所周知，娃哈哈是一个走多元化战略的企业。它从口服营养液起家，后来开始做纯净水、茶饮料、非常可乐、八宝粥和运动饮料等，但是，为什么娃哈哈没有像一般人所讲的那样因为走多元化战略道路而失败呢？

这个疑问就要从娃哈哈的核心竞争力方面来找原因。

早在建立初期，娃哈哈就致力于建立自己强大的营销网络，它在中国二三线市场的编网工程，可以说是煞费苦心。从联销体到蜘蛛战役，娃哈哈在营销网络方面已经拥有了自己的核心竞争力。

目前娃哈哈的营销网络，可以保证新产品在出厂后一周内迅速铺进全国各地100万家零售店，同时接触包括农村乡镇乃至新疆、西藏等边远地区的消费者。

这个网络甚至可以令可口可乐和百事可乐这样的对手都敬畏。这正是娃哈哈走多元化道路仍然能够健康发展的主要原因，因为这些多元化产品，都可以从这同一个渠道销售出去。这就是娃哈哈从它所拥有的渠道这个核心竞争力的向外扩张。

三、企业有了核心竞争能力，能够让顾客明显地感觉到利益，并对企业提供的产品或服务形成忠诚

宝洁公司的核心能力之一是强大的行销能力，所以宝洁众多的产品深受消费者喜爱，而且很多品牌如海飞丝、潘婷、飘柔及 SK II 等，还具有极高的品牌忠诚度。

为什么有的企业昙花一现，有的企业中途陨落，有的企业历经坎坷仍生生不息？原因正在于核心竞争力极其难以维持。因此提升并维持核心竞争力是每个企业尤其是那些已经获得成功的企业所面临的重要课题。

正确理解核心能力

关于核心竞争力，企业界有各种各样的认识，每个企业老板的心中，都有一个

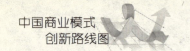

自己所理解的核心竞争力。一个人心中是一种，那么许多人心中加到一起就成了五花八门。因此，鉴于核心能力的重要性，千万不可盲目地去理解，应该正确地去理解。

上文已经阐述说明了核心竞争力是企业长期可持续竞争优势的来源，那么，它就不应该是短期的、可复制的和可购买的。正是基于这样的原因，企业核心竞争力才具有了创造独特价值、不可复制、不可购买和不可分拆的四个特征。一项竞争力，也只有具备这样的四个特征，才称得上是核心竞争能力。

一、核心能力要能够创造独特价值

对顾客来讲，核心能力能够实现顾客最关注的价值，并让顾客获得满足。比如，比亚迪在电池方面拥有电芯技术的核心技术，在汽车方面拥有新能源技术，并能够在拥有核心技术的前提下，保持低成本竞争优势，让顾客获得真正高品质而低价格的产品与服务；对企业来讲，核心能力能够显著提升价值而又能显著提升企业运营效率；核心竞争能力还是企业与竞争对手能够差异化的理由，也是企业形成超越于竞争对手的竞争优势的来源。

二、核心竞争力是企业独有的、具有不可复制性

上海超限战营销策划机构曾经服务过一个智能化原浆鲜啤储存运输系统的客户。我们知道，啤酒行业一般主要有熟啤、纯生、扎啤等几种产品形态，这些啤酒都经过高温发酵和过滤处理，所以都不是真正的鲜啤。

这家客户开发出了完整的"原浆啤酒智能化保鲜储存设备及储运系统"，研制出了拥有独立知识产权的酒类低温保鲜储存设备和低温保鲜运输设备。这套设备的主要特点是：采取高绝氧、等压灌装技术，将智能运输车上的原浆啤酒灌入销售终端的智能保鲜桶中，在0℃~5℃的恒温状态下保存30天各项指标基本无改变，并利用GPS定位系统对销售点的智能保鲜桶的各项指标进行实时监控。

到底什么样的啤酒是原浆啤酒呢？原浆啤酒是指未经过过滤处理直接从发酵罐中分装的嫩啤酒原液。因含有一定量的活性酵母，所以呈现一定浊度，酒体泡沫极其丰富，香气浓郁，口味新鲜纯正，风味独特，是啤酒家族中名副其实的最新鲜的啤酒。

这将是改变啤酒饮用结构的一次历史性革命。为什么这么说呢？因为"原浆啤

酒智能化保鲜储存设备及储运系统"的研发成功不仅改变了啤酒饮用的概念和结构，而且彻底解决了长期以来困扰啤酒生产厂家将原浆啤酒走向销售终端的保鲜储存、保鲜运输方面的困惑。

对消费者来说，这种新鲜啤酒保鲜储存和储运系统可以让消费者喝到最新鲜的啤酒；对啤酒企业来说，可以提升啤酒企业的产品结构，丰富其产品线，改变啤酒行业低利润的格局；对餐饮终端来说，则是增加了一个新赢利点。

正是因为这种能够带来几方共赢的系统，需要有特别的冷藏罐和冷藏运输车，所以形成了一定的利润壁垒。在市场开发前期，需要利用啤酒厂家的啤酒产品、品牌和销售网络才能打开市场；当该系统全国市场推广开以后，就可以利用冷藏车系统这个公司独有的资源，推出"流动鲜啤屋"，即将冷藏车做成一个啤酒屋，到海滩、度假村等地方进行流动销售。

由于冷藏车是企业独有的资源，它如果去开发"流动啤酒屋"，这种模式就是不可复制的，是企业独有的，就可能构成企业的核心竞争能力。

三、核心能力是不可购买，不能在市场上获得的

如果在市场竞争不充分的时候，企业与政府的关系以及寻租能力就有可能成为一种竞争力。但是，随着竞争的日益加剧，进入充分竞争阶段，这种能力会消失。在竞争激烈的市场上，任何东西都可以买卖。但是，核心竞争能力只能来自不可交易的资源和能力，它是不可能在市场上买到的。假如任何核心竞争力在市场上都可以花钱买到，那它就不是核心竞争力。

从这个意义上讲，中国企业所常讲的人才是核心竞争力，看来是有误的。因为人才是流动的，是在市场上可以交易的。与此相反，那些由各种各样的人才所组成的、通过长期学习而积累下来的运营管理系统和企业文化，才可能具有不可购买性，它就是一种核心竞争力。

四、核心竞争力是一个系统、一个组织，具有不可分拆性

核心竞争能力是企业对企业拥有的资源、知识、技能的整合能力，它是长期形成的，是一种积累性学识。它的积累过程涉及企业的战略规划、研发设计、企业文化、生产制造、运营流程、人力资源和营销过程以及内外部协作等，它是复杂而又自成体系的。这些体系内的各个组成部分是互补的、连贯的、整合的，是不可分拆

的。一旦将核心竞争力的一部分进行分拆，其结果自然是核心竞争力的支离破碎，也就不能称其为核心能力。

抓住了以上四个核心能力的特征，才是对核心能力的正确理解。

挖掘核心竞争力

核心竞争力的构成主要包括两个方面：一是企业所拥有的资源，这些核心资源同样是在市场上购买不到，具有不可复制性；二是企业拥有的能力，一个企业的成功不仅因为其拥有丰富的资源，还因为其隐藏在企业资源背后的配置、开发、使用和保护资源的能力，这是产生企业竞争优势的较深层次因素。

为了保证利润增长，企业在进行商业模式设计的时候，必须同时寻求和建立自己的战略控制手段，即掌控关键资源和能力。下面总结了核心竞争力的六大来源。

一、核心技术的研发

核心技术包括虽然公开但受法律保护的专利技术以及一系列技术秘密，关键是具有自主知识产权的专有技术、专利产品，专业化优势较强，从而提高效率，降低成本，使竞争对手望而却步。拥有自己的核心技术是企业获得核心竞争力的必要条件，但却不是充分条件。

美国的《财富》杂志统计，世界500强企业中，单项产品销售额占企业总销售额比重95%以上的有140家，占500强企业总数的28%；主导产品销售额占总销售额70%～95%的有194家，占500强企业总数的38.8%；相关产品销售额占总销售额70%的有146家，占500强企业总数的29.2%；而无关联多元化的企业则凤毛麟角，不成气候。这说明500强企业普遍立足主业，开发核心产品，发展核心专长。

其实，核心产品优势往往来自于核心技术。独特的产品、独特的技术、独特的设计，才能提供独特的价值。比如，思科的核心产品是通信及网际网络的相关基础设备及解决方案，这样的核心产品就来自于思科在这些领域的研发与制造，因而使得思科能够在市场价值方面超过微软和英特尔。

思科1984年成立到1987年的核心技术是多协议路由器技术；1988—1995年，其核心竞争力来自于新的更加先进的路由器技术，加上不断创新和收购的超前技术以及在这期间建立的鼓励创新的中小企业管理体制；1996 年至今，思科的核心竞争力是除了继续通过自身不断的技术创新和对先进技术公司的大规模并购以实现技术超前外，还建立了一套吸引优秀人才的人力资源开发管理体制。

现今，通过 28 年的发展，思科已经成为全球最大的互联网设备和商业解决方案供应商，其 2011 财年的营收达 432 亿美元。在全球因特网骨干网络中，80% 以上的交换器和路由器是思科产品。现在思科提供路由和访问产品、交换机和集线器、网络安全产品、互联网产品、ATM 产品及网络管理产品等六大类、数十种产品，而且还提供全面的互联网商业应用解决方案。思科多年来致力于不断创新，拥有的 7000 多项专利，还有 9000 多项应用正在申请专利，由此可看出思科在核心技术开发方面的不遗余力。

二、独特的资源

得天独厚的资源往往是很多企业可望而不可即的。比如，伊利牛奶和蒙牛牛奶利用内蒙古大草原的战略性资源的能力；农夫山泉在利用千岛湖泉水方面的核心能力；茅台酒、五粮液在利用茅台镇和四川独特的地理、气候条件方面的核心能力，等等。所以，企业只有获得战略性资源，才能在同行业中拥有独特的地位，这种地位来自其在资源识别、积累、储存和激活过程中独特的能力。

CCTV - 10 是 2006 年跨入全国性频道行列的电视频道。它没有炫目的电视剧、赛事和娱乐节目，像这样的一个科教频道，资源的意义更多的是挖掘和创造资源。是的，CCTV - 10 多年来一直都在不断地挖掘文化资源（如《博物馆与非物质文化遗产》《文明中国》等栏目）、创造教育资源（如《百家讲坛》《希望英语杂志》等栏目）、开发环保、公益资源（如《绿色空间》《公益行动》等栏目）、抢占奥运资源（如《同一个世界，奥运之旅》）。这些独特的资源开发和创造能力，在媒体竞争中形成了科教频道的核心竞争力。

三、独特的管理文化

从一定意义上讲，企业的管理能力取决于企业是否拥有一支特殊组织才能和企业家才能的经理队伍。优秀管理能力是建立企业核心竞争力的基础。

然而，中国企业经常表现出的企业策略在执行中控制不力，与长期组织流程设计和企业管理文化有密切关系。企业必须从组织流程再造、决策机制变革、人才队伍变革及奖罚机制建立等各个方面进行管理改造；企业必须走上以机制约束人、以管理驱动企业的道路，从人治到法治，形成有自己特色的管理文化，才能把体制改革的活力和技术创新的威力发挥出来。

实际上，企业赢利能力的强弱，直接由运营管理掌控能力决定。运营管理掌控能力强的企业，规模越大，利润就越丰厚；反之，则规模越大就亏得越多。

核心竞争力主要体现在企业管理人员的运营管理和运用资金能力，包括营建管理、营运管理、成本管理、人员管理、激励管理、服务管理、财务管理及客户关系管理等。

比如，丰田汽车公司发展的JIT是一套独特的精益生产管理系统，这一系统使得丰田公司可以大幅度降低成本、提升效率、提高产品质量，帮助丰田形成了自己独特的核心竞争能力。

针对连锁服务行业来说，连锁经营管理的基本原则是"三化"：标准化，简单化，专业化。缺哪一个，连锁经营系统都难以形成。而"三化"之中最主要的就是标准化。标准化是指为持续性生产，销售预期品质的商品而设定合理又较理想的状态、条件以及能反复运作的经营系统。

可以复制的标准化，是连锁服务业重要的战略控制手段之一。如中式餐饮连锁最大的障碍就是难以标准化复制，因为任何一个厨师的心情或许都能导致菜品质量的差异。但是，"一茶一座"连锁餐厅就基本上做到了标准化。

一茶一座连锁餐厅被不少人誉为"中国的星巴克"。它的价值定位是"大家的客厅"——年轻人会客、休闲的地点，这个定位帮助它在几年之内从上海新天地的总店发展到全国的数十家分店。

自2002年6月在上海新天地开设华东第一家门店"新天地店"起，一茶一座仅用了8年多时间，相继在北京、上海、南京、武汉、苏州、杭州、深圳、宁波、无锡、青岛及天津等近20个大中型城市的核心商圈开设了90家左右的门店，遍布中国的华东、华南、华北、华中地区。

可见，一茶一座连锁餐厅的成功主要取决于其突破了中式连锁快餐的发展瓶颈——标准化问题。这体现在三方面的管理。

第一，店面形象的管理。一茶一座所有的店面都是简单休闲统一的装修风格，营造出温馨的"家庭客厅"的感受。

第二，商品供应链的管理。一茶一座与传统餐饮最大的不同是它有一个真正的"中央厨房"。它的每个店里都没有传统意义上的厨房，菜品主要由中央厨房配菜。

第三，营运系统管理。一茶一座有完善的营运系统，且可复制执行到位。如进入一茶一座，你首先看到的是轻松素雅的装修气氛；在等位时，它们的服务生会先问你贵姓，然后写好号码牌，在有位子的时候不是喊1号、2号、3号……而是喊×女士/先生几位，听起来很舒服；落座之后，菜单的材质是手感舒适的木质餐牌；中途吃饭的时候，让服务生拿汤匙来，她会连带着绿色纸质外皮一起拿来……这些细节构成了整个营运系统，让消费者在其中能够享受到舒适的"客厅服务"。

四、独特的人才资源开发

在知识与资本日益对等甚至是知识雇用资本的时代，组织成员所掌握的知识和技能对企业竞争力的作用已毋庸置疑。人才资本打造系统是企业核心竞争力的基础。有资料表明，企业中80%的业务是由20%的员工完成的，这20%的员工就是企业核心员工的一部分。对于企业的所有者来说，应通过制定人力资源战略来为核心员工创造好的环境，让人力资本与企业有机地结合在一起，使特殊人才竭力为企业奉献才能，使他们更好地为企业服务。

"管理不是管物，而是开发人才。"员工是公司的血液，是企业的巨大资产。雇用到合格优秀的人才并不等于你拥有了优秀的下属。实施一项有效的培训计划，可以保住你在招纳人才方面的投资，员工教育是生意中的生意。

此外，企业要创建学习型团队。在团队中，要培养员工虚心学习、肯于学习、都能学到东西的理念。企业要营造一个学习的氛围，让学习成为一种风尚、成为一种习惯，因为只有学习才能进步。

诚然，这里所讲的，并不是说人才就一定是核心竞争力，而是企业在引进、培育、锻造、留住和管理人才方面形成的一整套机制、文化与流程，才是核心竞争力。

郑吉隆是连锁企业"85度C"的四大主厨之一，曾是君悦、亚太等五星大酒店的主厨，也是很多国际比赛的大奖得主。当他"向下跳槽"到"85度C"时，很多人不理解。实际上，这正是"85度C"创始人吴政学的高明之所在——他抓住了不少主厨们想开店的心情，用"分红入股"与"合作创业"两个概念，吸引了郑吉隆等数位国际级大厨的加盟，为企业产品和服务的高品质奠定了极佳基础。

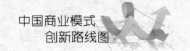

在美容、美发行业的文峰和永琪连锁，通过对人培训和激励（内部员工作为参股者开新店）的方式迅速地推动了企业连锁规模的不断扩大与延展。

以上这些都说明了利用好人才资源，将有助于企业的发展。

五、独特的企业文化

核心竞争力很多时候蕴涵在企业文化中。企业文化实际上是企业经营理念及其具体体现的集合。良好的企业文化是构成企业核心竞争力个性化、深层次的重要因素之一，是企业整合更大范围资源、迅速提高市场份额的重要利器。它强烈地影响着企业员工的行为方式，并通过经营决策过程和行为习惯等体现在企业的技术实践和管理实践中。

独特的企业文化是竞争对手难以模仿的，如果模仿也未必能够超过原有的。所以，企业中难以完全仿效的有价值的组织文化是公司最为重要的核心竞争力。

比如，华为的产品不是最好的，但华为用三流的技术卖出了一流的市场。华为的核心竞争力在于制度与文化的合力。多年来，华为形成和制定的《华为行为准则》《华为员工职业道德规范》和《华为基本法》，都促进了华为企业运营的规范化，并帮助华为成为在企业文化方面独树一帜的企业。

其实，成功的企业文化往往具有三个层次，最内层是"价值层（企业的价值观）"，中间层是"制度层（为了实现价值而作的制度性安排）"，最外层是"载体层（能体现价值的具体事物）"。

那么，成功的连锁企业在这些方面是怎么做的？以下是麦当劳企业文化的三个层次。

第一，物质层。麦当劳大叔和蔼可亲、金色拱门、干净整洁的餐厅、笑容可掬的服务员及随处散发的麦当劳优惠券等。

第二，制度层。麦当劳制定了四个制度手册来规范员工的行为标准，分别是《营运训练手册》《岗位观察检查表》《品质参考手册和管理发展手册》。麦当劳有些制度的细化程度已达到令人惊叹的程度，如供应商的鸡蛋必须在生产后的 3 天之内运到工厂，然后按标准检测鸡蛋的大小、新鲜度，再清洗、消毒、打油（保护膜），冷藏保存，必须在 45 天内用完。诸如此类的制度极好地支持了麦当劳的价值观"Q（质量）、S（服务）、C（清洁）、V（价值）"。

第三，精神层。精神层是指精神文化层。Q（质量——保证食品的独特风味和新鲜感）、S（服务——快捷、友善和周到的服务）、C（清洁——环境清新幽雅、干净整洁）、V（价值——价格合理、物有所值）。

成功的企业文化对外具有一定的引力作用，对内要具有一定凝聚力。当然，企业文化的建设是有章可循、有套路可以沿用的，其具体动作包括三步：企业价值观的确立、企业制度的确立、载体层的丰富化和定型化。

六、独特的系统

核心能力是提供企业在特定经营中的竞争能力和竞争优势基础的多方面技能、互补性资产和运行机制的有机结合。企业是一个能力体系或能力集合，这种能力表现为企业拥有的关键技能和隐性知识，是企业拥有的一种智力资本。企业的真正核心能力是企业的技术核心能力、组织核心能力和文化核心能力的有机结合，它是一个系统，具有不可分割性。

综上所述，企业核心能力，把注意力从关注企业外在的产业机会和市场吸引力，转向了企业对内在的资源和能力建设的关注，为企业建立持续的竞争优势提供了理论上的可操作性，因此不管是哪一个企业都应该认真研究。

第三节　整合关键资源，优化运营模式

企业运营模式的变革

现今，大多数企业的内部运营模式都具有相近的特点，不论是国营还是私企或是合资、股份企业，其趋同性说明这种结构模式有其存在的优势。研究这种模式无疑对企业的良性发展会有很大的帮助。

什么是模式呢？所谓模式，就是结构。企业运营模式，就是企业业务组件、流

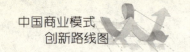

程、属地分布、组织架构、企业治理、绩效考核及内外包模型等元素的重新分化与组合之道。

其实，企业运营模式是在战略控制手段的框架之下，基于工作流、物流、资金流和信息流层面建构的，向市场提供独特产品和服务的企业运转机制，阐述的是企业提供产品和服务的方法与特点。企业运营模式的规范和建立，能够帮助企业创造出持续竞争优势，甚至能帮助企业用平凡的人员创造出不平凡的业绩，这就是模式的力量。

企业运营模式是基于战略决定企业各组成部分如何运转的工具，由企业运营模式建立起企业战略与日常运营之间的关联关系。

中国企业存在的问题是：企业家通常能够制定正确的战略，但是在战略的执行过程中，却经常会碰到各种各样的问题和困难。很多情况下，中国企业不缺好的战略和规划，缺少的是执行战略的运营模式，特别是那些如何把战略贯彻到企业的日常运营过程中去的运营模式。

从 20 世纪至今，企业运营模式大概经历了三次大的变革。

第一次变革。大多数企业在高速成长时期，都建立了很多分割的部门、流程和系统，它们之间各自为政，无法协调。最初的业务模式优化，只考虑部门或产品线内部的优化，各业务线条独立运作，从一条一条的业务线内部进行优化。虽然做到了局部的优化，但是由于缺乏各部门之间的沟通和企业层面的协调，造成很多职能重叠和浪费，流程之间的共享和交互能力较低。

第二次变革。从 20 世纪 90 年代开始，业务流程再造流行，起到了部分企业流程优化的作用。企业通过改进业务结构，把公用的业务活动集中在公司层面的处理中心，实施流程的标准化。流程再造虽然通过建立共享流程实现了标准化和集中处理，也使单个流程做到了最优，但企业整体并没有得到优化，且整个运营模式变得越来越复杂，成本也越来越高。

第三次变革。跟随着价值链向价值网的战略改变，企业运营模式也开始往业务组件化方向发展，即可以通过内部组件化和外部专业化的转变，提高企业的灵活性。企业在设计新的运营模式的时候，将企业全部的运营活动归纳成 100～200 个业务组件，然后将这些组件进行分类，分为战略性组件和一般组件。战略性组件由自己完成，一般组件由外部合作伙伴完成。在业务组件化的思维之下，企业运营模式的架构就由业务组件、流程、属地分布、内外包模型、组织架构、绩效考核及企业运营模式治理七个部分组成。

经过业务组件化的业务运营模式的改造，让企业在商业模式重塑过程中，更加将注意力放在那些关键组件即关键运营流程方面。一个企业不可能在所有方面都做到最好，一个企业如果试图在各个方面都做到最好，结果就会分散了精力，有可能什么都做不好，还会丧失企业自身的特点。这样无异于"邯郸学步"，实在是得不偿失。

因此，虽然企业运营模式会涉及企业运营过程的方方面面，但运营模式是提供方向性的指导。一个企业在重新塑造商业模式、提出新的战略定位和战略控制手段后，就应该依据这样的战略定位和战略控制手段来设计运营模式。至于具体的操作手册或业务规则，则需要由各个部门在业务模式的指导下去完成，而且还要根据商业模式调整的情况来定。

简单来说，企业在进行运营模式的重新制定时，最主要的是：一要重点关注关键资源的配置，二是要重点关注关键流程的设置，三是要注意关键资源和关键流程的有机结合。

舍弃一般资源，重新构建关键资源

为什么要舍弃一般资源，重新构建关键资源呢？因为资源分为有形资源、无形资源和人力资源等三种。有形资源包括金融资产、物质资产，如厂房、设备投资和原料存货、商铺等；无形资源包括技术、商誉等；人力资源包括员工技能、人力资本竞争优势等。而在这所有的资源分类中，有的资源可称为关键资源，有的可称为一般性资源。

关键资源，又称资产。关键资源既可能是物质性的，也可以是非物质性的。一般是指向目标顾客传达价值主张所需的人员、技术、产品、厂房、设备、资金和品牌等，这里关注的是那些可以为客户和企业创造价值的关键要素，以及这些要素间的相互作用方式（每个公司都有一般资源，但这些资源无法创造出差异化竞争优势）。

无论哪一个行业，都有制胜市场、防止对手跟进、增强企业话语权的关键资源战略控制手段。这些关键控制点，相当于一个人的大脑或一台机器的发动机，这些关键制胜点抓得好，就可能让商业模式这个系统有效运转起来并发挥它的超强爆发

力；如果关键制胜点抓得不好，则可能让商业模式系统"瘫痪"。

作为一个企业的领导者，一定要善于随时根据各个市场的情况调整战略布局，确立全局性的战略关键控制点。

在商业模式创建过程中，当市场的全局和局部发生矛盾时，必须树立全局观念，使经营的局部服从全局。有时从局部看是可行的，但从战略全局看是不可行的，这时应见利不趋，切忌因小失大；有时从局部看是不可行的，但从战略全局看是可行的，这时就应顾全大局，甚至不惜牺牲局部来换取全局的胜利。

为什么一些网站已经拥有了清晰的商业模式，还要拼命打广告呢？那是因为如果没有人点击网页，就等于死亡。所以，提供不间断的广告宣传，凝聚注意力，迅速扩大知名度，就成了一些网站在商业模式构建初期的关键战略控制点。由于关键控制点对于商业模式成功与否十分重要，所以，企业有必要在关键战略控制点方面配置关键资源。

要保证战略控制手段创建成功和持续有效，就有必要按照战略控制手段的要求，为其配置关键资源。

比如前两年可口可乐收购汇源果汁案闹得沸沸扬扬，就是可口可乐为了建立战略控制手段，而在中国市场上展开的一次配置关键资源的行动。

近年来，中国果蔬汁市场取得了迅猛发展，据 Euromonitor 机构研究数据显示，中国果蔬汁市场的年复合增长率达 14.5%，到 2012 年，消费量有望超过 190 亿公升。与此同时，全球碳酸饮料增速已呈下滑趋势。可口可乐公司 2007 年财报显示，其碳酸饮料全球增速为 4%，非碳酸饮料增速则达 12%。随着碳酸饮料的低迷，可口可乐制定了进入非碳酸饮料市场的战略设计。在这之前，可口可乐在中国市场推出的酷儿、果粒橙等果汁饮料都比较成功，但距离控制果汁行业产业链还差得很远。

2008 年，可口可乐展开对中国最大果汁企业汇源的收购，其目的之一就是要控制果汁产业链。大家都知道，可口可乐的成功原因，关键就在于它一直致力于对产业链的控制。根据 AC 尼尔森的调查数据，2007 年，汇源在国内 100% 果汁及中浓度果汁市场占有率分别达 42.6% 和 39.6%，处于明显领先地位。而据研究机构 Euromonitor 统计数据，2007 年可口可乐在中国果蔬汁市场的占有率仅为 9.7%。

如果可口可乐这次收购汇源成功，可口可乐将主导中国果汁市场，并对行业进行重塑，将果汁饮料行业游戏规则建立起来，控制行业价格，成为市场最大的赢家。

为了争得在中国非碳酸饮料市场的霸主地位，为了实现这样的战略控制手段，可口可乐可谓是使出高溢价、付出了大价钱。可口可乐拟179.2亿港元全购汇源果汁，每股溢价高达1.95倍。而2007年2月23日上市的汇源果汁，当时招股价为每股6港元，可口可乐的作价高出其招股价一倍多。

对该收购案审查后，在作出了禁止可口可乐收购汇源果汁的决定且审查工作结束后，商务部依法对此项集中进行了全面评估，确认集中将产生如下不利影响。

第一，假如可口可乐集中完成后，可口可乐有能力将其在碳酸软饮料市场上的支配地位传导到果汁饮料市场，对现有果汁饮料企业产生排除、限制等竞争效果，进而损害饮料消费者的合法权益。

第二，集中完成后，品牌是影响饮料市场有效竞争的关键因素，可口可乐公司通过控制"美汁源"和"汇源"两个知名果汁品牌，对果汁市场控制力将明显增强，加之其在碳酸饮料市场已有的支配地位以及相应的传导效应，集中将使潜在竞争对手进入果汁饮料市场的障碍明显提高。

第三，集中将会挤压国内中小型果汁企业的生存空间，抑制国内企业在果汁饮料市场参与竞争和自主创新的能力，给中国果汁饮料市场有效竞争格局造成不良影响，不利于中国果汁行业的持续健康发展。

从以上可以看出，可口可乐为了得到霸主地位，可谓不惜代价。

重点关注关键流程

为什么要重点关注关键流程，而不是一般流程呢？之所以叫关键运营流程，而不叫企业运营流程，那是因为关键运营流程只为战略控制手段这个关键利润壁垒和企业核心竞争能力而设计。

在设计商业模式时，商业模式需要以差异化竞争优势和核心能力为基础，如何在企业实际运作中，创造和保持差异化竞争优势与核心能力成为能否持续成长的关键。这种差异化竞争优势和核心能力，就是我们所说的战略控制手段。因为有了战略控制手段，企业的商业系统才可能实现差异化；因为有了差异化，企业利润才可

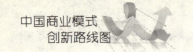
能建立起防护闸。战略控制手段就是商业模式的关键制胜点。

要想保证战略控制手段创建成功和持续有效，就有必要按照战略控制手段的要求，为其配置一整套完整的运营流程和管理规范。成功企业一般都有一系列完整的运营流程和管理流程，商业模式在一定程度上就涵盖了企业的整个运营流程，这个运营流程特指企业内部人、财、物、信息等各要素的结合方式，它主要包含组织与机制、技术与装备、生产运作、资本运作、供应与物流、信息及人力资源等要素运作的过程与规范。

如果在创建商业模式的过程中，将企业整个的运营流程都系统地制定出来，是不可能做到面面俱到的，就会抓不住重点。

这里所说的关键运营流程，就是为了抓住商业模式创建中的重点工程，即主要关于战略控制手段的配套运营流程，保证战略控制手段的创建和持续有效，就需要对企业整体运营流程中有关战略控制手段部分的流程进行明确界定，并通过制度、规章、工具等将流程进行串联，发挥协同作用。

在这里，一定要区分清楚两个容易混淆和犯错的观念。

观念之一：关键运营流程，在这里并不是我们一般意义上所说的管理流程。管理流程包括了组织结构、管理控制、企业文化、人力资源管理和业绩等要素的运作流程，而关键运营流程关注的只是关于企业所确定的战略控制手段的运营流程。

观念之二：在创建商业模式的早期，没有必要把整个企业的运营流程都制定出来。因为，在创建商业模式的过程中，规范、规则和绩效考核指标等流程是最后完成的。只有当新的客户价值主张、新的产品（服务）被实践检验之后，这些东西才有必要逐步完善。不要提前把它们设计好，因为在最初几年，商业模式是灵活多变的，并且随时会根据市场环境和客户偏好的改变而调整与修正。

众所周知，杭州娃哈哈是一个快消品企业，快消品企业一般必须在品牌、渠道和速度三个层面建立战略控制手段或者说建立核心能力。为了完成这三个核心能力的构建，娃哈哈在业务模式方面，就围绕这三个能力进行了运营模式的重组。

娃哈哈将运营模式变革称为"敏捷管理模式"。娃哈哈是一个没有营销中心、不设品牌经理的企业，这么大的企业，只有四个管理层次：决策中心、市场中心、制造中心和服务中心（包括采购、物流和财务）。

与此同时，娃哈哈实行一套典型的以营销为平台的企业组织形式，对内高度计划管理，对外高度市场运作。

娃哈哈的主要运作流程是：杭州总部设立销售总公司、企业管理办公室和供应部三个运作中心；每月月初由销售总公司提出当月销售计划，在月中确定具体数目，企业管理办公室把销售公司的计划下达给娃哈哈设在各地的生产分厂；同时，企业管理办公室依据该计划向供应部提交采购清单，由供应部统一在全国采购并划拨给各分厂；各分厂则根据销售公司的指令将货物运送到指定地点。

什么是对外高度市场运作呢？对外高度市场运作指的是"全国营销一盘棋"，所有销售分公司归总部领导，其计划的下达、人事的任免均与生产分厂无关，这样生产分厂无权进入销售领域，保证了娃哈哈的销售政策的统一，并且防止了窜货现象的发生。窜货控制住了，渠道的价差体系就能正常运转，从而能有效管理经销商。

"集中经营，统一营销"是建立这套组织结构的核心要义。它采用的是一种扁平化的组织形式，其目的就是为了让整个企业运营更快，而又将关键运营集中在品牌和渠道两个层面。

我们可以从娃哈哈的管理模式中看出，企业管理机制一是要简捷，二是要容易控制，不要搞得太复杂，合适的就是最好的。

整合关键资源和关键运营流程，实现战略控制手段（核心能力）。关键运营流程是为战略控制手段而生的，关键资源则需要针对战略控制手段而配置。在确定了客户价值主张和战略控制手段以后，企业必须考虑实现价值创造、实现战略控制手段所需的资源和流程。对包装性商品公司来说，关键资源常常包括强大的品牌和强大的渠道零售商，所以，它的关键运营流程就应该与品牌建设和渠道管控有关。

以专业服务公司为例，其关键资源常常是工作人员，所以，它的关键运营流程就应该是与提升其人员服务水平有关（如培训和发展）；服务型连锁企业的员工（人力资源）是企业之根本；对于那些服务产值占比大、产品产值占比小的连锁企业（如美容美发业、家庭服务业、医疗保健业、中介业、教育文化业及休闲娱乐旅游业等）而言，人力资源是企业最核心的竞争力。

要想得到快速稳健的发展，服务型连锁企业必须要依靠企业文化和人力资源建设机制的"双驱动"。在这个整体战略中，企业文化建设是人力资源的长久内驱力，也是为了克服"服务生产过程依赖人力，但却不易监控其生产态度"的缺点而必须要进行的；人力资源建设机制则是这个整体战略的基础和落实点。而连锁总部教练员、连锁分店领队（店长或经理）与连锁分店员工的队伍建设和三角互动，则是这个战略的重点所在。

在永琪美容美发的开店连锁和人力资源系统设计中，需要不断地开店。要开店，销售人员的输出就是一个逃不开的环节。

永琪美容美发采用的方法是，一个经营得很好的店达到一定指标，即如果一个有规模、面积较大且连续几个月运营良好的直营店面，可以在总部的支持下复制一批销售精英和技术骨干在总公司的支持下去开另一个门店。新店的重要管理层均是从原店复制而来，并且可以持有新店的一部分股份，原店也可以持有一定的股份，而永琪总部通过输出品牌、管理与技术也持有一定的股份。这样就确保了一个成功的店的经营经验快速复制到另一家店中。

通常，店面资深管理层（主要是店长与美容经理两个关键性的人物）会与总部以45%和55%的方式作为整个店面的股份组成。通过这样的方式，永琪就可以无止境地、大规模地开店，在开新店的同时还解决了新店的人员、资金与管理运作的问题，使永琪的开店速度较其他对手快了许多。

很多时候，起作用的并不是资源、战略控制手段或者流程本身，而是三者之间的相互关系。一个企业，在重塑商业模式的时候，如果能够采用一种独特的方式将自己的关键资源、关键流程和战略控制手段整合在一起，以完成价值创造和传递的过程，企业就有可能创造出持续的竞争优势（核心能力）。

小肥羊火锅连锁大家都不陌生，独特的羊肉及其味道便是其所具有的核心竞争优势之一。因此，为了维持这一关键要素，小肥羊对羊肉主料的供应从上游的牧场至中游的加工以及到下游的配送，采用了全产业链的管理与品质控制体系。

那么，小肥羊在日常流程中是如何做的呢？小肥羊所有羊肉都要通过全封闭、无菌、恒温以及待宰、刺杀放血、转挂、预剥、扯皮、冷藏、分割、剔骨及冷却排酸等工序处理，特聘请专职阿訇按伊斯兰教规进行屠宰操作、同步卫生检疫、低温排酸和速冻保鲜技术，保证每块羊肉均经过 6 个关键点检疫控制、至少 48 道工序精制而成。因此，小肥羊在设定了全产业链这一主要核心竞争力时便同时嵌入一套成熟的全产业链的管理体系，支配其核心竞争力的持续强化。

是的，只有企业明确了自己的价值主张和赢利模式后，才能根据价值主张来确定战略控制手段和关键流程之间该如何联结。这样，企业才能做好价值维护。

第五章　价值传递

——寻找并抓住所有环节的利润

　　当发现并创造了价值之后，下一步要做的就是把价值传递下去。因为有了好的价值，而没有好的价值传递系统，客户就无法接触、了解、接受并购买所创造的价值。那么，之前所做的努力都是枉然。因此，打造好的价值传递系统，就是寻找并抓住所有环节的利润，是非常重要的。

第一节 打造品牌模式

鉴于企业品牌知名度的发展规律，在中国的市场上，品牌的发展必须经历三个阶段。即初级阶段、发展阶段、成熟阶段。

初级阶段——构建品牌知名度与形象

品牌的初级阶段是那些市场进入门槛很低，行业还没有形成强势品牌方阵，市场或多或少地存在众多市场空白点、区域空白点和消费需求空白点。在初级市场，营销的规律首先就是要去寻找市场的空白点，市场空白点就是"机会"，"做一个机会主义者"是初级阶段市场营销的基本准则。

其实，初级阶段是品牌打造知名度的阶段。品牌知名度比信誉度更重要。因为该阶段消费者没有达到品牌消费的层次，名牌就代表品牌。企业的核心任务就是集中资源构建品牌知名度与形象。

一、品牌知名度比忠诚度更重要

品牌塑造不是"一日之功"，也不是"一寸之功"，更不是"一嘴之功"。品牌的塑造分为四个过程：品牌知名度、品牌认知度、品牌联想和品牌美誉度。

很多营销界人士总是一开始就说自己的企业要像可口可乐、耐克和所有外资名牌那样，卖快乐、卖心理感觉、卖品牌，从未考虑过自己企业所处的阶段与这些外资品牌有着天壤之别。

在中国市场打品牌，实际上需要经历三个阶段：第一个阶段就是卖名牌，通过一段时间的推广，产品变成名牌了，老百姓就会趋之若鹜；第二个阶段卖品牌占位，卖品牌信誉度；第三个阶段才会进入所谓的品牌阶段，即产品物质利益点加上情感利益点一起卖。

中国市场经常会发现一些突然成功的现象，如"仁和妇炎洁"的突然畅销，

"蒙牛酸酸乳"的唱响中国，"脑白金"的突然崛起，"好吃点"食品的走遍大江南北等，可以把它们归纳为"暴发户品牌"。所谓"暴发"，并不是传统意义上的贬义，在这里是指它成长速度快。

"暴发式品牌"在中国市场上每隔两三年都会出现一些，而且是如雨后春笋般成片出现。这就不再是单一的成功个案，而是一种市场的普遍现象，如果把它总结成一种"品牌模式"也未尝不可。

其实这种模式就是"品牌知名度"模式，在市场初级阶段，品牌知名度比忠诚度更重要。到底是为什么呢？

这要从中国消费者的消费特性说起。中国消费者一个普遍现象就是喜新厌旧，对品牌缺乏忠诚度，还处于品牌消费的"感性阶段"，他们买的是知名度，买的是"大家都知道"，买的是"知名品牌放心"，而不管也管不了品牌的"忠诚"。

因此，在新品类诞生之初，品牌的知名度要比美誉度更重要。不要在新品类开始阶段就试图去创造忠诚消费者，因为新品类开始没有忠诚顾客，只有慕名而来的消费者，他们没有忠诚度，只要你让他们知道你产品的名字，让他们来购买、来尝试，你就成功了。

不过，在中国市场做品牌，千万不要一上来就去追求所谓的"美誉度"和"忠诚度"，你不妨从最简单的入手，即快速打造品牌知名度。

从以上几点可以看出，在新产品的初级阶段，要想旺销，最重要的是打产品的知名度，而不是美誉度和忠诚度，不管你用什么方式，广告也好，促销也好，渠道战也好，只要让消费者知道你这个品牌的名字，你就有可能成为他们购买的对象，如当年的秦池、现在的脑白金，都是这样旺销起来的。

"集中兵力单点突破"是打造品牌知名度最佳战法。比如，有的企业把几乎全部营销费用用来打中央电视台广告，借助央视媒体的"背书"而一举成名；有的企业则集中于渠道，扎扎实实把渠道做好，不求消费者知名，但求渠道知名，也能单点突破。

二、打造新品类，建立新品牌

在初级市场上，要想提高品牌的知名度，最重要的手段是打造新品类。

中国市场还不太成熟，还存在很多的市场空白、行业空白和消费者空白，如近两年兴起的"去火饮料王老吉""利郎商务男装"等，都是因为抓住了市场空白而一举成功。

可是，不成熟的中国市场又存在很多行业竞争异常激烈的现实，价格战、终端战、广告战，此起彼伏，惨烈到血流成河。

诚然，市场是否激烈，不在于市场，而在于企业选择。假如你选择进入"未知的市场空间"，你就发现市场竞争不激烈甚至没有竞争；如果你选择进入"已经市场空间"，那你的对手则将多如牛毛。所以，对于初级阶段的新品牌来讲，打造新产品、打造新品牌的机会在于开发新市场，在新市场中成为第一者生存。

"第一法则"总是对人们的影响很大。因为每一个人，最容易记住人生的第一次，比如，我们只记得世界第一高山峰的名字是珠穆朗玛峰，却不记得第二高山峰是哪一座。这正是"第一法则"的影响力。

其实，"第一法则"对于打造品牌也同样存在。因为顾客在购物时，买的是品类第一，而不是买某个品牌。如我们口渴了，买饮料时常买可口可乐，因为它是可乐第一品牌；要买电脑时，买的是联想，因为它是 PC 第一品牌；要买最贵的香烟，买的是中华，因为它是最高档的香烟；要买白酒时，买的是茅台，因为它是中国的白酒第一。

故此，要想成为一个合格的新品牌打造者，必须懂得，你不是在打造品牌，而是在打造品类。

云南烟为什么纵横大江南北？因为它形成了以烟叶为特征的"云烟"大品类；

脉动为什么成功？因为它打造了运动饮料这个新品类；

雅客 V9 为什么成功？因为它打造了"维生素糖果"这个新品类；

泰昌足浴盆为什么成功？因为它打造了"养生足浴盆"这个新品类。

以上这些正是打造品类而获得成功的。

品类是消费者心智中对多个品牌的某种共同属性的集中认同。品类属性其实也是市场自发地对某些品牌背后潜在资源的一种整合。川酒可以说是一个大品类，因为川酒代表众多川酒品牌的某种共同属性；新疆葡萄是一个品类，因为新疆葡萄就是最好的葡萄共同属性的代名词。作为单个的企业来讲，我们的最佳策略是成为大品类的第一者、开拓者、领导者。因为，单个品牌是不能和品类竞争的，你唯一的道路是由你自己来代表这个品类。

实际上，顾客买的是品类，而不是品牌，要创建新品牌，你的核心任务就是成为某一个新品类的第一。一句话，品牌打造并不困难，关键是要找到你自己的品类。

"成为第一胜过做得更好"的法则是打造品类的第一个方法，要创建新品牌，你的核心任务就是成为某一个新品类的第一。对于打造新品牌来说，就是创造一个新品类。

活跃在中国的一些名牌，其实都是因为它们在开创之初就代表着某一个品类，或者说它们开创出了某一个品类，所以至今仍是行业第一品牌。

张裕为什么保持70年不倒，因为它是中国红酒的开创者；青岛啤酒也是中国最早的啤酒，所以至今仍保持它的魅力；中华香烟之所以成功，一是因为它最贵的价格，二是因为它与伟人的历史渊源，它是最好香烟的代表。

也就是说，一个公司要成功，每个公司都必须代表某样东西，这是商业的基本法则。比如，对于香烟来讲，中华香烟就代表着最高档；"555"代表着最醇和；万宝路代表着男人的阳刚和开拓精神……

就算你不是第一个进入某一个类别的市场的品牌，也不要放弃，这时，你就在该市场中创造出或者细分出一个新的类别的市场，使得你成为第一个就行了。只要你尽心去想，你就可以做到。因为没有做不到，只有想不到。

挖掘资源打造品类是打造品类的第二个方法。对于很多老品牌来说，企业多年积累的文化、历史、技术等资源，通过挖掘、嫁接并重新包装，也能成为一个品类。

比如，云南烟品类的共同属性是原料资源，即云南（中国唯一）盛产优质烟叶。云南烟正是利用资源优势，形成了自己的品类市场。

三、产品物质卖点比精神卖点更重要

在初级市场上，单凭产品品类第一还不够，还必须把品类第一的卖点传播出去，这样新品类才能具备腾飞的条件。

说白了，卖产品就是卖的物质卖点，不是卖精神卖点。因为，在初级阶段，消费者来购买是冲着你的独特性和差异性来买的，不是来买品牌的。所以，你要卖产品，而不是卖品牌。因为，你还不是品牌，要想成为品牌，还需要经历很多年才能达到。

发展阶段——培养品牌信誉度

品牌的知名度与形象已经构建好之后，是不是就代表着已经取得了消费者的信任呢？并不是的。品牌还要经历下一个阶段，即要赢得消费者对品牌的信任。而建

立信任的最好方法就是占位。品牌是一个商标或产品在消费者头脑中的位置，所以在发展阶段要帮助品牌占位，也就是在消费者的头脑中占据一个位置，才能赢得消费者的信任。

"人无信而不立"，做人如此，打造品牌也是如此。在发展阶段，企业已经有了一定的知名度。但是企业的品牌要升级、要提升，光有知名度还不行，还要有信誉。有了信誉度，产品才能走得长远，企业才能具备往下走的资本，品牌才有可能去争取美誉度和争取忠诚消费群。

经历了初级阶段，就到了发展阶段。这时的品牌需要升级，在核心价值的统领下，不断制造新的传播主题，不断深化品牌的意义，使品牌向更高层次发展，追求信誉度，同时还要创造一个鲜明的品牌形象。

一、品牌占位建立品牌信誉度

品牌的建立是一个系统工程，需要激情、智慧与信念。刚开始，品牌只是一个名字，一个企业的指示代号，甚至被认为与 LOGO 相等。现在，品牌的建立是一个系统工程，它关系到企业、产品以及市场的各个方面，绝不是单一的行为。

如果一个行业处于爆发期且产品高度同质化的时代，产品种类、品牌和竞争者的无限增多就会增加消费者的选择难度，因此，对于消费品而言（无论是耐用消费品还是快速消费品），通过品牌占位抢占消费者心智资源、引导消费者选择，才是塑造强势品牌关键的一步，也是任何行业长远发展、制造商建立持久核心竞争力的有力保障。

孙子兵法云："善战者，求之于势。""势"可理解为抢占制高点，找到制高点后，一切就势如破竹、迎刃而解。制高点就是行业的关键点，就是抢占顾客心智资源。谁能先把握趋势，谁能先把握消费者脉搏，占据顾客心智资源，谁就在市场竞争中占据主动，谁就有机会成为行业领导品牌。这就是品牌占位的策略。

品牌占位就是品牌定位。品牌定位是经常向消费者宣传的那部分品牌识别，目的是有效地建立品牌与竞争者的差异性，在消费者心之中占住一个与众不同的位置。在产品越来越同质化的今天，要成功打造一个品牌，品牌定位是举足轻重的。品牌占位让品牌凸显出与众不同的差异化"基因"，在消费者第一眼接触时就能够将其吸引住。在品牌占位的选择中，以下 3 个方面是企业应该优先考虑的。

1. 占概念，即抢占品类第一

使产品或品牌成为行业的第一代表或行业属性的代名词，形成对所有同类产品的区隔。这是企业能避开竞争对手、快速长大的关键。

在搜索引擎行业中，Google 以其庞大的搜索量、快速而精准的搜索结果和极高的知名度成为搜索引擎的代名词，是国际上最著名的搜索引擎公司，自然也是网民搜索资料的首选。而在中国，Google 的老大地位却被百度占领。百度在崛起时打出"全球最大中文搜索""百度更懂中文"的口号，提前在消费者心智中占据中文搜索第一的概念；在技术开发上也贴近中文用户的搜索习惯及爱好。因此，从 2005 年年初开始，"百度一下"迅速成为中文搜索的代名词，在国内市场百度份额远远超过了 Google，成为国内搜索引擎的第一。

2. 占据行业标准

一流公司卖标准，三流的公司卖产品，如果你在行业中占据品类标准制定者地位，那么你就拥有了在整个行业的话语权。既可以在行业内"一统江山"，也可以在消费者中以行业代言人的身份出现，从而赢得消费者的信赖。

豆浆机行业的开创者与领导者是九阳豆浆机。这几年由于家电大鳄美的强势介入，九阳的市场地位及市场份额受到强力冲击。2009 年九阳在品牌占位上重拳出击，九阳牵头豆浆机行业，制定豆浆机国家标准。此举维护了豆浆机行业的整体利益。在打击"山寨豆浆机""三无豆浆机"的同时，也把九阳豆浆机品牌的权威性在行业中提升到极致。在消费者心智中，九阳豆浆机行业领导者的顶上又多了一道光环——行业标准的制定者。消费者因此就会认为，九阳豆浆机是豆浆机行业的品质标准。

3. 占潮流

还有一点应该注意的是，如果企业不能及时构思新的占位，就会陷入困境。因为在市场渐趋成熟后，消费者对产品的印象越来越模糊。同时，随着社会的发展，消费者需求的变化也必然会带动消费潮流的变化。由此将改变品牌在消费者心智中占位的改变。因此，有效地占位，需要有适当的推动者，委婉地逐渐改变占位，给消费者带来更多的品牌体验。比如，房地产位置不变，但同一地段，有人营销教育，有人推广投资，还有人推广娱乐，怎么推广往往看得是各时期消费者更注重哪些消费体验。

其实，品牌占位的方法很多，以上 3 点不过是抛砖引玉。品牌占位不是凭空想象，而是在慎密思考下，把企业、产品等资源最优整合。品牌工作是持续的、长久的，始终贯穿于企业内外的。

二、品牌概念必须不断深化

大家都非常熟悉的一个常识就是消费者头脑中有很多心智，每个心智资源都是一个品牌定位。不过，任何一个心智都是分层次的，由浅入深、由表及里、由外到内、由抽象到具体、由表象到本质。那么，作为一个产品概念，也必须要由浅入深、由表及里，不断深化，才能在消费者心目中留下不可磨灭的印象。

因此，产品概念的不断深化，就是不断深化产品与消费者关系的过程。所以，不管是产品概念还是品牌传播，其传播概念和主题不能几十年保持不变，应该一年一个变化，一年一步深化，在品牌基因这条主线之下，把概念不断深化下去。

雅客 V9 是维生素糖果品类，其产品概念在上市之初讲雅客 V9 是维生素糖果，而不过多地去讲别的卖点。然而，到了发展阶段，雅客 V9 是维生素糖果的概念已经深入人心，这时，企业如果还仅仅讲我是维生素糖果，那就不但乏味，而且浪费资源。

2005 年，雅客 V9 决心强化两个关系：一个关系是雅客 V9 与维生素之间的关系，通过传播，使消费者产生"雅客 V9 = 维生素"的概念；第二个关系就是强化 V9 与消费者之间的关系，营造出"消费者 + 雅客 V9 = 日常消费习惯"的氛围。

就在这样的策略思考下，雅客 V9 在"两粒雅客 V9 = 补充你每天所需 9 种维生素"的基础上，2005 年推出了"雅客 V9，我的补维站"的新概念。补维站的核心概念，极大活化了 V9 品牌，将 V9 补充维生素的功能形象化、视觉化，更加容易认知和接受，同时加强了产品与维生素的关系和产品与消费者之间的关系。

采取"深化产品概念"方法的品牌还有更多。其实，每年都应该不断深化自己的产品概念和品牌概念，只有不断深化，我们才能建立真正的品牌。品牌不是一天建成的，它是不断深化而成的。

三、一年提供一个品牌购买理由

营销唯一的目的是为了让更多的人更加经常地购买你更多的产品。这样，你就能够赚更多的钱，这就是你花每一分钱的原因。目标决定行动，有了这个目标，所有的营销活动都应该围绕销售产品而展开。

任何事物都在不停地发展变化，品牌也不是静止不动的。品牌是一种技巧，因为你想把尽可能多的产品销售给尽可能多的人。但同时每一种品牌必须建立在一种独一无二的销售主张上。你想向越来越多的人证明你的品牌和销售主张是有吸引力的、与众不同的，那就要不断地拓宽影响，同时又不丧失自己的特色。

你创建了一个品牌或旺销产品后，不要任其自然发展，而必须不断让人们从新的角度来看待它，这样你才能获得更多的销售机会。因为竞争对手看到你提出了新的、有用的东西，就会群起效仿。营销就像斜坡或山丘，如果你将产品放上去后就撒手不管，它就会滚下来，你必须不断努力把它推回去并重建其独特的价值。

同时，要不断地给出购买的理由。对购买理由进行细分，对消费者进行细分，然后细分出更多的购买理由。为了提出新的和不同的细分，就要用新的和创造性的方法来观察消费者。

传统的消费者细分仅根据年龄、性别和民族等方面来细分，有可能还包括收入和职业。一旦划分出这几个层面后，一般的营销人员就赶忙提出这些人员应当购买的理由，而且以后一直围绕这个来做，一成不变。实际上，单靠这些是远远不够的。我们不仅要把消费群分为老人、男人等，还可以增加许多细分。增加细分，不仅可以吸引新客户种类，而且还能保持老客户的回头率。

现今，中国消费者分层越来越明显，且变化速度很快，如中国消费者现在可以分为富裕阶层、中产阶层、工薪阶层、农民阶层和青少年阶层等。要抓住机会抢占某一个族群。

在20世纪90年代，可口可乐将目标群进行细分，分出35种，然后根据这个细分进行营销，使可乐的销量增加了50%。

一般情况下，可以把顾客分成三类：稀客、一般客户和常客，这三类顾客之间有本质的区别。常客比稀客更有利可图，你要牢牢抓住这一部分人；同时，常客通常比稀客提供了更多的购买理由，我们需要帮助稀客找到与常客相同的更多理由。

此外，你必须从内在和外在两方面去不断扩展人们购买你产品的原因。就像一座住宅，即便你不需要改变住宅的颜色，比如它是白色，你要让它保留白色，你仍必须定期粉刷，否则它将变成灰色。一个品牌同样如此，要保持品牌的新鲜感，就必须不断地更新其意思和定义，以防止品牌日渐褪色。

总而言之，为了销售产品，必须不断补充新的理由，甚至一年一个传播主题都在所不惜。其实，一年一个新的传播主题或购买理由，会让消费者觉得这个品牌非常有活力，常变常新。

不要认为一年一个购买理由，一年一个传播运动很麻烦。成功的品牌对品牌定位和传播在每年或每个阶段都会根据社会潮流趋势进行调整，懂得如何领导消费潮流和趋势，更懂得如何借力求得飞跃，促销和公关不断，使品牌不断成为热点、亮点。

因此，想抓住消费者、想了解消费者，必须有意识和经常地提出新方法，让他们购买。永远不要忘记你的目标不是取悦和引起他们的兴趣，而是向他们推销你的产品和服务，而且要一年一个购买理由，你就会在市场竞争中抢占先机。

成熟阶段——塑造品牌美誉度

在市场经济日益发展的今天，品牌已经成为企业占领市场的制胜法宝。人们选择品牌的原因是因为人们信任品牌，品牌给人们带来了超越于产品本身的价值，购买者认为产品物有所值或得到了超值享受。在经历了初级阶段与发展阶段后，品牌开始迈入成熟阶段。成熟阶段，品牌要进一步往上走，既要注重产品不断创新、制造新的购买理由，更要着力塑造一个更加清晰的品牌形象。品牌要打造一些能与消费者共鸣的情感内涵，使品牌朝着塑造"美誉度"甚至"满意度"的方向发展。

品牌的知名度，企业往往可以通过广告宣传等途径来实现；而美誉度反映的则是消费者在综合自己的使用经验和所接触到的多种品牌信息后对品牌价值认定的程度，它不能靠广告宣传来实现，美誉度往往是消费者的心理感受，是形成消费者忠诚度的重要因素。很多强势品牌之所以能够获得很高的品牌美誉度，与其提供的产品和服务的高品质和高质量密不可分。

好的品牌美誉度来自于消费者之间的口碑传播。因此，为了更高的品牌美誉度，不仅是要提高消费者的满意度，同时还要注意传播产品的正面信息，将负面效应降到最低程度，并要精心呵护，因为创牌容易保牌难，品牌维护无小事。成熟阶段的品牌竞争，是品牌美誉度的建立，美誉度比知名度更重要，因为这时候品牌知名度已基本具备了，品牌所缺的只是美誉度。这时，品牌的工作是要为品牌找到打开消

费者情感寄托和心理归宿闸门的钥匙。出售品牌的情感感受、情感体验，塑造品牌的核心价值观，是打造美誉度的基本方法之一。

中国企业在品牌打造过程中，最薄弱的地方是缺乏对品牌核心价值观的建立和对品牌感觉的塑造。

一、打好"情感之战"

人都是感情动物，怎样触动消费者的情感之弦非常重要，因为情感是冲动消费的关键。感觉对应品牌，产品对应功能。品牌、感觉用于感情、感性诉求，对人们的购买进行"内部发动"：好品牌让你找到感觉，让你感动、梦想和兴奋。产品、功能用于理性、现实思维的诉求，对目标消费者进行"外部拉动"：好产品提供给你实实在在的好用途，满足你实实在在的生活消费需要，提供给你真正的产品顾客价值。

"抓住这感觉"是可口可乐的感觉，其品牌核心感觉是"快乐无极限"，借助的载体是紧跟时代变化，用体育明星代言为主；百事可乐的感觉是"新一代的选择"，产品与可口可乐几乎相同，但感觉找到了，照样成功。

如果单纯地说蒙牛酸酸乳的产品多么好，而不把它和《超级女声》联系在一起，不把它和"率性、自信"联系在一起，它就不会有从7亿元到25亿元的"蒙牛速度"。

因此，从打造品牌的一开始，就要帮助产品找到它的核心卖点，这是物质基础；还要帮它找到所能代表的情感和感觉，这是精神基础。只有二者合一，才能够创造品牌，才能产生好的销售。

三个能抓住消费者情感的因素分别是响亮的品名、包装和定位。这些因素会让顾客明白你的产品，阻止货架上其他产品的重复出现。产品的品名应能激起消费者的情感；包装应起到货架指向标的作用。品名和包装都应该一下子能击中顾客的情感。

假如你的产品在顾客决策的关键时刻与顾客的生活联系在一起，他们就会对你的产品感兴趣。产品的定位应针对消费者的名誉和生活方式，产品的销售应从这一定位出发。

二、建立一个成功的品牌信条

任何一个国家、一个社会，都需要有自己的信条，唯有如此，这个国家和社会才能得到大众的信任。同样，一个品牌，也需要有属于自己的信条。

大家都知道"物以类聚，人以群分"，一个品牌不可能适合所有人群，而只能适合特定的人群。这个特定人群都有自己的喜怒哀乐，也有自己的价值观体系。当一个品牌在市场上确立了定位以后，接下来便需要去强化品牌的核心价值观，提炼出品牌的核心价值；或者说，我们需要提炼出一个特别的、能够引起消费者内心共鸣的价值观诉求，借此来打动消费者。

品牌的核心价值总是与社会的主流价值观相吻合。所谓社会主流价值观，需要具备普遍性、积极性、时事性。

20世纪40年代末至50年代末，当时美国一度出现拜金热，一时间许多烟草品牌选择"拜金、享受"这一主流价值观，美女、名流、黑社会老大形象充斥着美国这一时期的烟草广告，万宝路也在其中。

20世纪50年代末至60年代末，物质向精神过渡。"自由、开拓"打造美国梦的主流价值观被深度挖掘，此时，西部电影在美国大行其道，万宝路以迅雷不及掩耳之势抢占了牛仔形象，抢占了"自由、开拓"这一主流价值并将其延续形成了美国精神。

美特斯·邦威的目标消费群是18~25岁的活力时尚人群，针对其特点，美特斯·邦威提炼出的品牌核心价值观就是一种自我率真、有个性、勇于接受新鲜事物的形象，提出了"不走寻常路"的核心价值，契合了消费群渴望特别与众不同的愿望，因此，极大地激发起了消费者的购买欲望。

品牌需要树立自己清晰的旗帜。

Just do it！鲜明的态度与观点，潜入人性的弱点，一双运动鞋也可以改变世界。

星巴克是一个情感体验的咖啡厅，咖啡不再是咖啡，而是一个可以让情感休息片刻的地方，这也是出于人性的研究而得出的情感需求。

茅台酒的信条是酿造出最好的白酒，它拥有的词汇是"国酒"。

绝对伏特加的信条和拥有的词汇就是"绝对时尚，绝对不同寻常"。

芝华士的信条是创造"芝华士人生"。

要想成功地建立一个品牌的信条，你必须要做两件事：

第一，你必须为你的品牌找到一个词汇或话语；

第二，你必须为该词汇或话语寻找一个有分量的理由。

三、塑造品牌美誉

对于品牌发展阶段而言，在成熟阶段，品牌的重要职责是塑造品牌的"美誉度"，进而再向"满意度"迈进，最终达到"品牌忠诚度"的终极效果。

"忠诚度"就达到了品牌信仰。但中国现在还没有一个品牌能达到，能达到"美誉度"的企业也少之又少，只有少数几个领导品牌达到了这个程度。

美誉度是建立你的品牌绩效的担保品。当你拥有良好的信誉时，你的前景可能会使人们几乎相信你所说的关于品牌的任何事。

领导能力是建立一个品牌美誉的最直接的方法。可口可乐、娃哈哈、五粮液、茅台和中华等都具有美誉，这是因为它们普遍地被认为在各自的领域里，它们是领导品牌。当你不是领导品牌时，你最好的战略是创造一个你能取得领导地位的新领域。

除了这些，诉求你的领导地位，如"销量第一""第一首创"等，也不失为一种好方法。只不过，《广告法》里规定不能说"第一"，但你可以采用其他方式来讲同一个意思，比如你讲你是"领跑"；你还可以请权威"背书"，就像很多牙膏广告里出现医生或专家模样的人那样。

第二节　建立渠道模式

现今，"渠道驱动企业"已经成为大家的共识。分销的密度、渠道的到达率和有效率，在地大物博的中国大地，是营销的关键要素。与品牌有三部曲一样，渠道模式的发展也有三部曲，也同样划分为初级阶段、发展阶段和成熟阶段。

渠道模式三部曲的规律是这样概括的：初级阶段——快速扩充渠道数量；发展阶段——竞争优势向下游渠道环节扩张；成熟阶段——对分销渠道精耕细作。

初级阶段——快速扩张渠道数量

对初生的企业来说，求得生存是第一要务。企业建立初期面临的首要问题是生存问题。初生企业生存之道就是快速扩张渠道数量。

正如兵法一样，大步进退，不拘于一城一地的得失，"赚钱为主，略地次之"。

赚钱与夺取地方（或保守地方）的关系，犹如熊掌和鱼的关系，二者不可兼得。如欲兼得，势必二者俱失。中小企业的作战原则应是以赚取利润为主，不以保守与夺取地方为主，因为守地必分散兵力，处处防守，必处处挨打。

尤其在中国市场做营销，有一个诀窍，就是渠道或者经销商的数量甚至是终端数量的多与少，往往决定一个企业销量的多少。分销的密度和广度，代表了企业的销售良好度。

其实，分销密集度不是万能的，但没有密集度是万万不能的。

扩张渠道数量，是初生企业赚取第一桶金、销售产品、求得生存的最佳途径。此时，企业不要拘泥于渠道质量的一得一失，不要被渠道质量蒙住了眼睛，数量第一，质量次之，在渠道质量不出现大问题的前提下，不要和对手打消耗战、阵地战和持久战，不和对手比渠道的质量，"打得赢就打，打不赢就跑"，比的是渠道数量，比的是速度，这才是制胜的关键。

渠道数量和质量，这两个问题一直以来都是一个矛盾体。营销教条主义者总是强调渠道质量，主观愿望很好，但结果往往是质量和数量都搞不好。两害相权取其轻，我们的策略是"数量为主，质量次之"。采取这一战术，就是要舍得丢弃部分渠道的质量，抛出质量，争取时间，先退后进，以数量赢得企业利润和发展，保存自己的有生力量，逐渐改变敌我力量对比，最终达到数量与质量并重。

不过，在这里并不是说就完全不要质量，而是说在质量不出大的纰漏的情况下，存数量失质量，数量质量皆存；存质量失数量，质量数量皆失。

一、全力招商，快速建立渠道

经销商年年都在寻找好产品、好项目。只要企业让经销商认识到自己的产品的

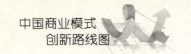
三个"途",即前途、钱途、潜途,再加上其他招商措施,快速建立渠道就有可能。

1. 产品有前途

新产品本身就是代表一个新品类,而且企业的产品是"品类第一",锐利清晰的产品概念,能让经销商充分认识到它的价值,至此,招商就已经成功了一大半。

2. 产品有钱途

企业在制定渠道价格体系时,要以定价为杠杆,利用高于行业平均水平的价差去撬动渠道资源,就能获得经销商的"芳心";同时,在市场启动初期,给经销商的市场支持和承诺一是要对经销商充分有利,另外要及时兑现,以坚定其信心。

3. 产品有潜途

产品所进入的新品类市场容量大,消费者容易接受,市场不需要做过多的教育即可启动,等等,都是经销商要考虑的。所以,我们要在这些方面打消其顾虑,用事实说话,用数据说话,事实胜于雄辩。

那么,招商有没有秘诀呢? 有。招商的秘诀:一是造势,二是制造大品牌的幻觉。

常言道:"三流企业做事,二流企业做市,一流企业做势。"其实,营销也是这样。最聪明的营销就是在市场中审时度势、顺势而为。营销的本质就是"营势""造势"。

做市场的第一步就是市场布局。市场布局要有雄心壮志,要放眼全国,要扩大市场,在全国范围内建立渠道和市场,要全面撒网。

第二步,企业要学会造势,就必须学会利用社会资源。社会资源的力量是无限大的,大到可以让一个普通人一夜成名,也能让一个企业转瞬日进万金,其中的关键就在于,你如何去寻找属于自己品牌的资源,并把它引爆。熟谙抢占资源的高手当属蒙牛酸酸乳,2005 年,仅凭借"超级女声"这一资源,就迅速实现了从 7 亿元飙升至 25 亿元的销售额;借助神州五号,演绎了一出精彩的"航天员专用牛奶"的大戏。

第三步则是集中资源。或者高空广告拉动,或者地面爆发式铺货,打造热销市场。攻其一点,不及其余。

投广告对扩张渠道非常重要。但是,要注意的是:投广告应该像烧开水一样,要不断加火,一直往里加,直到迅速把水烧开,宁愿烧到 120℃,浪费一些银子,也不要为了节约钱,只烧到 70℃,因为烧到 70℃跟没烧一样。投广告要狠,用赌不用试。

爆发式铺货的要求是速度快、数量大。同样是要集中资源，集中所有的业务员，与经销商一起，在指定市场、指定时间内迅速把货铺完。避免通常那种挤牙膏式的铺货方式，集中资源，突然爆发。

招商的另一个秘诀就是"制造大品牌的幻觉"。

品牌打造的运作是理性的，品牌所产生的效应却是感性的。品牌，其实就是一种幻觉，就像音乐、风，它看似无形，却又实实在在地存在着。

小企业打品牌要擅于制造幻觉，还要懂得心理暗示，并且要抢先进行心理暗示。市场营销中有一条规律叫认知大于事实。就是说，一旦消费者认为某品牌是什么，即使第二个品牌再这么说，消费者也不会相信。所以，小企业在打品牌时，要懂得抢占消费者心理。抢占了消费者的心理，就等于抢占了市场的一席之地。

二、抢地盘比练内功更重要

有时候，虽然是刚刚发现了一个市场，但是会很快的，这个市场就会有很多的竞争对手介入，要么是跟进的，要么是来洗牌的，要么是模仿的，不一而足。

比如中国市场，有一个基本特点就是"快"，快的本质含义是时间短。对于任何一个机会来讲，时间是最大的成本。如果你发现了机会，还要拖拖拉拉、等等再看，那机会就会离你而去。

中国VCD的开路者是万燕VCD，遗憾的是，它没有抓住这个机会，没有快速去抢地盘，结果被别的品牌捡了一个落地桃子，自己反而失去了应有的地位。这样的例子不胜枚举。

我们看到市场在高速成长的时候，最重要的事情就是抢地盘。有时候，抢地盘跟练内功是一对矛盾。但等你什么内功都练好了，可能地盘也让人抢光了。所以在这个阶段抢地盘比练内功更重要。

不可避免的是，在抢地盘的过程中，有些渠道会出现一些问题。"萝卜快了不洗泥"，企业在快速扩张的时候，渠道系统中难免出现一些小毛病、小漏洞。面对这些小毛病、小漏洞，我们不要害怕，还是要坚持"渠道数量比质量更重要"的原则，要质量更要数量。

诚然，这也只是主要针对非战略重点市场来说的。在非战略市场，我们要的就是快速圈地，快速扩张渠道数量。即使渠道系统会出现一些问题和毛病，也不能阻挡我们前进的步伐。在一个高速扩张的体系内，有一些混乱那是正常的。就让它先乱点，又有何妨？当企业完成高速增长，渠道数量达到一定规模，已经打下自己的一片"江山"之后，我们暂时停下扩张的步伐来进行治理也不迟。

值得提醒的是：一旦你看准了机会，就要去抢地盘，抢到了，你就成为先驱和领导品牌；抢不到，你最少还可以进入行业前几名。最糟的是你只是把新市场开拓出来，但你没有去抢，结果你就成为先烈。先驱与先烈之间，差别其实仅在于有没有地盘。可见，抢地盘是相当重要的。

渠道的数量构成渠道主动力。渠道数量、经销商数量、终端数量及分销的密度，是决定企业成败的关键。

对于初级市场而言，营销策略应该是广撒网，抢地盘最关键。抢消费者的地盘，抢品牌知名度的地盘，抢渠道数量的地盘，抢终端数量的地盘，抢地盘比练内功更重要。细分区域市场不是抢地盘，"广种薄收、全面撒网"才是真正抢地盘的上策。

三、广种薄收，与市场同成长

为什么中小企业做市场要广种薄收呢？首先，自己的实力不够；其次，营销人员和营销能力不够，不能对市场作精耕细作。因此，广种薄收，就是最适合中小企业的方法。

那么，"广"是指什么呢？广是指数量，首先是做全国市场，让市场的数量无限多；其次，是指经销商和终端，要让经销商和终端的数量无限多。有了这几个无限多的数量，企业就做到了"广种"。有了广种，是否薄收就不重要了，因为有的地方可能薄收，有的地方甚至无收，但有的地方却可能丰收，这样综合起来考量，企业也是能够成长的。

选择广种薄收，企业就可以与市场一同成长，一年两年广种薄收，三四年后，我们有了基础去精耕细作，就可以与顾客一同成长了。

当然，在做广种薄收这种营销时，我们首先是要做大市场，做大渠道，但同时，更重要的是不要忘了要做大品牌，要依靠渠道来驱动品牌，另外，还要投入资源，主动去打造大品牌。只有做大市场与做大品牌比翼齐飞，企业才可能良性成长，才可能做大。

在渠道建立之初，在企业总部营销职能的发育方面，企业可以对渠道进行粗放帮控。我们可以对经销商做一些助销协销工作，但也只是限于粗放的帮控，不能太深入。

企业可以派出销售人员帮助一批发展二批和招二批，一方面是为了快速帮助一批完善分销；另一方面，企业也要与一批下面的二批建立关系，这样对将来掌控一批就有了基础。所以，企业要大力帮助一批招商，帮一批组织招商会，制定招商政策，甚至帮助一批去谈二批，去选择二批。

另外，企业可以协助经销商铺货，这也是为了企业快速铺货，也为了企业能与终端建立联系。具体的铺货方法，这里不再赘述。

在企业建立初期，要建立强有力的营销总部，把所有人员和资源都集中在总部内，企业没有必要在其他地方设分部，甚至企业总部都不用设市场，一切都围绕"销售强有力、组织精简、业务员全权负责"的模式进行。

企业营销组织可以说是业务游民，其功能多为接单、收款、泡大户，这个时候，企业营销组织内部需要英雄业务员，英雄业务员能帮企业拉来大户。

四、先乱后治，渠道采取掠夺式

在企业初创期，应该一步一个脚印，稳打稳扎，切实了解行业的特性和市场特点，做到开发一个，成功一个，积蓄经验和人才。不知道的路，得先踩上几步，踩踏实了，再策划大的发展。

当企业既具有了雄厚的资金实力和人才储备，又具备了丰富的渠道管理经验，而且还在市场上拥有了一定数量且经营良好的渠道，经济形势又允许企业的快速扩张时，它就进入了一个高速增长期。企业应该在此时抓住时机，迅速"跑马圈地"，以完成对自身的布局和对竞争对手的阻击。

万万不可苛求完美，委曲求全。因为对初级市场而言，那是水中月、镜中花，看起来很美，但其实不中用。因为，初级市场的开发手段是掠夺式的，而不是维护式的，更不是调整式的，只有像狼一样去掠夺渠道资源，狠狠地多咬几口，一口咬到骨头，多撕几块肉下来，企业才能更好地存活下来。掠夺渠道，就是养活自己之道。这样的做法，听起来很可怕，其实真正的生存之道就是这么残酷。

虽然说掠夺过来的渠道数量庞大，但有可能与企业不匹配，甚至有的渠道资源质量低下，容易导致渠道混乱。在这样的过程中，企业不要怕渠道乱，不要怕渠道

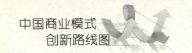

数量太多管不过来，一定要顺其自然，乱就乱去吧，只需把产品卖出去，只需把渠道建起来，渠道质量的提高、渠道的治理和规范，一步一步来解决，切不可急于求成而乱了方寸。

发展阶段——竞争优势向下游渠道环节扩张

"粗放式渠道管理模式"已经不能适应现阶段的发展了。因为以前那种企业的市场越来越大，细分市场越来越多，粗放的渠道管理已经不能覆盖管理所有的细分市场；企业的产品线也越来越丰富，不同的产品可能有不同的渠道，如果还用粗放式的管理方式，就会出大问题。在发展阶段，应该怎么做呢？

一、针对渠道的多元化，建立健全网络结构

市场增长迅速的发展阶段，企业需要扩大规模，渠道结构会随着调整。最有效的方法通常是尽可能地使用更多的渠道。在这个阶段，企业应该研究每一种可能的渠道，并决定产品是否可以通过该渠道销售。同时，企业还要考察潜在可能渠道的全部范围，尽可能进入更多的渠道以进入新的细分市场。进入新的细分市场，需要分为四个步骤。

第一步，巩固原有渠道。一般情况下，率先进入的渠道往往是适合消费者试用的渠道，如饮料、果汁、低档酒等产品通常选择餐饮渠道作为率先进入的渠道。

对原有的销售薄弱的地区，企业要帮助当地经销商展开销售工作，对不合格的经销商，企业要迅速寻找新的经销商，选择更好的经销商来做好代替他的准备。

第二步，进一步细分渠道，利用某一渠道取得突破的优势和影响力，进入相关的渠道进行分销，建立新的分销渠道，最终达成企业"多产品、多渠道"的运作模式。

随着产品被消费者进一步接受，大量销售的渠道往往集中在商场和超市等消费者大量购买的渠道。

第三步，渠道细分，方便购买。随着消费者对产品认知度的提升，产品购买的障碍已经不再是品牌、价格等，而是购买的方便性，因此，无论渠道、覆盖率、购买方式都发生了较大变化，需要依此建立新的渠道并加大终端覆盖密度。

第四步，进入新的细分市场。充分利用企业的品类第一的优势，利用企业在现

有渠道的优势，开发企业的边际效应，开发和满足消费者新的需求，或者开发新的消费群，尝试进入新的细分市场。

二、大力发展分销商，展开"蜘蛛编网战役"

企业要进一步扩大销量，要想把市场进一步做深做透，要把企业的触角延伸到市场的每一个角落，单靠一级经销商网络是远远不够的，如果没有二批商的鼎力相助，整个市场就不能做深做透。

在发展阶段，很多二批商会加入进来，并且数量可能会逐渐增加。公司需要通过扩大现有分销商的分销网络来提高他们的销售能力，并对他们进行大力扶持，以实现渠道网络的健全和发展。由于许多分销商与企业没有接触过，这就需要公司的业务员从中进行大量的工作，同时通过业务人员与分销商下游成员的接触，实现企业对整个渠道的控制和管理。从而形成企业更深的网络体系：一级经销商—强大的二批商—零售终端。依靠这种环环相扣的蜘蛛网状的营销体系，企业不仅可以加强产品的快速渗透能力，同时也加强了企业对市场的控制力。

对企业来讲，这种经销商加二批商的网络架构，相当于给渠道编织了一张网：一级网的孔大些，越到下面，网孔越小，渠道越密，网越编越细越密，就像蜘蛛编网一样。

建立起了完善的二批商网络，企业要紧紧团结一级经销商，通过投入人、财、物等各类资源，全面系统地支持经销商销售，即助销，帮助经销商管理和服务二批商，增强二批商的销售能力，为渠道的大量回货做足工夫。

发展期的营销组织要完善市场部的参谋职能，同时要在核心重点市场设立办事处或分公司，营销组织实行部分的下沉。企业总部对区域分部进行大力的投入，并加强控制。

三、经销商分级管理，打一批拉一批

初级阶段已经把一级经销商招至麾下，通过一两年的运作，其企业实力和能力已经充分展现。此时，企业要把渠道当成产品来做，对代理商进行评估分类。根据代理商的态度、能力、市场现状等因素将代理商分为 A 类经销商、B 类经销商和 C 类经销商三类。

A 类经销商市场口碑好，财务良性运转，经营能力强，发展目标明确，是可持

续经营的经销商。这类经销商对企业来讲，是高价值渠道资源，必须重点发展，对重点培育的代理商进行大力扶持，在营销政策、激励政策等方面重点倾斜。

B类经销商经营能力稍弱，当前销售额稍低，但具有较高的潜力，信誉好，是企业要重点扶持的对象。对可用的代理商要求无条件接受培训提升和改造，工作重点是帮助他们建立业务员队伍，提升其管理和信息功能。主要对代理商进行管理、营销、产品和技术等方面的专业培训，培养他们的综合素质。

C类经销商经营能力弱，不思进取且信誉不好，对此类经销商，要坚决予以取缔。

如此，企业对部分C类经销商进行取缔，更新换代，其目的是通过打一批，来吓一批，即对B类经销商施加压力，然后再对B类和A类经销商进行扶持和助销。

四、按20/80原则运作关键二批商

经销制下，企业对经销商和二批商往往是漫天撒网，不管好坏，一股脑儿收进来。但企业到了发展阶段，必须拥有高质量的渠道成员，运作到二批，绝对不能漫天撒网。

在渠道运作中，往往20%的二批商就能够覆盖80%的终端网络。因此，二批商中间的精英分子，为什么不能成为我们的合作伙伴呢？

第一，企业要筛选二批商，挑选出市场上20%的关键二批商，将他们招至麾下。

第二，通过资源配置，充分调动二批商的积极性。在划分分销区域、产品经销政策等方面，企业给予这些二批商实惠。比如，一个城市总的销售额是1000万元，如果把这1000万元分给50个二批商去分销，那么，每个二批商只能销售20万元，他们的积极性当然调动不起来；相反，如果把这1000万元分给5个二批商去分销，每个人可以分销200万元，他们当然愿意积极分销，企业再通过区域和政策的倾斜，二批商自然愿意卖命。

第三，企业要对二批商进行助销支持。派出助销人员，与一级经销商一道，对二批商进行直接促销、服务和管理。

二批网络的梳理和维护可以通过树立核心二批，即把二批变成1.5批。厂家将以前的二批升级为1.5批，意味着慢慢架空原来的一批。这里的1.5批不是传统的二批，也不是一批，是一批和二批之间的经销商。一个城市可形成10个或者8个这

样的核心二批。

如此一来，名义上是二批，实质上已经成为一批。表面上，二批从一批处提货，销售价格和政策由一批决定，二批还是二批，但其享受的待遇介于批发商和代理商之间，要优于二批商的待遇。同时，厂家给一级经销商一定的折扣或补贴。在实际操作中，厂家要把二批当做一批来管理，要求业务员的工作重心由以前围绕一批转，改变为帮助二批做市场。比如，厂家要求业务员直接与二批打交道，让二批有一批的感觉；厂家的部分政策直接传递到二批手中。

五、助销，重心下沉，反控网络

助销的本质意义在于取常规经销制与直营体系之精要，融汇贯通二者优势于一身。企业要最大限度地控制零售终端，最大限度地控制经销商，保证渠道的畅通和价格体系的稳定，最大限度与经销商结成伙伴关系，都可以通过渠道增值性助销手段，把控二批商来实现。

在推行一系列新政的同时，实施销售人员"重心下沉，深度助销"的营销策略，即销售人员不能停留于表面工作，销售的过程及管理不只停留在对总代理商的送货和收款这两项工作上，而是要求每一个销售人员必须扎下去，深入市场一线，掌握最终用户的信息。帮助代理商完成产品的二、三级分销网络的建设、市场的开发、重点工程的投标开发、销售队伍管理和指导等工作，实现对分销渠道的增值性助销工作。

不管是成熟市场还是新开发市场，企业的销售人员都要下沉，销售人员的主要工作地点是市场，而不是企业的办公室。

因为人员下市场后，从经销商谈判、销售小组管理、客户订单回款、价格协调控制和终端网络的组建与控制，到促销活动安排、卖场陈列买位、新产品上市铺货等，都需要企业下沉销售人员完成。

在帮助经销商销售的同时，企业销售人员还有另一个更重要的任务，即规定二级商的标准，保证二级商的数量和质量。所有的二级协议连同区域划分、职能划分表格都必须交由生产商总部备案，二级商的终端网络如门市、专卖店等也都可以作为附件，连同营业执照复印件等证明材料一起交总公司存档。

如此，企业就能准确地收集到网点的基本信息资料备案，掌握网络布局，既方便企业销售人员走访市场的沟通和核实公司政策执行到位情况，同时也可以作为乱

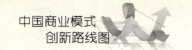

价、审货和纠纷的处理依据。重要的是掌握和反控了渠道网络后，经销商愿意"老实"地和企业配合，认真做市场，形成战略联盟，这是皆大欢喜的事情。

与此同时，企业要转换观念，树立助销意识，列出专项超市陈列、买位费用，注重大卖场的陈列销售，当然，所有这些费用，都应掌握在企业下派的销售人员手中。

企业要注意的是，在这个过程中，只要费用是有关产品进场和促进销售，企业都应该予以考虑，提供支持。如进店费、占地费、堆头费、端架费、导购人员费用及特殊陈列费等，只要有利于销售，企业都应给经销商以支持。只有这样，经销商才能真正上心地帮助企业去做终端、开发市场。

综上所述，以上措施的核心目的就是避免企业销售人员孤军奋战。企业要联合经销商、二批商进行利益捆绑和伙伴联盟，共同开发终端，掌控二批，扼住渠道的咽喉，使渠道真正地为企业服务，这样不仅有利于销售业绩的提升，更有利于企业销售体系的完善和顺利管理。

另外，企业应在产品销售的重点地区或城市设立分公司或办事处等分支机构。这样做有几点好处：首先，它有利于企业直接接触市场，对重要客户进行直接的销售和服务；其次，它有利于企业接近所服务的分销商，更好地提供支持和协助；最后，它有利于加强对分销系统的控制和管理，及时获取有用的信息。

如果设立这样的分支机构，企业可以在重点市场集中资源和强势运作，积极扶持发展重点经销商，树立成功运作的市场典范和渠道典范，总结和提炼成功经验和有效手段，并积极利用示范性市场的榜样作用，以便在其他市场产生榜样的牵引效果，鼓动其他市场积极投入和拓展市场，共同把整个市场做大。

成熟阶段——对分销渠道精耕细作

一旦到了成熟阶段，市场会出现三个显著的特征：产品与渠道出现同质化；从单点竞争到系统制胜；消费者真正拥有成熟的品牌消费意识。

针对同质化的市场，要想取得竞争优势，必须跳出同质化的陷阱。但中国企业在产品和技术上一般不具备核心创新能力，因而要跳出同质化，企业应把眼光放在对分销渠道的精耕细作上。

一、深度分销

业内人士都知道，传统的批发流通渠道相对滞后，极不规范，厂商之间难以协同，不能更有效地实现分销效能。同时，现代大型卖场风起云涌，使市场变得更加激烈。在这种环境下，企业依靠老渠道无法进一步提升销售；如果自己建立渠道，资金和成本压力比依靠经销渠道会更大，常常得不偿失。企业该何去何从？深度分销的解决方案给了我们启示。

什么是深度分销呢？深度分销是通过有组织的努力，构建营销价值链，提升客户关系价值，掌控终端，滚动式培育与开发市场，取得市场综合竞争优势，冲击区域市场第一的有效市场策略与方法。深度分销注重区域市场第一、争夺核心经销商、掌控终端网络和建立企业客户顾问，并注重四大相互作用的核心市场要素的协调和平衡。

深度分销的导入流程如下：

流程一：以"选择样板市场，做区域第一，然后滚动复制"为核心手段；

流程二：构建营销价值链，开发和争夺核心经销商，形成利益共同体；

流程三：厂商分工协同，掌控终端；

流程四：二、三级市场渠道互补与协同；

流程五：企业高效组织和客户顾问的保障；

流程六：营销系统整体的精耕细作。

哪一类市场内部都可能存在营销环境截然不同的区域市场，针对市场内各个区域市场营销环境和状态的差异性，必须有选择性地开展深度分销工作，有效集中全部精力和资源逐个攻破区域市场。

企业在深度分销以前，把力量均匀分布在各个区域市场上，导致力量分散，所有区域市场都不能重点开发和进攻，导致区域市场"吃大锅饭"现象，整体销量上不去。

企业如果把资源集中放在核心区域市场上，集中全部力量于局部，就很容易把局部市场做起来，即先把核心区域市场做成样板，然后，再照此方法进行区域市场的复制，扩大战果，在很多区域市场上做成第一，就能确保企业整体上取得领先地位。

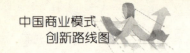

二、构建"伙伴型分销联合体"

传统观念认为，企业、经销商和终端是一种竞争的关系，即一种"零和博弈"的关系。现在有一个普遍认同的观点，即企业、经销商和终端是一种利益的共同体，是一种伙伴关系。伙伴型渠道关系就是渠道系统内的成员在相互信任和共同长远目标的基础上，致力于共同发展的长期、紧密的合作关系。这种关系本质是渠道成员之间的一种合作或联盟，由于这种关系没有达到一体化程度的长期联合，所以企业成本不高，但可获得如同一体化一样的渠道优势。比如，宝洁公司1999年推出的"宝洁分销商2005计划"，就是这种伙伴型关系的典范。

深度分销的本质是谋求企业营销价值的系统协同效率，并以此为基础建立营销领域的竞争优势。强调在各区域市场与核心经销商、各类优秀终端、用户及其他物流、服务等相关者建立分工协同、长期合作、共同发展的紧密关系，打造以企业为主导的营销价值链。

企业对整个渠道形势进行分析和把握，确定好全国渠道分销的模式，在一些市场有所为，自己亲自掌控终端；在一些市场要有所不为，把事情交给经销商去做。

在一级市场，中大型商超已占主流地位，且一级市场的品牌营销力、市场的示范效应和高额的流量等原因，都使企业不得不在一级市场积极嫁接和进入新兴渠道为主，自己直营一级市场。一方面，可以加强企业的产品力和品牌力，提高对此类渠道的掌控力；另一方面，通过改进管理水平，可以加强与新兴渠道的协同能力；同时，以传统渠道为辅助，可以覆盖某些差异化细分市场和覆盖中心城市周边地区。

在二、三级市场上以传统分销渠道为主，企业积极协助经销商导入深度分销的模式，构建以企业为主导的"共赢的营销价值链"。企业通过区域办事处和客户顾问，给经销商提供深度分销等各方面支持和服务，帮助经销商在自己的市场上掌控终端，开展深度分销，覆盖二、三级市场。

在构建营销价值链的过程中，企业可以采取"联销体""利益共同体"等各种方式，以利益共享为纽带，以企业深入的市场顾问支持和服务为后盾，使经销商积极开展深度分销，并愿意长期与企业合作。

需要注意的一点是，开展深度分销要选择核心经销商和优秀终端。

优秀的经销商往往掌控甚至拥有一些销量较好的明星终端，或者是一家经销商掌控了大量的终端资源而形成终端销量的聚集效应，通过开发并掌控此二类经销商为核心经销商，从而使厂家掌握了大量的终端资源和明星终端。

企业达成并巩固与核心客户的结盟与合作，是掌控零售终端网络并实现区域市场第一关键所在。之后，企业要对核心客户提供全面的服务支持，提高其分销效能和协同能力。通过核心经销商的协助，使厂家影响到终端的实际销售行为，通过进货管理、库存管理、促销管理及人员管理等措施，直接控制本品牌在该终端销量的提升。

提升客户关系，构建营销链，在分销的终端上构筑强有力的支持体系，通过增值服务和经营顾问，深化与各环节客户的关系，通过营销链的协同提升客户关系价值。

三、厂商分工合作，掌控终端

渠道分销模式和营销价值链构建完成后，厂商双方要在"共赢协同"的基础上，围绕终端运作的需要，进行合理分工协作。

在渠道扁平化的一级市场，大型卖场和专业连锁等新兴终端的运作以厂家为主、经销商为辅，由厂家直供和维护，经销商承担配送、仓储职能，而其他小门店等传统终端则以经销商运作为主，厂家负责支持和指导。

在以传统终端为主的二、三级市场则采用分销模式，终端运作以经销商为主，厂家派出客户顾问，提供帮助与指导，并提供相应的资源支持。

厂商合理分工的目的就是为了掌控终端，掌控了终端，就掌控了销售的主动权。掌控了终端的品牌或厂家，就可以根据自己的销量目标和实际销售情况有计划、主动性地开展销售攻势，通过终端作用来影响消费者的购买，从而达到提升销量的目的。

掌控终端的内容包含三个方面。

第一，监控销量。掌控终端并不简单是指"把货铺到终端，顺利上架出样"，而是通过对终端销量数据的监控及分析，明了终端销售的具体情况。

第二，推动销售。通过了解到终端的销售情况，有计划和有目的地策划并开展终端促销活动，直接推动终端销量。

第三，客户顾问。通过全面提升与终端客户的客情关系，以"客户顾问"的姿

态切入终端运作，为终端客户提供增值服务，从而巩固客情关系，提升品牌在终端的影响力，影响终端销售行为。

企业的目标是建立贴近目标顾客、覆盖区域的营销网络体系，达成网络的"航空港"建设。在终端网络的构成方面，通过调查与分析，把优秀零售终端纳入网络，规划合理分布、全面覆盖的网络方案；再综合利用厂、商影响，进入优秀终端，完成以配送补货为特征的初始网络。

然后，强化网络的维护工作，加强物流、商流、资金流和信息流的管理，实现网络的有效出货并保持市场秩序，协调网络冲突，维护成员利润。同时，巩固网络，提供持续的综合服务与支持，改善其经营效率和赢利水平，不断提高巡访客户的质量，深化关系，加强影响力和掌控力。

企业要有效和合理地激励、积极引导终端进行专销或主销，并建立终端档案和巡访流程、终端巡访路线、终端陈列规范和终端促销规范等，采取制度化、图表化管理的方式规范业务人员和经销商的行为。加强客情维护和经营指导，及时排忧解难，持续有效出货，并协调好经销商和终端之间的关系。

需要强调的是，有了明确的终端巡访路线和巡访制度后，业务人员必须按照标准、高效的方式进行终端巡访，以确保终端信息情报、产品陈列和发现市场机会。

另外，在终端网络管理上要建立三条线：主攻线是以导购员、客户顾问和业务经理构成的巡访及开发维护线；并再建立另外两条助攻线，即出宣传推广线和促销服务线组成。

在营销组织的建设上，深度分销非常强调业务员的业务素质和职业技能，要求业务员们从原来的"接单、收款、泡大户"业务游民转化为"提供经营管理系统解决方案"的客户顾问；要从散兵游勇转型成为种田式的职业选手；要为经销商和终端老板提供包括市场信息、订货计划、物流配送、账目管理、促销实施、门店打理和客户服务等全方位的综合服务。如何将一群散兵游勇改造成一个高效的职业化营销队伍，这是企业的难题。

深度分销阶段，企业要强调团队的力量。本阶段，企业不需要英雄业务员，只需要平凡人，让一群平凡人做出不平凡的业绩，所以，企业的担子极重，要选好人、制定完善的流程和管理制度，并加强业务员的培训，使业务团队最终能承担起深度分销的重大使命。

第三节 优化服务模式

突出服务个性化

艾拉马塔沙是美国消费者协会主席，他曾说过："我们现在正从过去的大众化消费进入个性化消费时代，大众化消费的时代即将结束。现在的消费者可以大胆地、随心所欲地下指令，以获取特殊的、与众不同的服务。"从这句话中，可以反映出消费者地位的变化，同时也反应出服务个性化的需求。

传统市场营销观念把顾客看做是具有相似消费需求群体的一员，根本没有把顾客当做具有独特需要的个体看待，因此所提供的服务只能满足目标市场顾客的相似需要而不能满足每一个顾客个性化的需要。顾客满意在很大程度上带有片面性和局限性。因此，要使顾客全面满意，必须提供个性化的服务。

针对服务个性化的需求，我们来举一个事例说明。

杭州电信的企事业用户已达到 15 万家，其中宽带网络走进了公安、税务、交通、教育、烟草、医药、商贸等各行各业，为它们提供个性化服务。杭州电信将光纤接入和 VPN 网络技术融入现代警务管理机制，杭州市上城区公安分局联手杭州电信推出了"延安路科技防范一条街"。

据杭州电信的技术人员介绍，这是利用电信 VPN 网络为城市现代化管理提供的一种手段，通过在延安路、湖滨路等商贸旅游特色街区安装十几只 24 小时"值班"的电子摄像探头，以遏制特色街区刑事案发率。目前，这一模式已经在全市推广应用。

目前，杭州市国税局的"国税网上办税 VPDN 虚拟专网"已正式投入使用。由于采用了中国电信 IP 虚拟通道技术和两次认证手段，使用户利用专网进行网上办税时，数据不会暴露在公网上，有效防止了数据中途被窃取、篡改和丢失的情况，保障了用户涉税信息的安全和保密。杭州市税务局的相关人士表示，专网开通以来，

用户数量不断增加，并使专网办税更便捷。

并且，杭州南山路、延安路、环城西路、庆春路等几条骨干道路上的公交站牌都穿上了智能化的"新衣"，上面清清楚楚地写着公交开到哪里，还有多久就能到站。这种智能站牌是杭州电信公司和市公交公司联合开发的信息平台，该平台运用中国电信 ADSL 宽带技术和 GPS 卫星定位系统，通过内置计算机及远程控制软件接收和处理有关信息，使卫星系统获取车辆的实时位置，再通过候车亭的电子站牌显示出来，达到发布公交车运行信息的目的。同时，这种聪明的站牌还可以发布天气预报、出行参考等服务信息。

另外，旅馆业管理是公安部门对暂住人口管理的重要组成部分。为提升公安部门对暂住人口的管理水平，杭州电信通过宽带 VPN 组网方式，为市公安局建设了稳定、详细、动态的"暂住人口信息采集和管理专网"，将杭州市暂住人口的信息采集和管理体系延伸到全市每个出租房、宾馆和招待所。目前，杭州地区都采用 ADSL－VPN 的方式上传身份证信息。通过宽带上传资料，上传时间大大缩短了，同时还可以长时间在线，保证了公安系统对暂住人口资料管理的及时性和有效性。

利用先进的宽带虚拟网（VPN）技术，杭州电信与政府部门合作，建设杭州市就业信息服务网络。通过宽带 VPN 组网方案解决了社区、街道、城区之间的信息共享，实现了杭州市就业管理服务局与杭州地区七县（市、区）及各个街道、社区共500 多个就业信息网点的互联互通，形成了一个宽带、多能、高效、安全的综合网络体系，成为全国覆盖与分布点首屈一指的就业信息网。借此，下岗失业人员不出社区就可以得到相应的就业和社会保障服务。

如今，杭州的医药行业规模迅速扩张，药店数量激增，并出现了大量的连锁药店及大型单体药店。为适应医药连锁行业的信息化需求，杭州电信推出了"ADSL 光纤混合接 AVPN"组网方案。该方案安全性高、覆盖广、施工周期快、性价比合理，且多种可选速率能充分满足医药连锁药店的内部组网要求和企业注重经济效益的特点。杭州武林药店有限公司 18 家连锁店很快选择了杭州电信的这一方案，通过电信宽带组建了内部网络，不但按时全部通过了医保定点药店认证，而且有力地促进了企业的连锁化、规范化、集约化发展。

通过杭州电信提供的 ADSL－VPN 网络，浙江省福利彩票中心实现了全省福利彩票销售联网。500 多个福利彩票销售点的投注信息可以实时传输到省福利彩票中心，保证彩民投注信息传送畅通、及时。而在福利彩票销售没有联网以前，彩票销售结束后一定时间段内需要集中传送所有投注信息，经常出现网络堵塞的情况。联网以后，实时传输信息速度快、准确率高，更利于省福利彩票中心统一管理。

杭州电信与市烟草公司合作之后，又组建了杭州烟草市本级及二区五县市零售户一体化的信息网络——"家家 e"平台，由此卷烟销售启用了全新的物流配送渠道。通过网络，遍布杭州大街小巷的烟草专卖店可以用固定电话、短消息的方式向烟草公司订货或进行信息交流。通过搭建这样一个批零一体、互联信息的平台，烟草公司可以全面掌握购、销、存的信息，及时获悉销售走势分析、客户赢利分析、品牌分析等多种信息。

从杭州电信案例中可以看出，当今的服务已不再是"千人一面"，而应是"千人千面"。服务只有个性化，有自己的特色，才能得到消费者的垂青。

市场由卖方市场向买方市场的转轨过程中，营销开始由传统服务营销向一对一个性服务营销转变。传统服务营销是开发出一种产品后努力去寻找顾客，而一对一个性服务营销则是培育出一位顾客后努力为其搜寻产品。

一对一个性服务营销是指识别、记录个体消费者的个性化需求特征，并运用针对性的营销策略组合去满足其需求，从而达到消费者和企业共同满意的活动过程。

一对一个性服务营销核心是以顾客份额为中心，通过与每一位客户的互动对话，与客户逐一建立持久、长远的双赢关系，为客户提供定制化的产品和服务。

从理论角度看，一对一个性服务营销的产生得益于关系营销和数据库营销的发展。关系营销强调建立、保持和发展同现有顾客的长期交换关系，这为一对一个性服务营销提供了理论基础；而数据库营销强调顾客信息的收集、处理和使用，则为一对一个性服务营销提供了有力的技术支持和操作手段。

因此，企业给每位顾客提供个性化服务，从市场营销的角度看，就必须把每个顾客作为一个细分市场。企业必须改变以往"以生产为导向"的观念，建立"以顾客需要为中心"的营销观念。与顾客联盟的最大好处是能够很快掌握顾客需求变化的动态；此外，与顾客联盟能够及时得到顾客的指导。

千万不要小看现代的顾客，他们中很大一部分是各个方面的专家，他们最了解产品所存在的不足，最清楚今后的发展趋势。只有及时收集这方面的意见和建议，才能留住更多的回头客。专家型的顾客扮演着前导指示的角色，告诉你市场的走向，

提供给你各种点子。拜顾客为师，企业才能在个性化服务中精益求精，以超越现有产品和服务，为顾客提供更大的附加价值。

突出服务品牌化

服务品牌是指服务机构或其他服务部门、服务岗位、服务人员、服务生产线、服务活动、服务环境、服务设施、服务工具乃至服务对象的名称或其他标识符号，是一个涵盖很广的概念。

而服务品牌化是指服务机构建立自己各种服务品牌和利用品牌来促进营销，也就是品牌营销。由于品牌是有形的，所以服务品牌化是服务的一种有形化，品牌化策略则是服务的一种有形化策略。

那么，服务的品牌化对营销有什么样的意义呢？

第一，有利于顾客对服务特色的识别和建立。由于服务的无形性，服务机构的服务特色比较难以识别和建立，而服务品牌作为服务的一种有形线索能向市场提示服务特色，从而有利于服务特色的识别和建立。

第二，有利于保护服务知识产权和促进服务创新。有品牌的服务创新，一旦注册以后就拥有了受法律保护的知识产权，因此服务品牌化有利于促进服务机构的创新。

第三，有利于服务机构的内部营销。服务"机构品牌"可以起到传达机构服务理念的作用，服务"人员品牌"可以起到服务榜样作用，而这些正是促进服务机构内部营销的有利因素。

第四，有利于服务机构的关系营销。服务机构一旦树立了自己的品牌，尤其成了名牌，那么，无论对保持老顾客、争取新顾客或发展社会关系都十分有利。一是品牌尤其名牌或所谓"老字号"店牌，可以不断提醒老顾客保持对服务机构的忠诚；二是品牌有助于老顾客进行口碑"宣传"，从而有利于发展新顾客；三是品牌可以传播机构形象，从而有利于发展服务机构与供应商、中间商、人才市场、金融市场和社区等各方面的关系。

第五，有利于拓展服务渠道和服务市场。服务渠道的拓展往往涉及服务品牌的有偿或无偿转让，而服务机构一旦拥有著名品牌，这种转让就可能比较顺利一些，因而比较有利于服务渠道的拓展。

针对服务品牌化，我们来举一个事例说明。

2001 年，奇瑞轿车开始进入市场。于是，奇瑞公司就着手把售后服务打造成奇瑞参与市场竞争的利器。历年来，随着服务市场的竞争及奇瑞的发展速度，其先后提出"服务无边、满意有度、诚信为本、终生朋友"的服务宗旨、"主动、快捷、有效、满意"的执行准则和"真心、真情、真行动"的服务方针。2006 年 3 月 15 日，奇瑞公司在北京颁布了"快乐体验"服务品牌，迈出了奇瑞服务进入品牌管理的新纪元。

但是，一个从零开始的汽车品牌，没有基础，没有靠山，要想在市场上站稳脚跟，需要付出比别人多得多的努力。回首这几年的辛苦历程，奇瑞售后服务做出的是一番足以让人动情的事业。

奇瑞自从 2001 年举办了"夏季送清凉"服务活动之后，极富奇瑞感情特色的服务活动就从未间断过。2006 年，奇瑞相继推出了"服务无极限、假日快乐新体验"春季服务活动、"清凉有约、快乐新体验"夏季服务活动、"金秋有礼四重奏、快乐服务新体验"秋季服务活动等。以上所列仅是奇瑞服务活动的很小一部分，每年根据不同季节设计的服务活动已成为奇瑞最具特色的服务产品之一。

为了能和客户更好地沟通，更好地倾听用户的心声，奇瑞创造性地推出了"用户恳谈会"这一沟通形式。2001 年以来，奇瑞已经多次在传统节日等时节，通过奇瑞的服务站邀请用户聚集在一起，与他们零距离接触，聆听他们对奇瑞的意见和建议，以提供他们想要的服务，制造他们喜爱的轿车。"用户恳谈会"已成为奇瑞一项基本的制度。

为了让客户更好地了解奇瑞服务动态，更好地了解汽车维修保养知识，奇瑞于每月出版两期服务半月刊，分发到全国 500 个奇瑞特约维修站，供用户阅读，全面提供了与用户沟通的新平台。

现今，奇瑞服务站网络已发展至近 500 家，其中销售与服务一体的 342 家，专营服务的 188 家。服务网络覆盖 31 个省和直辖市以及 310 个地级市、72 个县级市。在同行业内，奇瑞服务网络数量及密度已上升到行业先进水平。网络数量的大增，对市场和用户而言，服务及时性和方便性也得到快速提高。

奇瑞在 2006 年启动了"样板服务站工程"，20 家优秀服务商在 500 家销售服务商中脱颖而出，全面提升服务软、硬件设施，带动全体销售服务商树立起奇瑞

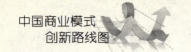

全新、全面的服务形象。2006年，奇瑞再次升级，推出手机用户随时可拨打的"400－883－8888"客户服务热线，彻底改变了800电话只能用固定电话拨打的局限。

从奇瑞的案例中我们可以看出，服务品牌化策略是一个企业各个部门共同执行的市场营销攻略。与汽车工业发达国家相比，我国的汽车售后服务业才刚刚起步。目前，我国汽车市场销售额中配件占37%，制造商占43%，零售占8%，服务占12%。与此相对应的是在国外成熟的汽车市场销售额中，配件占39%，制造商占21%，零售占7%，服务占33%，这也说明我国汽车售后服务业的发展任重而道远。从汽车工业的发展趋势看，今后国内汽车行业的竞争就是涵盖了价格、质量、售后服务及品牌形象等在内的综合能力的竞争。谁能尽快提升本品牌的综合能力，谁就能在竞争中取得优势。虽说品牌化的售后服务是汽车厂家与经销商建立品牌形象、提高市场份额的手段，但是从车主的角度来讲，所得实惠应远超过以往简单形式的售后服务或者单纯的打折回馈。品牌化的售后服务可以达到消费者与厂家、经销商的多赢，从而使整个汽车行业走向良性发展的正轨。

可见，服务品牌化关键是建立和发展品牌。从服务营销的实践看，服务品牌化的建立和发展，应注意以下要点。

第一，服务的个性化、特色化。要建立、发展服务品牌，就要建立、发展服务的个性和特色。

第二，利用"名人效应"。服务品牌的建立可以利用所谓"名人效应"，即市场上存在的"名人出名品"的认识心理效应。

第三，服务机构的评级。服务机构的评级，有利于服务品牌的建立和发展，因为服务等级可以直接向顾客明示服务规模、质量和水平等服务信息。一家服务机构等级的提高，显然有利于其服务品牌的建立和发展。

第四，服务机构的行业排名。服务机构的行业排名或市场排行榜也可以直接向顾客明示服务规模、质量和水平等服务信息。一家服务机构排名的上升，显然有利于它服务品牌的建立和发展。

第五，服务机构的评奖。服务机构的获奖，多少也能反映它优良的服务规模、质量和水平。服务机构要积极参加国内、国际服务业的各种评奖活动，评上了可以较快地扩大品牌知名度；没评上，也可以找到差距，以利于下次再评。

突出服务差异化

随着社会的进步，市场竞争越来越激烈，竞争对手间的产品、服务和竞争手段越来越同质化。固有客户群体的购买形式、购买特点、购买心理及所在产业环境受到前所未有的冲击，客户接受服务的意识越来越强，对服务的要求也越来越高，已有的传统营销观念、营销模式、营销战略、营销构成元素及营销管理方式均随之发生极大的变化，并顺应其变革更新，突出表现为企业不仅需要保持满足客户的良好服务态度，还要求保证处理问题的及时性和有效性。这意味着企业不仅要提供代表良好形象的服务窗口，而且还需要整合企业内部资源，提供可靠的支撑，保证企业信誉和服务质量，只有这样才能有效地获得客户满意度。

针对大多数企业而言，客户最为关心的是：能够在自己想要购买的场所随时可以购买、享受到同样品质的产品和服务。然而除了一些基本的要求外，不同地区、不同目标市场客户在产品使用、售后服务等方面可能有着迥然不同的需求，特别是在区域文化差异性较大的市场，对产品和服务的差异性尤为突出。正因为如此，企业在制定客户服务战略时必须考虑到客户的差异性，也只有在这些差异性的基础上，针对不同的市场结构、不同的客户对象，根据所处的环境、自身的目标及竞争对手的情况等因素，企业才能制定出成功的客户服务战略，由此以客户为导向的全新营销模式——差异化服务战略应运而生。

每一种服务都会有一系列的特征而区别于其他服务，其中的一些特征可能是实质性的，另外一些则可能是感觉上的。企业在市场定位时将面临一项重要的抉择，即向目标顾客推销其服务所需的特征数量究竟是一个还是多个。但是，不论如何，企业必须承认和接受服务产品在顾客心目中已有的形象及其看法，如果试图否认或挑战顾客的已有认识，肯定会造成失败的结局。

差异化服务战略在内涵上主要包括以下几个方面的营销革新观点：

第一，在营销战略构成上，将形象营销、概念营销、关系营销、服务营销、信息营销等营销模式融为一体；

第二，在管理模式上，是自外而内的平行沟通与自上而下的短平垂直管理相结合的互动式管理模式；

第三，在执行运作上，实行对特定客户群的项目运作责任制；

第四，在组织构架上，除原有营销部门（如市场部、策划部、销售部、公关推广部、客户服务部等营销部门）外，必须着重建设信息情报部门、培训部门，并采取流程化管理，以顺应全新的营销理念。

因此，差异化服务战略是企业运用新知识、新方法整合配置企业内所有资源，整体设计企业的科技力、资本力、生产力、文化力、组织力等诸多方面的管理体系，将组织理念、行为、产品、服务及一切可感知的形象，实现统一化、合理化、标准化与规范化，使之成为能够认知、辨别、评价企业最终服务质量的依据，是促成潜在客户购买企业服务、培育客户忠诚，并且使企业在经营竞争中赢得客户的有力手段，是企业塑造核心竞争能力、对内对外相互沟通衔接的经营战略体系。

针对如何突出服务差异化，我们来举一个事例说明。

现在的汽车消费日趋个性化，汽车厂商越来越重视品牌及产品的个性化服务和体验。上汽荣威在延承了传统的服务理念和内容基础上，创新推出了多个差异化服务内容，意图提升其品牌形象。

汽车厂商还专为荣威首批车主提供一对一式免费检测活动，在全国各地荣威销售展厅举行，这是荣威750上市以来首次举行的全国性的免费检测活动，也是中高级轿车市场领域首次开展的"一对一"式服务。此次活动中，每一位车主都配以一个专业服务顾问，从预约、上门接车、全方位检测，再到接车主至4S店拿车的专项服务，令众多车主感觉很新鲜。

荣威第一次免费检测活动所涵盖的内容非常广泛，除了空调检测、确保车主清凉度夏外，还包括12项常规、8项深化行驶与安全检查以及多项增值服务，如车内饰清洁、洗车、PDI作业等多项专业化服务。所有荣威授权经销商都将参与到该项服务活动中来。

从上面案例中我们可以看出，本次大规模服务活动标志着上汽荣威"尊荣体验"服务品牌的实施进入实质性的售后服务阶段，也凸显了国内汽车业必将向服务时代迈进。

为排除差异化服务战略过程中的障碍因素，整合营销过程中在决策、组织与执行层面各个有利资源，使整体服务由零敲碎打向统筹规划、精耕细作的差异化服务战略方向发展，有效把握服务过程中起着关键作用的各个必要因素，确立切实可行的差异化服务战略方向。发挥差异化服务战略在组织与客户中的最大互动沟通作用，取得预期的服务效果应注意以下几点。

第一，差异化服务战略必须由高层往下开展。不管企业的结构或其业务形态为何，差异化服务战略计划必须由高层管理阶层开始推行，并向下渗透到整个企业，而不是由中层或基层开始。在这里，领导的态度是非常重要的，最高执行者必须主动支持差异化服务战略的计划，排除阻碍。这意味着不仅要有财务上的支持，而且要积极地以一种指导、提起甚至鼓舞的方式加以支援，让每个员工均清楚了解差异化服务战略的重要性。

第二，扁平化垂直管理与平行沟通的互动作用。垂直的管理，可使任务准确下达与执行，保持固有的快速反应与连贯性。同时，扁平的管理模式减少了管理过程中不必要的环节，避免了管理层或执行层相互扯皮、贻误战机。在实行扁平化垂直管理的同时，组织内部的平行沟通将使决策层的理念与执行层的思维有机融合，产生互动沟通的合力，并协调一致，通过激情碰撞与营销观念的共享，整合有效资源，使差异化服务战略具备最大竞争性与最大涵盖面。

第三，客户导向的营销。差异化服务战略要能有效运作，就必须适时关注客户，随时随地关心各阶层消费者，搜取有关资讯，以便了解与满足客户需求，并获取优质客户群，而不仅限于制造产品或提供服务。也就是说，它必须使其营销计划更能迎合客户的需求，更重要的是必须遵循企业的理念：以满足客户的需要为目的，这是差异化服务战略取得成功所必备的条件。事实上，差异化服务战略必须成为实际有效的竞争优势，才能使企业在市场上继续生存。这需要最高管理阶层与执行阶层共同采用新的思考方式和对服务文化的重新认识。

第四，差异化服务战略活动必须由"中央"控制。集中化或合并的营销功能是必备的，只有由"中央"控制的企业才可能有高瞻远瞩的营销计划、建构完整的策略，也唯有这些计划及策略才能使企业所建立的品牌，在市场上屹立不倒。差异化服务战略的功能必须由企业的最高领导阶层所掌握，而且它必须被视为主要活动，就如同财务或企业其他的功能一般。规划和组织良好的营销策略固然有可能获得短期局部成功，但全面性的成功必须依赖对整个企业发展方向与经营运作有通盘了解的主要负责人来掌控。同时，由"中央"控制的差异化服务战略，将改变企业与下属企业在营销上欠缺规划，以至形象不明确、不统一，造成营销效果减弱、隐性成本上升的局面。

差异化服务战略的计划必须协调运作，所以营销组织必须致力于和每一个客户

沟通，并科学区分优质客户群体，建立一个清楚而简单的关系。差异化服务战略既是如此重要，绝不能由非专业性的经理人员来掌控，因为掌控差异化服务战略，就是掌控着企业的未来。

第五，充分授权，清晰明了。对分管人员要充分授权，使差异化服务战略从市场调研、目标确定、整体规划、计划制订到计划执行、效果测定、整体控制，均能够顺畅、有效进行，并获取其他有关部门的有力支持。而授权的明晰化，将有效地调动分管人员在专业上的潜力与能动性，并能合理地控制差异化服务战略的成本与效果。二者有机地结合，可使决策层与执行层之间的诸多理念更易达成共识，连接更加紧密，也使管理过程更加简单、明确、有效。

突出服务标准化

众所周知，企业的生命在于质量，质量的保证在于科学管理，科学管理的一个重要内容和方法就是标准化。标准化是指在经济技术、科学及管理等社会实践中，对重复性事物和概念，通过制定、实施标准达到统一，以获得满意秩序和社会效益的过程。简单地讲，就是在一定范围内制定发布标准、贯彻实施标准并进行监督检查。而服务标准化就是指企业在服务领域通过规范化的管理制度、统一的技术标准和服务岗位上的工作项目、程序与预定目标的设计和培训，向顾客提供统一的、可追溯的和可检验的重复服务。

服务的标准化可以从不同的角度和侧面细化进行，主要从以下两个方面进行讨论。一是服务流程层面，即服务的递送系统，向顾客提供满足其需求的各个有序服务步骤。服务流程标准的建立，要求对适合这种流程服务标准的目标顾客提供相同步骤的服务。二是提供的具体服务层面，即在各个服务环节中人性的一面。在一项服务接触或"真实的瞬间"中，服务人员所展现出来的仪表、语言、态度和行为等。

服务流程标准化着眼于整体的服务，采用系统的方法，通过改善整个服务体系内的分工和合作方式，优化整个服务流程，从而提高服务的效率，寻求服务质量的保证。

顾客在接受服务的过程中，有两种希望：一方面希望获得专业化的服务，另一方面也希望得到极大的便利，减少等候的时间，方便结算。所以，在进行服务流程标准的设计过程中，要以向顾客提供便利为原则，而不是为了公司内部实施方便等。比如，病人到医院看病，要经历排队挂号、排队就诊、排队付款、取药四个环节。即便是每个环节的服务人员都工作得非常出色，也很难让病人满意。患者身体本来就已经很不舒服了，还要忍受这一系列烦琐的事情，即使由其他人代替，这也不是一个让人愉悦的过程。从某种程度上来讲，其流程还有待于进一步优化，以最大的可能来满足顾客的便利。

通常情况下，服务是生产与消费同步进行的，如美容店的服务在没有出售前是不能提供出来的，服务在生产的时候同时被消费。这种同步性也意味着较高的顾客参与度。服务的质量与顾客满意度将在很大程度上依赖于"真实瞬间"的情况，如果能在这些"接触瞬间"提炼出可以标准化的部分，对企业本身而言无疑是一大挑战，同时也会成为服务的亮点。"接触点"的服务标准主要体现为服务人员的仪表、语言、态度和行为标准等。

针对服务标准化，我们来举例说明一下。

《三孔名胜景区服务质量要求》等十项地方服务标准的发布实施之后，孔子故里——曲阜已形成包括国家、行业、地方标准，以旅游服务质量标准为主体，涵盖食、行、游、住、购、娱六大旅游服务要素的较为完善的旅游服务标准体系，逐步实现了旅游服务标准化，促进了旅游服务水平不断提高。

在山东省的经济发展中，旅游业占有举足轻重的地位，同时也是曲阜市的经济支柱产业。作为世界历史文化名城和伟大思想家、教育家和儒家学派创始人孔子的诞生地，曲阜以悠久的历史文化、丰富的地下文物和雄伟的建筑享誉世界，孔庙、孔府、孔林被世界教科文组织列为世界文化遗产，是国家 AAAA 级名胜景区。

在 2004 年，围绕山东省提出的"一山一水一圣人"等旅游发展规划，经曲阜市人民政府申请，山东省质监局、旅游局批准设立曲阜市旅游服务标准化试点项目，计划通过建立曲阜市旅游服务标准体系，对曲阜市的三孔景区以及交通、餐饮、住宿等相关旅游服务活动进行规范，积极打造三孔服务品牌。

《三孔名胜景区服务质量要求》经过一年多的实施，曲阜市已起草制定了三孔名胜景区服务质量要求、解说要求、曲阜市旅游购物商店服务质量要求等十项旅游服务标准，并印发至有关旅游管理部门和企业作为指导和实施旅游服务标准化的依

据，进一步规范了三孔名胜景区的旅游服务质量。

一位山东省质监局标准化工作负责人介绍，曲阜旅游服务标准化试点项目的实施，将促进曲阜旅游资源优势转化成为旅游产业的品牌优势。今后，山东省质监局、旅游局将在此基础上，在全省旅游景点推广曲阜的旅游标准化经验，以推动山东省旅游业和服务业的发展。

服务是无形的，是一种过程、行动和表现，而不是实物，所以不能像感觉有形商品那样来看清、感觉或触摸到服务。由于服务的这种无形性，顾客在接受服务之前就很难识别和把握服务的质量，并且服务基本上是由人表现出来的一系列行为，服务员和顾客的差异，决定了服务的高度异质性，顾客及企业本身对提供服务的质量都很难达到理想的预期。企业非常有必要通过确定一系列清晰、简洁、可观测和现实可行的服务标准，减少质量信息的双方不对称，使顾客可以根据国家、行业和企业标准对服务质量有一个合理的预期，保证服务质量的稳定性。

有效的沟通在服务的过程中也是特别重要的，如果做不到这一点，即使世界上最有效的服务思想也会烟消云散。这当然需要很多服务技巧，比如，服务人员要学会倾听、学会沉默；不仅要注重语言交流，还要注重非语言交流，但其中适中的语言表达是非常关键的。服务人员应使用标准语言，首先应该包括一些基本的礼貌语言标准，包括顾客来了要说"欢迎光临"，客人离店时要讲"祝您愉快"或"欢迎您再次光临"，客人讲"谢谢"时要答"不用谢"；等等。

此外，服务人员要将一些专业知识语言以顾客追求的利益诉求方式传递给顾客，即将产品或服务的属性转化为功能或情感利益，这样可以使顾客能够更加明确地把握产品利益。

最早提出对时间动作进行研究的是泰勒，为人们工作的每一个构成环节制订一种科学方法，以代替旧有的只凭经验的工作方式，试图确定完成每项工作的最佳方式。泰勒通过对时间的研究及观察工人工作时的动作，确定完成工作过程中每一个环节所需消耗的时间，仔细观察每项特殊工作中可以测量的方面，得以发现工人具体在做什么以及如何做。对劳动者在劳动过程中的各种动作进行分析，取消无用的多余动作，使剩余的动作都成为必要的、良好的标准动作，通过这种科学的研究来提高工作效率和工作质量。

在与顾客的接触过程中，服务人员的动作是非常有必要进行规范的，即对服务接触过程中服务人员动作进行标准化。这样可以实现诸如 UPS 送货司机那样的高效率，更重要的是以顾客所期望的动作标准来为其服务，在顾客心目中建立一个良好的服务形象，尽可能避免由服务人员的经验动作而带来顾客的不满。

切记：服务态度是服务人员对顾客的思想情感及其行为举止的综合表现，包括对顾客的主动热情程度、敬重和礼貌程度，服务态度是衡量服务质量的一项重要标准和内容。

第四节　创建客户忠诚度

从市场份额到客户份额

有一句话是这样说的："赚所有的人一次钱，是运气；赚一个人所有的钱，是学问！"是的，赚一次所有人的钱很难，就算出现了，也是运气与偶然性；但赚一个人所有的钱是有可能的，也是大有学问的。这就要看你是如何处理与客户之间的关系，如何运用这门学问了。

依据"二八原则"，企业 80% 的利润，往往是由 20% 的忠诚顾客创造的，因此企业要想持续经营，就必须稳定住忠诚客源，这就需要企业在如何留住客户方面下一些工夫。

而今，越来越多的企业"从以产品为中心"全面转向"以客户为中心"，应用客户关系管理将成为企业应对新一轮激烈竞争的有效手段，也是企业无法逃避的课题。客户关系管理是企业的一种战略选择，客户也已成为企业最宝贵的资源之一。

可见，客户关系管理是越来越重要了。客户关系管理不仅是保护好客户资源最有效的战略，更是实现利润最大化的最有效方法。客户关系管理的目的是通过企业不断改进与客户关系的流程，提高客户满意度和忠诚度，提高企业效率和利润水平。客户关系管理不仅帮助企业从竞争对手那里争夺客户、留住客户，也帮助企业提高客户满意度，最大化客户价值，从而提高企业利润。

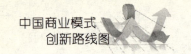

客户关系管理的推广是因为所有企业都离不开客户，企业80%的问题都与客户相关，没有客户一切都是空谈，解决客户的问题就是解决企业的问题。

商业模式的价值传递系统，第一个步骤就是传播和沟通客户需求；第二个步骤是交付客户价值；第三个步骤就是将价值的沟通与交付转换成为与客户之间的持久关系，从而让客户能够一次又一次地从本企业进行购买，成为忠诚顾客。

先前的价值传递和营销，强调的是品牌、大众营销以及市场份额。随着客户关系管理时代的到来，当今更加关注一对一的营销、合作关系以及用户化定制的解决方案。这种新的价值传递方式，强调的是通过与20%的忠诚大客户达成业务来赢得更大的市场份额，而不是强调通过吸引另外80%不忠诚的小客户来建立起市场销售基础。

这种客户忠诚度，可以为企业带来很多好处。

第一，降低企业招揽新客户的成本。开发一个新客户比留住一个现有客户的成本要高出5~6倍，因为保持客户忠诚度可以帮助企业节省用于获得新客户而在广告宣传、销售佣金以及管理时间等方面的成本。

第二，增加市场份额。通过新的业务模式，可以扩大企业经营活动范围，及时把握新的市场机会，占领更多的市场份额。曾有统计资料显示：通过提供优质服务满足和留住客户，市场份额每年可平均增加6%，在实施系统的前三年内，预计每个销售代表的年销售总额至少增长10%，预计销售成功率至少提升5%。向现有客户销售的概率是50%，而向一个新客户销售产品的概率仅有15%。

第三，提高运营效率，降低运营成本。通过客户关系管理，可以提高企业处理流程的能力，提高企业员工的服务能力，并有效减少企业培训需求，使企业内部能够更高效地运转。随着客户对企业越来越了解，服务于客户所需要的成本也就相应降低。在实施系统的前三年内，一般的市场销售费用和管理费用至少减少5%。保持一个消费者的营销费用仅是吸引一个新消费者的营销费用的1/5。

第四，提升利润。在应用系统的过程中，每笔生意价值至少增加1%的边际利润。长期来讲，顾客的忠诚度及长期价值是一次性购买价值的10倍。客户忠诚度如果下降5%，企业利润则下降25%。如果每年的客户关系保持率增加5%，可能使企业利润增长85%。有数据表明：常规企业每年的客户流失率超过10%；争取一个新客户所耗费的成本是保持一名现有客户的5倍；如果客户的流失率降低5%，其利润就能增加25%~85%；而在直接面对终端消费者的保健品行业中，1万个忠诚顾客每年可以多带来 3000 万元甚至更高的销售额。

第五，忠诚的客户还会向他们的朋友、亲人和同学进行口碑传播，会帮助企业带来新客户，而企业却无须为此支付任何费用。企业 60% 的新客户来自现有客户的推荐。

第六，保留住客户。客户可以自己选择喜欢的方式，同企业进行交流，方便地获取信息并得到更好的服务。客户满意度的提高，可帮助企业保留更多的老客户，并更好地吸引新客户。

任何产品（尤其是直接面对终端消费者的产品）的流通过程，必须由客户"服用"或"使用"完毕才算完整，像送礼这种没有直接被消费完毕的行为只是产品流通中的一个环节。以保健品为例，其目标人群根据定位的不同，在一个城市、一段时期内都是相对固定的，比如近两年来在上海一直畅销的"昂立舒渴"，其目标人群就是上海市相对稳定的糖尿病患者人群。而由于不同的保健品具备不同的产品特性，对某一种特性的依赖导致一个消费者如果正在服用 A 产品，那么他就不可能同时服用 B 产品。

"客户份额"是指在一个城市里，使用某种产品的人群在符合该产品特性的目标人群中所占有的比率。这个占有率是企业最应该关注的话题，因为这个比率的高低将直接反映产品在终端客户的销售额、产品的赢利状况以及客户购买潜力的大小，而这些都是主宰企业发展的最重要因素。

但是，在一个城市中，你能够占领的客户份额究竟是多少呢？该如何计算呢？

上海的 CRM 专家就曾对客户份额对于销售的重要性做过计算和分析。他以某种保健品在杭州的销售为例，将计算分为以下四个步骤。

第一步，统计产品的定位人群——针对 45 岁以上中老年人的数据。杭州市的总人口有 500 万，根据 2000 年人口普查补充数据，中老年人大约占 15%，也就是说至少有 75 万（500 万 ×15%）中老年人。

第二步，计算我们能够接触到而且有购买能力的客户。根据"二八法则"，我们可以收集到可以接触到有购买能力的 15 万（75 万 ×20%）的客户数据，这 15 万数据就是实实在在你能够得到的数据，也就是你的目标人群。

第三步，统计出目标人群中有价值的客户。并不是所有收集到的目标人群数据都是有价值的。因此还要假设其中有 1/3 的数据无效或者根本不会产生购买需求，从 15 万人口中再折掉 1/3，那么至少也有 10 万（15 万 ×2/3）的数据，这 10 万就

是你可以通过争、抢、占领得到的有效数据。

第四步，计算"客户份额"。以你所占领的客户数据为分子，以15万目标人群为分母，得出的比率就是你的"客户份额"。根据分母固定分子越大比率越高的道理，作为保健品企业你应该不断吸引、增加消费者，这样才能不断提高你的"客户份额"。"客户份额"占领的目标应该是有价值客户与目标人群的比率，也就是10/15。当你真正地占领了10万的客户数据，当你的"客户份额"达到了10/15的目标，假设这10万目标人群中每年消费达到3000元的顾客占了20%，那么你从这些终端客户的钱袋中拿到的就是6000万元。

客户份额达到2/3，仅在杭州一个城市，一个保健品企业就可以实现销售额6000万元，从中我们可以发现，占领"客户份额"才是真正提升销售的重要手段。

因此，保有客户忠诚，就保有企业利润，而且能够降低企业成本。

客户关系管理亟待解决的问题

想把企业做大做强，成就一番大事业，就必须建立在长期持续交易的基础之上，实现一次销售只是初入市场求生存的小商人才追求的目标。因此，保持住已有顾客、发展新的顾客、密切客户对企业的新需求，并且逐步实现对顾客的个性化服务和管理，争取到尽量多的客户才能使企业获得大发展。

在实际的价值传递过程中，我们的企业经常忽略了与客户的交流、沟通和对客户的管理，所以导致了一些问题。如企业经常在以下问题上产生疑惑：

- 究竟有多少客户购买自己的产品？
- 有多少客户已经购买了两次以上？
- 有多少顾客只购买了一次就不买了？
- 有多少顾客已经超过三个月没有再次购买？
- 有多少顾客将在未来一周过生日？
- 有多少顾客从来没有联系过？
- 有多少顾客已经超过三个月没有再次联系了？
- ……

正是因为企业到现在仍然是被动营销，而不是主动营销，所以在客户沟通和关系营销方面限于被动。于是，导致一系列问题的出现：

- 为何新顾客常常"同床异梦"？
- 为何老客户经常不辞而别？
- 为何客户忠诚度越来越低？
- 为何销售人员之间频繁发生争抢客户问题？
- 为何对销售人员的奖惩只能凭人际沟通？
- 为何对销售人员的监管总是不力？
- 为何营销战略决策常常靠拍脑袋？

在这样的时刻，引入客户关系管理，就是最佳的选择。

顾客关系管理是指企业通过有效管理消费者的信息资源，提供顾客满意的产品和服务，和顾客建立起长期、稳定、相互信任的密切关系，使企业能以更低的成本、更高的效率来满足顾客的需求，更大程度地提高消费者的满意度和忠诚度，挽回失去的顾客、保留现有的顾客，并不断地吸引新的顾客，挖掘并牢牢地把握住能给企业带来最大价值的消费群体，从而提高企业的效益和竞争优势。

所以，从宏观层面讲，客户关系管理阐述的是一种客户管理理念，改变企业传统的思维模式；从中观层面讲，客户关系管理是客户的解决方案，改变企业的运营模式；从微观层面讲，客户关系管理可以改变企业的业务流程，提高员工工作效率。

客户关系管理的方法

关于客户关系管理的方法有哪些呢？一般分为五步来进行：第一步，建立客户营销数据库；第二步，分析客户；第三步，选择目标客户；第四步，进行大客户分级管理；第五步，根据以上系统展开有针对性的销售工作。

一、建立客户营销数据库，收集潜在客户信息

（1）客户的基础资料
（2）客户的经济状况
（3）客户购买特征
（4）客户以往的购买产品的种类
（5）主要的供应商及其满意状况

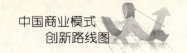
二、分析客户

1. 客户各类基本信息统计

能够随意查询会员客户情况；自动划分会员等级，让企业的销售经理轻松实施差异化营销，即可分别按任意指定年度、月度或日期自动统计出公司、部门、销售员、各销售点及产品等的年度、月度、日期销售报表，为营销管理决策提供依据。

2. 会员管理

自动提醒产品已经用完的客户；自动提醒已有多少天未跟踪顾客；自动提醒从未跟踪顾客；自动提醒客户已有多少天未再购买产品；自动提醒从未购买过产品的顾客。

3. 发现营销思路，找准目标顾客

客户关系管理不仅是对顾客信息的分析和会员的管理，最重要的是要找到营销的思路。如可以通过统计结果，发现公司忽略了收集客户的"工作单位"信息，使得企业失去了大量集团消费的可能；或者利用学历分析，就可以找到白领目标消费群；利用职业或工作状态分析，找到符合产品特定要求的消费群，召开产品答谢会，推出特定产品。

三、选择目标客户

（1）客户预购买服务的急迫性

（2）客户的问题是否短时间内见效

（3）客户可以购买服务的价格是否可观

四、进行大客户分级管理

五、根据相关分析，展开有针对性的销售工作

实施这种管理系统后，企业可以根据客户档案对消费产品的消费者进行自动评级，然后针对购买潜力最大的顾客进行重点跟踪，从而有效地提高销售效率。

根据对客户的分析，企业可以对客户展开贴心的"客户关怀"设计，如联谊会促销、赠品管理、会员优惠等实用的选项设置，帮助员工真正意义上地通过一对一的个性化服务完成对客户的终极服务。

总而言之，客户关系管理系统可以提供客户信息管理、销售管理、跟踪服务管理、调查管理、决策分析、内部交流、系统维护及会员积分管理等模块。这所有的服务模块，将从客户信息获取（研究怎样最有效地收集客户资料）、客户转换（研究怎样将潜在客户转换为成交客户）、客户保持（研究怎样对客户进行精细化服务，提升客户的价值，吸引他们重复消费并进行转介绍，展开企业业务拓展）等多方面全方位开展客户关系管理服务，以此来确保项目的成功实施并最终为企业获得最大的经济与社会效益。

第五节　供应链高效协同

产品分类

供应链是中国各行各业产业链薄弱环节最多的地方之一，也是利润流失最多的地方之一。根据专业分工理论，一个企业应该专注于自己最擅长的领域，然后将其他不擅长的领域外包或者与其他企业展开协作。如此，企业与供应商、下游渠道与终端、物流商，甚至其他行业的企业，就有可能搭建出专业协同、协作、一体化或横向整合的结构。这其中，供应链的高效协同会带来利润的增加。

可是，该如何建立供应链呢？该为自己的企业建立什么类型的供应链呢？

其实，要建立供应链，企业必须建立一种框架，然后从框架出发来选择适合自身特点的供应链管理模式。这种框架就是给企业自身的产品根据需求模式来分类，即分为两种类型：功能性产品和创新性产品。每种类型需要的供应链具有不同的特征：功能性产品需要效率型供应链；创新性产品需要灵敏反应型供应链。

我们可以把企业生产的产品主要分为两类，即功能性产品和创新性产品。功能性产品包括从大量零售商如超市买到的主要商品。这些产品满足基本需要，不会有太大的变化，因而需求稳定且可以预测，并且生命周期长，如食品业、汽油、房地产等。但是，稳定性易引起竞争，进而导致利润率降低。创新能使一家公司获得较高的利润，但是，创新产品的新颖却使需求不可预测。此外，创新性产品的生命周

期短（通常只有几个月），如手机等。这是由于仿制品的大量出现会使创新产品的竞争优势丧失，而公司被迫进行一连串的更新颖的创新。短生命周期和产品的多样化使需求更加不可预见。

供应链具有两种不同类型的功能：物质功能和市场调节功能。供应链的物质功能很显然的，它包括把原材料转变成零部件、元件直至成品以及它们在供应链各部分之间的运输。它能以最低的成本将原材料加工成零部件、半成品、产品，并将它们从价值链的一个节点运到另一个节点。市场调节功能的目的是使投入市场的各种产品达到愿意购买该产品的消费者手中，它能对市场需求作出迅速反应，确保以合适的产品在合适的地点和时间来满足顾客的需求。

一般意义上的供应链是在这两个功能间的权衡，即反应能力与赢利水平之间进行权衡。

功能性产品的需求可以预见，从而使供求可以达到近乎完美的平衡，这使市场调节变得很容易。它要求的供应链是稳定的、低利润率的。生产这种产品的公司可以集中几乎全部的精力去使物质成本最小化。比如，汽油的边际效益较低，需求预测准确，产品脱销率低，事实上不存在销毁情况。

创新性产品的市场具有不确定性，这增加了供求不平衡的风险。高利润率和投入市场的前期销售的重要性增加了产品短缺的成本，而产品的短生命周期则增加了产品过时的风险以及过度供给的成本。因此，对创新性产品而言，市场调节成本是主要的，企业要考虑的中心问题应该是市场调节成本而不是物质成本。比如，手机边际收益高，需求预测非常不准确，产品脱销率高（如果产品经营成功），产品销毁量大（如果产品经营失败）。

故此，在这种情况下，最重要的是要仔细研究新产品在整个周期内的销售量或其他市场信号并快速作出反应。在这个过程中，供应链内部的信息流和从市场传递到供应链的信息流都极其重要。对存货和生产能力而言，关键不是要使成本最小化，而是确定存货和生产能力在供应链中的位置以应对不确定的需求。选择供应商要考虑的不是低成本，而是供货的速度和灵活性。

供应链精细化

给企业产品分类之后，也就是说对产品的性质和供应链的效率作出判断之后，企业一定要针对不同的产品类型，用不同的供应链与之相匹配。功能性产品要求效率过程，功能性产品与有效型供应链相匹配；创新性产品要求灵敏反应过程，创新性产品与灵敏反应型供应链相匹配。其实，对于有效型供应链，主要是降低物质成本，在这方面，很多企业家都是专家。这里重点讲述灵敏反应型供应链的问题，因为这是很多中国企业最薄弱的供应链环节。

针对生产创新性产品的企业来讲，投资于提高供应链的灵敏度比投资于供应链效率的回报通常要高得多。将1元钱投资于供应链的灵敏度，其收益将超过1元，因为它减少了因供求不平衡导致的产品脱销和多余存货所造成的经济损失。考虑一种典型的创新性产品，其利润贡献率为40%，平均产品脱销率为25%，仅由于产品脱销而损失的利润就占到了销售额的10%（40%×25%）。所以，减少产品脱销和多余存货的收益是如此之大，因而，在供应链灵敏度上的明智投资总是值得的。

现今消费需求结构的一个重大变化是：他们总是希望在尽可能短的时间里拥有更为丰富的选择。有了这种消费结构的变化，就要求我们的企业必须对供应链体系的效率进行大规模的提升。

企业面对快速反应供应链的需求，可以采取的措施包括缩短市场导入期、增加供应链的灵活性，以便能够生产出顾客所订购的产品数量；或者，当需求具体且能精确预测时，至少每次都能生产出与需求接近的数量。

比如戴尔公司，就通过"个性化定制"的方式避免了不确定性。戴尔公司通过大量的平面广告或网络广告等手段，把成百上千种电脑产品及零部件展示给消费者，让消费者在其中自由搭配进行选择，顾客可以按照他自己对于电脑的需求，把主机、硬盘、内存等要求结合起来，组合成一台自己想要的电脑。

之后，消费者自己把订单通过电子邮件或传真以及800免费电话传给戴尔，戴尔再按照消费者的订单进行组装，在很短的时间内就能完成，并发给消费者。

如此，戴尔不需要渠道和商店，没有库存，避免了不确定性。说白了就是戴尔建立大量定制产品的能力，然后，以近似于规模生产的价格进行交付。因为，在电脑行业，要准确预测消费者的需求是不可能的，然而，通过在订购产品时装配产品，企业就给顾客提供了多种选择，并且不需要很多存货就能够快速地满足订货。

虽然生产系统并不一定是戴尔自己做的，戴尔在全球市场上组织和配置资源，由于有众多的零配件生产商与戴尔合作，所以戴尔的供应链非常长，导致供应链管

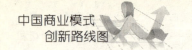

理的难度很大，戴尔公司由客户中心来承担这个工作。

戴尔中国客户中心总经理李元钧说："戴尔的供应链管理平台叫交易引擎。戴尔的一级供应商（戴尔直接的供应商）和二级供应商（一级供应商的供应商）都在这个平台上，戴尔在中国的几十位全球采购员就是在这个平台上管理它对口的供应商，管理范围从订单、生产、运输直到设在我们附近的仓库的库存。后面的流程就由我们客户中心负责管理了。有了交易引擎，管理供应商与管理自己的车间就没有多大区别。"

"在这个平台上，戴尔还把供应商与最终市场的需求实时地联系起来，比如，客户中心对中转仓库下单的情况，一、二级供应商当晚就能得到与自己相关的信息，可以随时调整自己的生产计划。而其他企业的间接模式大都是基于市场预测来决定生产计划，连自己都与市场隔一层，更不要说上游供应商了。"

"为戴尔送货的大通公司和中国邮政也能根据订单信息，获得客户地域和时间上的信息，从而可以提前在全国范围内配置运输资源。"

再以时装行业为例来阐释缩短市场导入期、打造快速反应供应链的道理。

郎咸平说：时装业有一个特点，就是时装产品每天贬值 0.7% 左右，只要提前 10 天卖出，就少贬值 7%，毛利率就可以增加 13%。谁更快，谁就更有可能成功，所以，时装行业必须做到有核心能力、高效快捷、小批量多批次、按需定产，紧跟消费结构的变化而打造出快速反应供应链系统。

而做得最为极致的是 ZARA。

传统服饰品牌从产品设计到面辅料采购、生产加工、物流运输，到最后成品上架销售往往需要 2~4 个月的时间，高档时装品牌则会更长一些。

ZARA 利用全球采购运输系统极速供应链，一件产品从设计开始到选料、染整、剪裁、针缝、整烫、运送乃至成品上架最长只需 3 周的快速供应体系，最短只用 10 天时间。而 ZARA 每年还可以推出超过 12000 款新时装，而能做到库存降低，存货周转率达到 11 次/年，年营业额高达 9.7% 的投资回报率。

ZARA 在全球范围内创造了一个"缩短前导时间 + 极速供应链"的典范，这里不再叙述。

第六章　价值最大化

——帮助企业做大做强

企业存在的目的是创造价值、获得利润、实现价值最大化，而构建商业模式的目的也是如此。构建商业模式有两个目的：一个目的是让企业建立核心竞争力，另一个目的是让企业价值最大化，并通过各种融资手段实现资本市场融资最大化，从而帮助企业做大做强。

第一节　融资模式

融资的概念及方式

一、融资的概念

融资可以从狭义和广义两个角度去解释。

从狭义上讲，融资是一个企业的资金筹集的行为与过程，也就是说公司根据自身的生产经营状况、资金拥有的状况，以及公司未来经营发展的需要，通过科学的预测和决策，采用一定的方式，从一定的渠道向公司的投资者和债权人去筹集资金，组织资金的供应，以保证公司正常生产需要和经营管理活动需要的理财行为。公司筹集资金的动机应该遵循一定的原则，通过一定的渠道和一定的方式去进行。我们通常讲，企业筹集资金无非有三大目的：企业要扩张、企业要还债以及混合动机（扩张与还债混合在一起的动机）。

从广义上讲，融资也叫金融，就是货币资金的融通，当事人通过各种方式到金融市场上筹措或贷放资金的行为。从现代经济发展的状况看，作为企业需要比以往任何时候都更加深刻，全面地了解金融知识、金融机构和金融市场，因为企业的发展离不开金融的支持，企业必须与之打交道。1991 年邓小平同志视察上海时指出："金融很重要，是现代经济的核心，金融搞好了，一着棋活，全盘皆活。"中国人民银行前行长戴相龙主编了一本《领导干部金融知识读本》，江泽民同志当时作了批语："我希望各级党政领导干部和广大企业领导干部，都要学一些金融基本知识。""如何运用金融这个经济杠杆，是一门很大的学问。"这就昭示我们，如果不了解金融知识、不学习金融知识，作为搞经济的领导干部是不称职的，作为企业的领导人也是不称职的。为此，我想简要地介绍一些金融的基本知识，与大家一起学习。金融知识的主要内容包括：金融机构、金融业务、金融市场、金融调控、金融监管。

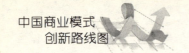

二、融资的方式

以下是融资的八种方式。

1. 基金组织

其手段就是假股暗贷。所谓假股暗贷就是投资方以入股的方式对项目进行投资，但实际并不参与项目的管理，到了一定的时间就从项目中撤股。这种方式多为国外基金所采用。缺点是操作周期较长，而且要改变公司的股东结构甚至要改变公司的性质。国外基金比较多，所以以这种方式投资国内公司的性质就要改为中外合资。

2. 银行承兑

投资方将一定的金额，比如1亿元，打到项目方的公司账户上，然后当即要求银行开出1亿元的银行承兑出来，投资方将银行承兑拿走。这种融资的方式对投资方大大有利，因为他实际上把1亿元变做几次来用。他可以拿这1亿元的银行承兑到其他的地方银行再贴1亿元出来，起码能够贴现80%。但问题是公司账户上有1亿元，银行能否开出1亿元的承兑，因为很可能只能开出80%～90%的银行承兑出来。就是开出100%的银行承兑出来，那公司账户上的资金银行允许你用多少还是问题。这就要看公司的级别和跟银行的关系了。另外承兑的最大缺点就是根据国家的规定，银行承兑最多只能开12个月的，现在大部分地方都只能开6个月的，也就是说每6个月或1年你就必须续签一次。用款时间长的话很麻烦。

3. 直存款

这个是最难操作的融资方式。因为做直存款本身是违反银行规定的，必须保证企业跟银行的关系特别好才行。由投资方到项目方指定银行开一个账户，将指定金额存进自己的账户。然后跟银行签定一个协议，承诺该笔钱在规定的时间内不挪用。银行根据这个金额给项目方小于或等于同等金额的贷款。需要注意的一点是，这里的承诺不是对银行进行质押。因为银行是不同意拿这笔钱进行质押的。同意质押的是另一种融资方式，即大额质押存款。当然，那种融资方式也有其违反银行规定的地方，就是需要银行签一个保证到期前30天收款平仓的承诺书。实际上他拿到这个东西之后可以到其他地方的银行进行再贷款的。

4. 大额质押存款，即银行信用证

国家政策规定，对于全球性的商业银行如花旗等开出的同意给企业融资的银行信用证视同于企业账户上已经有了同等金额的存款。过去很多企业用这个银行信用证进行圈钱。所以，国家的政策进行了稍许的变动，国内的企业现在很难再用这种办法进行融资了，只有国外独资和中外合资的企业才可以。所以，国内企业想要用这种方法进行融资的话首先必须改变企业的性质。

5. 委托贷款

所谓委托贷款就是投资方在银行为项目方设立一个专款账户，然后把钱打到专款账户里面，委托银行放款给项目方。这个是比较好操作的一种融资形式。这种融资方式通常对项目的审查不是很严格，只要求银行作出向项目方负责每年代收利息和追还本金的承诺书。当然，不还本金的只需要承诺每年代收利息。

6. 直通款

所谓直通款就是直接投资。这个对项目的审查很严格，往往要求有固定资产的抵押或银行担保；利息也相对较高，多为短期；个人所接触的最低的是年息18%，一般都在20%以上。

7. 对冲资金

现在市面上有一种不还本、不付息的委托贷款就是典型的对冲资金。

8. 贷款担保

现在市面上有很多投资担保公司，即只需要付高出银行的利息就可以拿到急需的资金。

融资的模式种类

融资模式有很多种，分类的标准不一。随着金融业的逐步开放，会有更多的创新融资方种出现。下面是13种融资模式。

一、发行债券

债券是企业直接向社会筹措资金时，向投资者发行，承诺按既定利率支付利息并按约定条件偿还本金的债权债务凭证。按目前的《公司法》，只有股份有限公司、国有独资公司和两个以上的国有企业或者两个以上的国有独资主体投资设立的有限

责任公司能通过债券发行进行融资。《公司法》对债券融资的要求是：净资产额不低于人民币 3000 万元的股份有限公司和净资产额不低于人民币 6000 万元的有限责任公司可以发行债券，此外附加条件也较多。债券发行，可以公募发行也可以私募发行，前者交易成本较高，但更易于扩大发行人的社会知名度。债券发行人还可以申请发行可转换债券。

二、民间借贷

民间借贷一般发生在经济较发达、市场化程度较高的地区，如广东、江浙地区。这些地区经济活跃，资金流动性强，资金需求量大。市场存在的现实需求决定了民间借贷的长期存在并兴旺发达。借贷过程中，要注意借据要素齐全，借贷双方应就借贷的金额、利息、期限、责任等内容签订书面借据或协议。法规规定，民间借贷的利率可适当高于银行贷款利息，但最高不得超过银行同类贷款的 4 倍，超过此限度的部分称之为"高利贷"，不受法律保护。此外，不得将利息计入本金中计算复利（即利滚利），否则同样不受法律保护。截至 2011 年年底，我国居民储蓄存款超过 35 万亿元，民间的巨大财富与狭窄的民间投资渠道极不相称。为弥补民间借贷双方责任不明、缺乏约束力等弊端，银行推出"个人委托贷款业务"，成为民间借贷与银行贷款的创新形种。

三、信用担保

信用担保介于商业银行与企业之间，是一种信誉证明和资产责任保证结合在一起的中介服务活动。由于担保人是被担保人潜在的债权人和资产所有人，担保人有权对被担保人的生产经营活动进行监督，甚至参与其经营管理活动。自 1995 年 10 月 1 日实施《中华人民共和国担保法》以来，各地纷纷成立担保公司与担保机构。据悉，全国中小企业信用担保机构已达 2188 家，共筹集担保资金总额 657.2 亿元，累计担保企业 18.8 万户，担保贷款 3237 亿元。

四、融资租赁

融资租赁指转移与资产所有权有关的全部或绝大部分风险和报酬的租赁。融资租赁与传统租赁的本质区别是：传统租赁以承租人租赁使用物品的时间计算租金，而融资租赁以承租人占用融资成本的时间计算租金。融资租赁是集贸易、金融、租借为一体的一项综合性金融产品，出租人提供的是金融服务，而不是单纯的租借服务。它借助租赁这个载体，既是对金融的创新，也是对贸易的创新。融资租赁主要有简单融资租赁、融资转租赁、返还种租赁、杠杆融资租赁、委托融资租赁及项目融资租赁等种类，而且随着金融产品的不断开发，还会有更多的业务方种出现。

五、股权出让

企业出让部分股权，以筹集企业需要的资金，就是股权融资。出让股权后，企业股权结构、管理权、发展战略和企业收益方法等方面将发生变化。出让股权融资，也是引入新的合作者的过程，是企业必须慎重考虑的。股权融资可以分为全面收购（兼并）、部分收购（控股或不控股）等几种方法。产业投资基金是股权出让融资值得注意的趋势。

六、风险投资

风险投资可以从广义和狭义两个角度来解释。从广义上来讲，是指向风险项目的投资；从狭义上来讲，是指向高风险、高收益、高增长潜力、高科技项目的投资。风险投资的资金来源一般是各类养老及退休基金、慈善机构、投资银行、保险公司、个人投资者等，而风险投资公司是具体操作的机构，对投资和风险负责，往往高新技术企业会成为投资的热点。风险投资具有高风险、高回报和高科技的"三高"特征，但它往往不需要获得企业的控股权，而是为了高增值和高收益。风险投资的权资资本一般以可转换优先股和普通股两种形种存在，并以前者为主。

七、项目融资

项目融资是指项目发起人为该项目筹资和经营而成立一家项目公司，由项目公司承担贷款，以项目公司的现金流量和收益作为还款来源，以项目的资产或权益作抵（质）押而取得的一种无追索权或有限追索权的贷款方种。项目融资主要用于需要巨额资金、投资风险大而传统融资方法又难以满足但现金流量稳定的工程项目，如天然气、煤炭、石油等自然资源的开发，以及运输、电力、农林、电子、公用事业等大型工程建设项目。项目融资具有一次性融资金额大、项目建设期和回收期长、不确定因素多、项目一般具有良好的经济效益和社会效益等特点。

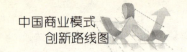

八、留存盈余融资

留存收益是企业缴纳所得税后形成的，其所有权属于股东。股东将这一部分未分派的税后利润留存于企业，实质上是对企业追加投资。合理地分配股利，关键在于既要让股东满意，又要有利于公司的发展，在股利分配上做到平衡。其中，固定股利政策、正常股利加额外股利政策是公司普遍采用的两种基本政策。固定股利政策是指公司在较长时期都将分期支付固定的股利额，股利不随经营状况的变化而变动；正常股利加额外股利政策是指公司在一般情况下只支付固定的、数额较低的正常股利，在盈余较多的年份，再根据实际情况向股东发放额外股利，这意味着公司在支持股利方面具有较大的灵活性。

九、资产管理融资

企业可以将其资产通过抵押、质押等手段融资，主要有应收账款融资、存货融资等手段。第一，应收账款融资。由于应收账款融资具有较大的弹性，能够成为贷款担保，并且通过抵押、代理等获得一定的融资信用，但成本较高。第二，存货融资。存货是具有较高变现能力的资产，适于作为短期借款的担保品，此外，存货还可通过保留所用权的存货抵押来融资。

十、票据贴现融资

票据贴现融资是指票据持有人在资金不足时，将商业票据转让给银行，银行按票面金额扣除贴现利息后将余额支付给收款人的一项银行授信业务。这种融资方种的好处之一在于，银行不需要按企业的资产规模来放款，而是依据市场情况（销售合同）来贷款。企业申请贴现融资，远比申请贷款手续简便，而且融资成本很低。此外，票据融资不需要担保、不受资产规模限制，对中小企业融资尤为适用。

十一、典当融资

典当是指用户将相关资产或财产权利作为当物质押给典当行，并交付一定比例费用，取得当金并在约定期限内支付当金利息、偿还本金并赎回典当物的行为。典当融资的主要特点是灵活，不仅有典当物、典当期的灵活，而且当费也可以灵活制定，同时融资手续简便快捷，受限制条件较少。当然，如果企业不能按期赎回并交付利息费用，典当行可以拍卖典当物。典当融资另一个特点是费用支出较高，它的融资成本往往高于银行贷款。国家规定，当物应当按照现值估计，并按照估价的50%～90%确定当价。质押贷款的月利率可在国家规定档次流动资金贷款利率基础上上浮50%，其月综合费最高不得超过当价的45‰。

十二、商业信用融资

在商品交易中，交易双方通过延期付款或延期交货所形成的一种借贷关系。商业信用融资主要有三种操作方法：一是应付账款融资，对于融资企业而言，意味着放弃了现金交易的折扣，同时还需要负担一定的成本，因为往往付款越早，折扣越多；二是商业票据，也就是企业在延期付款交易时开具的债权债务票据，对于一些财力和声誉良好的企业，其发行的商业票据可以直接从货币市场上筹集到短期货币资金；三是预收货款，这是买方向卖方提供的商业信用，是卖方的一种短期资金来源，信用形种应用非常有限，仅限于市场紧缺商品、买方急需或必需商品、生产周期较长且投入较大的建筑业、重型制造等。

十三、专项资金投资

专项资金主要是指政府财政出资设立的针对特定项目的资金。对在某一行业或某一领域具有一定竞争力的企业来说，专项资金是最合适的选择。我国2003年1月1日开始实施的《中小企业促进法》明确了各级政府在促进和引导中小企业发展中的义务和职责，对中小企业健康发展有着积极的作用。

目前，中央财政的政策包括中小企业国际市场开拓基金、科技型中小企业创新基金、农业科技成果转化资金、中小企业服务体系专项补助资金以及对下岗失业人员提供小额担保贷款等。各地方财政也有不少相关政策，如深圳市规定凡年出口在1500万美元以下的企业，均可申请深圳市中小企业国际市场开拓资金；广州市2003年起设立重点高新技术企业成果转化贷款贴息专款，每年安排6000万元支持高新技术企业成果转化和产业化。对于广大中小企业，尤其应该认真分析本地区、本行业的专项资金的政策，根据自身特点争取相关的资金支持。

第二节　创造企业价值最大化

企业规模最大化取决于企业预获利能力

企业存在的目的是创造价值、获得利润，让企业价值最大化。那么，企业规模最大，是不是就决定着获得的价值最大了呢？可以断定，这不是绝对的。

其实，企业创造价值的大小，在不同的时代，有不同的理解。

在改革开放的前三十年，人们对企业价值大小的认识，通常还是把企业价值和市场份额、市场规模联系起来。成为行业中最大的企业，一直是企业所认为的价值最大化途径。为什么我们有这样的认识呢？

主要是因为，在企业规模价值论者看来，有了庞大的市场规模，企业就可以降低成本；降低了成本就提升了利润；利润一旦提升，企业就可以有更多的投资，以再次降低成本。如此周而复始、循环不已，企业的价值就与企业规模、市场份额成为必然的正向关系：规模大，企业价值就大；规模小，企业价值就小。

可是，随着时间的推移，我们的企业会逐渐明白一个道理，即大固然重要，但是，那种没有利润的大，没有竞争能力的大，并不是我们所追求的。中国企业在近年所表现出来的低利润、无利润甚至亏损的状态，在很多大企业中也表露无遗。

根据美国美世咨询公司统计，1980—1997 年，标准普尔 500 的股票市值年均增长 12.3%；那些市场份额领先的公司，股票市值年均增长只有 7.7%；而商业模式优秀的公司，股票市值却年均增长 23.3%。

此外，1990—1996 年，销售收入增长率和营业利润增长率前 15 名的公司，很多并没有进入股东价值增长率高的前 15 名。

从上面的数据中我们可以看出，企业规模大、市场份额领先，市场价值并不一定大。最高的市场价值往往是那些商业模式设计最优秀的公司，而并一定是那些市场份额最大的公司。

当前，中国经济的很多基本特征已经改变，已经进入饱和状态。在产能过剩的饱和经济时代，企业价值的大小，并不仅与规模正相关，或许，企业价值其中也包括规模，规模也是其中非常重要的要素；但是，真正驱动价值增长的，是另外一种强有力的企业价值设计。这种企业价值设计，就是本书中所讲的商业模式的价值设计，从发现价值开始，然后创造价值、维护价值、传递价值，形成一套完整的价值捕捉机制和模型，并由此建立起强大的竞争壁垒和利润保护能力。

综上所述，企业价值最大化，就是在商业模式优化的基础上，市场和投资者对企业未来预期获利能力的预估与评价并不取决于企业规模的大小。

决定企业价值最大化的因素

上文中已经阐述出企业价值最大并不一定是价值最大。起着决定性因素、决定价值最大化的是企业预获利能力。企业预获利能力包括四大要素，这四大要素分别是销售利润率、预期利润增长率、资产效率和战略控制手段。

一、销售利润率

销售利润率是指公司利润与销售额的比率，即销售利润率 = 息前税前利润 ÷ 销售收入。中国企业在销售利润率方面的表现低下，我们在本书已经多次提到，在此不多赘述。

二、预期利润增长率

预期利润增长率是指公司今后 3 ~ 5 年中预计的利润增长率。要考察一个公司未来 3 ~ 5 年的利润增长可能性，主要是通过对公司以前几年的赢利的考察，如果前几年赢利不稳定、不持续，那么，未来的利润增长，就如同建立在泥沙之上；如果一个公司前几年的赢利能力一直良好而且稳定，那么，它未来的赢利增长也是有可能的。

企业的赢利，最理想的状态应该是持续不断获得收益，今天有、明天有、后天还有，赢利能够持续。而要取得这样赢利持续不断的效应，其关键则是要考察企业是否具有市场的支配性地位。如微软在 PC 操作领域具有说一不二的标准控制力，而且拥有 85% 的市场份额，它与英特尔一起垄断了行业近 70% 的利润。从这个意义上讲，不管市场和行业如何变化，微软的持续赢利能力基本上是不用担心的，它在

预期利润增长率方面，可谓是一片大好。

三、资产效率

资产效率是公司资产对销售额的比率，其计算方式是：资产效率＝（资产－现金和现金等价物－应付账款）÷销售额。资产效率越低，资产与销售额的比率越高，对公司赢利水平的拖累就越大。资产密度越高，就会影响利润收入水平，抵消公司的获利能力。现在，企业界比较流行的是轻资产运作，即利用资本的力量，借助各种金融工具，使企业资产越少，回报越多。也就是说，在设计商业模式时，不但要考虑如何获得更多的利润，还要考虑怎样才能使资产更轻，达到投入最少、回报最大的高资产回报率。

以酒水行业轻资产运作为例，目前酒水销售仍然采用比较传统的代理、批发、零售的模式，更在此基础上创造出大量新的销售模式，如买断、终端拦截，甚至所谓"盘中盘"、烟酒店连锁等。每一种新型模式的出现，都是对酒水行业的一次重新洗牌和布局。但是，这种传统模式的弊端是，一方面是终端高昂的贿赂营销费用，另一方面是消费者品尝不到希望消费的酒水，甚至被"强迫消费"，厂商在"红海"中厮杀。

2006年9月，由广州金泸酒业有限公司、广州英迅科技有限公司投资的烟酒在线网站（19online.cn）成立，通过打造烟酒在线会员俱乐部、网上购酒等方式，用现代高科技"B2C"销售改造传统的酒水销售模式。

通过互联网和呼叫中心这种简单直接的订单购买，可以降低生产、销售和管理成本；通过削减渠道中间环节的利益递加，实现对传统酒水经营模式的突破。

烟酒在线就通过这种"轻资产模式"，取得了市场突破的初步成功，并获得风险投资者的青睐。

酒水行业作为资金密集型的产业之一，资金实力的大小和企业资本运作能力的大小，越来越决定着企业今后的走向，"从产品经营、产业经营、品牌经营向资本经营上升，是酒水行业竞争的必然趋势"。而在这样的发展过程中，虽然资本是企业做大的最重要手段之一，但是，在品牌既有定位的前提下，利用资本把自己先做强，然后做大，这与盲目做大相比，无疑是一个更好的选择。

总而言之，销售利润率、预期利润增长率、资产效率和战略控制手段，都是商业模式设计所决定的。好的商业模式设计，就是要使企业能产生较高的销售利润率，实现高利润增长、高资产效率和高强度的战略控制。如果一个企业的商业模式设计在这四个方面都能取得好的表现，那么，它的市场价值自然就高。

商业模式设计的关键是三大要素促进价值最大化。

决定一个企业预期获利能力的强弱，不在于企业的规模和资金的实力，而在于企业是否能够给客户提供独特的价值，满足客户需求的能力是否很强。

顾客需求要源源不断，企业才可以为客户源源不断提供价值；同时，企业满足客户源源不断需求的能力要很强，并且要能够有强大的战略控制能力，才能保证企业获利可持续且不会被侵蚀。

所以，在商业模式设计过程中，虽然我们提出了很多商业模式的要素，但是，这些要素之间是有轻重、一般与关键之分的。商业模式各要素中，最重要和最关键的要素是客户价值、赢利模式和战略控制手段。

四、战略控制手段

战略控制手段，是商业模式设计中的重中之重。一个没有有效而强有力的战略控制手段的商业模式称不上优秀，顶多只是昙花一现。企业在设计商业模式时，必须要确立起自己的与众不同，确立起自己的竞争壁垒来提高行业的进入门槛，从而保证利润来源不受侵犯。这种壁垒可能是技术，可能是标准，也可能是无与伦比的运营能力。

比如戴尔的直销模式，人人都知道其如何运作，也都知道戴尔公司是直销的标杆，但很难复制戴尔的模式，原因在于其"直销"的背后是一整套完整的、极难复制的资源和生产流程。

戴尔公司每年生产400多万台个人计算机，每台都是根据客户的具体要求组装的。这对于一个企业来说是不可思议的，但戴尔公司做到了。以戴尔为其大客户福特汽车提供服务为例，戴尔公司为福特不同部门的员工设计了各种不同配置的计算机。当通过福特公司内联网接到订货时，戴尔公司马上就知道订货的是哪个工种的员工，他需要哪种计算机，戴尔公司便组装合适的硬件，甚至安装了适当的软件，其中有一些包括福特汽车公司储存在戴尔公司的专有密码。戴尔公司的后勤服务软件非常全面和先进，因此，它能够以较低的成本开展大规模定制服务。

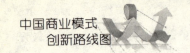

从客户角度来看，福特公司愿意为这种专门服务额外付一笔费用吗？如果福特汽车从当地经销商那里购买个人计算机，经销商运来一些箱子，需要懂得信息技术的工人进行配置。这一过程需要一个专业人员花 4~6 个小时，并且常常出现配置错误。

戴尔公司每台微机都按客户需要订货生产，从打 800 免费电话到装上车只需 36 小时。订货就这样源源不断地转到戴尔公司的生产工厂。而在工厂是见不到库存的，戴尔要求所有供应商必须把配件在 1 小时之内送到。芯片、集成线路板和驱动器装在卡车上，再直接开到距离组装线仅 15 米的卸车台。从下订单→配置→采购→生产→送货，都非常完美地按客户要求完成。戴尔从定制化进行商业模式的创新到成功整合了整个产业链，这就是核心竞争力，这就是有效的战略控制手段。

其实，企业要建立客户的长期忠诚、建立产业链不可替代的战略地位，以及建立有效的竞争壁垒，这样的战略控制手段有很多，如品牌、专利、版权、标准及对销售渠道的控制等。但是，这些战略控制手段的有效性和强烈程度是不同的，我们把这种强弱叫做战略控制指数。如果能够创建更高的战略控制指数，或者能够创建比竞争对手更强的战略控制指数，那么，企业的利润就更有可能被免于侵蚀，企业的战略控制手段也越独特。

第七章 商业模式创新案例

　　创新，是一个民族进步的灵魂。对于商场来说，只有创新才能赢得源源不断的客户。因此，也可以说"得客户者得天下"。对于任何行业来说，创新都是无止境的，在把握核心竞争力的前提下，不断创新才不至于限定企业的发展。面对残酷的竞争和考验，总有一些行业领先者，他们敢于开创一种全新的商业模式。在大浪淘沙中，他们正如金子一样闪闪发光。

案例之一：疯狂的小米

"小米"，虽然名字很平凡，但却很有实力，甚至很疯狂。

实际上，小米科技（全称"北京小米科技有限责任公司"）是由前 Google、微软、金山等公司的顶尖高手组建，是一家专注于 iPhone、Android 等新一代智能手机软件开发与热点移动互联网业务运营的公司。

2010 年 4 月，小米公司正式启动时，就已获得知名天使投资人及风险投资 Morningside、启明的巨额投资。2010 年年底，小米公司又推出手机实名社区——米聊，并在推出半年内，注册用户突破了 300 万。另外，小米公司还推出基于 CM 定制的手机操作系统 MIUI、Android 双核手机等。米聊、MIUI、小米手机是小米科技的三大核心产品。

在我们的脑海中或许会有这样的疑问：为什么小米还没有正式开卖就已经名扬四海了？为什么小米如此疯狂？你千万不要以为小米公司的"他们"只会在电脑前发挥自己的才智，真正的王者会让你在任何时候都能感受到他们的创意。下面我们来了解一下小米的创意。

一、小米只能选择自己卖

小米手机很贵，产能却不高。小米科技融了一大笔钱去造小米手机，但这笔钱却撑不起足够的产能来灌入传统线下通路。

2011 年年底，小米创始人、董事长兼 CEO 雷军报出融资数字：2010 年年底 A 轮，融资 4100 万美元；2011 年年底 B 轮，融资 9000 万美元。

A 轮融资 4100 万美元，合成人民币约 2.6 亿元，用了 2011 年整整一年。那么，这一年里的人员成本加上房租成本再加上各种其他成本和费用，大致估在 0.2 亿元。总共有 200 人的小米团队，即使只算工资（还不包括社保），0.2 亿元也只能维持团队成员在平均月薪 8300 元，这还没算房租等其他成本和费用。因此，一年 0.2 亿元的非制造成本，还是最低的估算。

接着，再来算算 2.6 亿元，减去 0.2 亿元的运营成本，其中的 2.4 亿元全部花在手机的制造上，也就是物料加上组装的费用。雷军曾公开算过细账：一部小米手机光物料成本就不止 1200 元。假如一部小米手机的成本能控制到 1200 元，那么这

笔融资也仅够制造 20 万部小米手机。一年 20 万部的出货量，一个小号的山寨机厂商就可以达到。比如深圳一家比较大型的山寨机厂商，光 Android 手机（还不算 feature phones）的月出货量就是 10 万量级。

2010 年，小米公司才正式启动，无法做到让原材料供应商长期垫款帮你供货，更无法做到让组装工厂长期垫款给你制造。所以，一部小米手机的物料成本（BOM）加制造成本是多少钱，就得拍多少钱出来给人家。于是，钱都换成了手机在库房里，何时卖出去，何时才能把钱收回来。如果销路不好，只能剩下一堆库存。这也正是小米手机在 2011 年第一轮销售和第二轮销售，每轮都是只供应了 10 万部的原因。究其原因，不外乎以下几点。

第一，小米规模不大。

第二，小米手机的原料和配件厂商的产能要远远低于更便宜的芯片和主板，因此原料本身成本也高。

第三，小米是第一次规模量产。其实，任何电子产品到了量产阶段，和研发试制阶段相比，遇到的挑战都是不同的，废品率、差错率都有可能突然飙升。

第四，小米的资金问题。一个优秀的创业者，一定要控制好现金流的风险问题。其实，生产多了、如果卖不掉会压力太大，风险更低的做法是生产少一点、验证市场的同时锻炼团队，也更有利于为未来的加速成长打好基础。

由此可见，饥饿营销的做法，永远不可能是目的。一个销售大众商品的公司，用饥饿营销是不现实的。假如成功找到了有需求的消费者，你却因为供货量不足而无法满足其需求，消费者就会找别人。比如，很多电商人已经批驳过"iPhone 饥饿营销"了。

一年达到 20 万部的产量，小米是很难通过传统线下渠道去销售的。量不够，难以覆盖更大的区域市场，渠道商做起来也没有动力。况且，小米没有太多的钱去激励渠道商，主要是因为传统的通路成本太高了，小米根本承担不起。因此，小米手机只能选择自己卖。

二、小米只能选择在线上销售

雷军曾多次强调"铁人三项标准"——软件、硬件和移动互联网三种资源的高度匹配是小米当下最大的优势。但是，中国移动互联网产业联盟秘书长李易对"铁人三项"并不看好。"小米手机缺乏核心竞争力"，李易说，HTC 就是因为缺少核心技术而衰落。"小米手机 70% 的核心元器件，如核心硬件 CPU、屏幕等都是别人生产的，其本身并无核心技术，是贴牌生产；小米的系统 MIUI 不过是贴皮；服务也未见任何特色。"连著名互联网分析人士洪波也表示，小米"铁人三项"的竞争优势目前没有完全发挥出来。

因此，小米的核心竞争策略决定了它必然选择电商。

Android 的定位是"最接近 iPhone 用户体验的互联网手机低价替代品"，所以 Android 必然会崛起，但市场上的供应方又会集中在两个极端上：优质高价，低质低价。但是，优质低价（或者优质中低价）这个市场是严重空缺的。由于"iPhone 体验"的"互联网手机"拼的是软件应用体验和软件与硬件的完美配合，品牌厂商和低端厂商在"软件应用体验"的短板都比较明显。

韩冰在此答案的评论中分析了小米手机的品牌定位，曾这样说——

对于终端消费者来说，所有的山寨机厂商生产的手机都叫山寨机，所有苹果生产的手机都叫 iPhone，小米想做的一件事，实际上是在消费者脑海中形成一种定位，小米手机不再是一款叫小米的 Andorid 手机，而是变成一个专有名词，从而占据一块特定的细分市场空间。从此以后，所有中档低价智能手机，就叫小米手机了！

这种做法并非痴人说梦，它其实符合了历史的潮流，手机终端已经从硬件竞争的时代进入了软件时代。消费者需要的是解决办法，而不是硬件参数。如果有一家厂商可以用一套经济可行的方式来满足消费者的需求，消费者完全可以放弃在浩如烟海的手机终端海洋中解脱出来，只选一款就够了。iPhone 是这样走的，小米完全参透了个中精髓。

我一直觉得如果小米的技术和生产能够跟得上，整个中国市场完全没有问题，它的想象空间是无限的。

在市场上高品质原料和配件产能还不够大、自身采购量也不够大的这两个前提下，小米要想提供优质低价或中低价的 Android 手机，必然需要想尽一切办法去除中间环节。

其实，在国产手机的价格组成中，渠道分成占据了非常巨大的一个比例。同时，这也是当年天语手机能够突然崛起并且成为国内第一的原因：它会从每款手机销售收入中拿整整 100 元给零售店销售员，使得门店对销售天语手机的积极性非常高。

然而，小米手机的原料和配件产能不高，自己的采购量也不够大，使得成本居

高不下。所以，如果小米手机在零售端想提供低价或中低价，就必须考虑去除传统的中间销售环节——线下渠道。所以，小米选择在线销售。

三、小米真正的 B2C 还没有开始面临

相对而言，因为预订购买的方式，小米的电商可能暂时好做一些。那么，做好电商需要哪些挑战呢？

1. 销售预测

到目前为止，小米的三轮销售都是按照预订走的。有多少预订，就生产多少部。甚至第三轮的 50 万部销售，需要用户先支付 100 元的预付金。虽然说这 100 元不够小米垫钱制造，仅是保证了废单率会低一些。此外，小米手机初期的策略是争夺发烧友，经过长时间的 MIUI 论坛运营，小米已经成功地笼络了这批用户的民心。发烧友是一个比较可圈定的群体，因此容量计算也不会偏差太厉害，比如，小米手机第三轮销售 50 万部，很快就被订满了。

2. 库存管理

由于小米是预订购买的销售模式，备货多少，就能销售多少，所以仓库里基本不会出现积压。

3. 品控

次品率和退换率的变化，会直接影响电商的成本。

4. 物流

如果小米能保持目前的预订制，有多少货要发，在哪天发，目前都是可预期的。

另外，假如小米的运营商渠道走得好，上面这些问题就都是运营商自己解决了，非常省心。

因此，就目前来说，小米真正的 B2C 挑战还没到，除非小米的目标人群要从发烧友扩大开来，或者是小米开始告别预订，或者是运营商渠道不够给力。到那个时候，小米的电商团队就必须自己顶起来了。

不过，雷军说过 2012 年小米要售出 1000 万部手机。看来，上面说的这些挑战就要真正面临了。诚然，1000 万部并不足信，博眼球的 PR 而已。但是，小米需要更多人的关注，也包括运营商渠道的重视，豪言壮语的 PR 是必须的，只是 1000 万部对资金的需求太大了。我们可以用 1200 元的单台物料成本做个乘法，这对团队绝对是一个不小的压力。

四、小米选择做纯粹的电商，会面临更多挑战

想做纯粹的电商，除了需要面临以上的挑战，以下的这些问题也是必须要考虑的。

- 新用户获取成本：把广告、营销、流量购买等推广费用摊在单个用户头上，多少钱才能获得一个新用户？

- 用户转化率：多少人看了你的广告、浏览了你的网站后，会变成真正的购买者？

- 重复购买率或购买频次：购买者多久会回来再消费一次？

- 关联销售：如果成功将一个网站访客变成了购买者，能不能让他不只买一件商品？

- 客单价：一个购买者的每次访问总共会花多少钱？

……

以上这些问题，如果小米真的要做纯粹的电商，估计都很难回答。都知道，雷军是卓越网（今天的亚马逊中国）的联合创始人，是凡客的天使投资人，他对电商很熟悉。然而，雷军从事过的电商业务都是平台型的做法。虽然看起来凡客是品牌电商，不是亚马逊那样的商城，但凡客的成长道路仍然是商城式的平台路线。

其实，品牌电商有两种做法。

一种是大部分品牌的方式：哪里客流量大，我就在哪里卖。这个原理，线下线上是相同的，对优衣库来说，在三里屯 Village 开店和在淘宝商城开店是出于同样的考虑。大部分品牌电商，无力承担高昂的流量成本，因此选择在线下商场（他们占据了客流量大的地段并建立起了知名度）或线上销售平台（他们花钱攒了大把流量并建立起了知名度）上开店。

另一种方式是凡客：我自己开商场，我自己花钱弄流量。由于流量成本高昂，花钱把用户吸引过来之后，如果不能提高他们的转化率、重复购买率、客单价以及单次购买量，花那么多钱弄流量就等于自杀。因此，这种做法完全是平台的做法（如京东、亚马逊、淘宝），这正是为什么凡客必然会推出 V + 的原因，同时也是为什么京东必须扩品类的原因。

目前，因为产量不大，小米无法支撑一个大型的渠道体系（包括线下和线上）。如果要将手机放在各个地方卖（如摩托罗拉），那么就需要这个厂商拥有足够强大

的品牌，足够大的供货量、足够好的渠道控制能力以及足够让各渠道得益。这四点中，第一点小米暂时做不到，第二点也暂时做不到，第三、第四点小米断然不想做（或许也只是暂时做不到，未来如果有机会还是会做）。

现今，小米和早年的凡客是一个路子：自己营销，自己推广，自己打广告，自己弄流量，一切营销推广行为，指向的都是自己的网站。别的地方不卖小米手机，因此别人不会替你分担这个营销推广的成本。

目前，小米的销售很惊人：三轮销售 70 万部，每部 2000 元的售价，销售收入就达到了 14 亿元人民币。只不过目前因为产量低，原料成本降不下来，利润还很薄。总的来说，小米已经够疯狂了。

案例之二：跨界的顺丰

顺丰跨界便利店的举动是模式创新还是利润赌局呢？在不少业内人士看来，民营快递"黑马"顺丰速运进入便利店，是"商业模式创新"，可以有效扩张快递同时也发展渠道，加速其快递业务发展。

中国经营连锁协会主任王洪涛认为："零售业已经进入微利时代，顺丰便利店的赢利模式尚不明确。"顺丰独有的配送数据，与其他便利店相比也具有优势。但便利店更大程度上还要依靠商家精通商品经营、商品的采购规模等很多零售行业的专业，而这正是快递企业的短板。另外，日益增长的房租和人力成本，对顺丰速运来说，也将是一种考验。

一、顺丰跨界便利店

顺丰便利店在深圳布点 20 家，而广州的 6 家也将于 2012 年全部开业。顺丰高层曾对媒体透露，深圳、广州只是试点，其目标是在国内建设 1000 家便利店。

顺丰速运品牌管理总监霍晓宁曾明确地说："收件点只是为了方便来取件、寄件的客户，所有业务还是以快递为中心。"该公司仅是在终端收件点增加了销售功能，目前只在深圳有部分试验店，是否会推广到其他地区，顺丰暂时没有透露。

全家便利店管理人员说："顺丰掌握客户的各类数据，与其他传统便利店相比是独有的，他们开便利店有一定的优势。"顺丰快递公司掌握了各区域的配送数据，所以很容易统计出该区域的消费人群和客流，也便于其选择便利店的地址。

顺丰速运内部人士说，顺丰速运在深圳的便利店业态目前处于试运行阶段，企业要求员工不得对外透露任何有关便利店方面的信息。实际上，据知情人士透露，目前顺丰速运集团有十几万人，只有一个 20 多人的团队在做便利店业务。

二、顺风的赢利模式面临挑战

近年来，民营企业顺丰速运在市场中脱颖而出：120 亿元的销售规模、10 万名员工、两架波音 757 飞机、每天 200 多万票业务……

目前，顺丰通过不断携手与第三方便利店合作的模式，将快递业务延伸至终端。2011 年 10 月，顺丰速运与 7 - Eleven 深圳直营店展开合作，7 - Eleven 在深圳旗下的 100 多家门店大部分已经成为顺丰速递"授权代办点"；12 月 1 日，顺丰速运再次携手广州 8 家连锁便利店 48 家连锁店，在包裹业务方面展开合作……

深圳唯实慧达企业管理咨询公司零售培训师陈怡对于上述频频展开的合作表示，顺丰与便利店合作的模式，借助了第三方网络渠道，可以快速地推动其快递业务发展，代表了快递业务发展的方向。

现今，顺丰速运突然直接进军便利店，赢利模式具体怎么样，引起外界诸多争议。

陈怡表示："顺丰便利店是一个快递中转站还是主营便利店，目前商业模式并不清晰。"据其调研发现，顺丰速运与便利店合作快递包裹业务，便利店会分走 8% 左右的利润。在与便利店长期的合作中，顺风不甘心被分走的这一块利润，也想扩张自己速运渠道。

陈怡认为："顺丰便利店是一种商业模式的创新。"发展零售业有两个条件：标准化和专业的配送，顺丰速运在这两方面都有经验。顺丰便利店开拓了顺丰速运业的渠道，抢占了市场。至少，圆通、申通等同类快递公司现在还没有这样的商业举措。

同时，陈怡又表示，顺丰便利店是一个实验，运营早期应该主要以快递业务方面的赢利来弥补；而随着时间的推移，其零售业务应该会成为主要赢利点，"当然，这要看现在的 20 家便利店到底赢利如何"。

根据中国连锁经营协会发布的《2010—2011 年度中国连锁零售企业经营状况分析报告》显示：2010 年，便利店样本店铺的房租成本占总成本的 32.8%，人员工资占 47.9%，水电占 9.2%，设备折旧 0.8%，其他 9.3%。样本店铺的平均营业面积

为 131 平方米，店铺的商品毛利率平均为 19.5%。

中国经营连锁协会主任王洪涛表示："便利店已经进入了微利时代，净利润越来越低。"运营一家便利店，最大的成本是房租和人力成本。在北京、上海、深圳，一家便利店的年租金约为 20 万元，而一家店至少有 3 人，这些运营成本对顺丰是一个巨大的考验。

案例之三：有心计的亚马逊

亚马逊在 2011 年 11 月 3 日宣布：为所有 Kindle 平板电脑的用户开设一个免费图书馆。只要你是亚马逊 Prime 服务的成员，且拥有一台 Kindle，就可以每月免费下载一本书；不仅没有归还日期，而且分文不收。

实际上，Prime 是一种免收运费的服务，如果你每年交 80 美元，在亚马逊网站上购买的任何商品就可以享受两天送达的免费快递。后来，亚马逊决定与 Netflix 公司的在线影剧观看服务竞争，而且供应的电影和电视剧品种越来越多，目前已经达到 1.3 万部，迅速赶上 Netflix 的片库规模。没有价格，不要钱，唯一的要求是：你是亚马逊 Prime 服务的用户。

从表面上来看，亚马逊这样做必须砸下大钱才行。但是，谁都不是傻子，亚马逊肯定有某种更大的幕后图谋，因为由于这一优惠只限于 Kindle 用户才能享受到，其意图只能是：为了卖更多的 Kindle。

同时，亚马逊也透露，它提供的免费 Kindle 电子书其实并非真正免费——它要花钱向出版社购得图书的经销权。

亚马逊说："Kindle 用户图书馆的书籍来自多家出版社，签约条件各不相同。""就其中的绝大多数书籍，亚马逊都与出版社达成了协议，以固定费率购得。而在有些情况下，则是读者每'借书'一次，亚马逊就按标准的批发条款购买一次，作为一种无风险的试验向出版社证明，这一新服务可以带来的不断增长和创收机会。"

拥有多种有趣特性的 Kindle Fire，实际上相当于一台可以消费亚马逊提供的所有内容的平板电脑：图书、音乐、电视剧、电影。而它的最大特点是低价：只卖 200 美元。它等于只用 iPad 的 40% 价格，实现了 iPad 的 80% 功能。平板电脑的成本，不管是哪个生产厂家：每台不下 500 美元。亚马逊的 Fire 肯定是亏本卖的，以便让更多人去购买图书、音乐、电视剧和电影。

早在互联网问世的初期，微软就是这样扼杀了网景的"导航家"浏览器：推出 IE 浏览器并免费供人下载。这样做需要大把花钱。可是，却没人在意亚马逊也借鉴互联网这一招，即借助其充沛的现金流优势，向顾客免费赠送东西，以此希望产生更多的现金流。

微软曾被人们视做一家控制欲极强的邪恶公司。然而，亚马逊迄今为止，都保留着良好的形象，广受人们喜爱。并且，它没有卷入在苹果、谷歌和微软三家粉丝之间激烈展开的"圣战"，也没有像 Netflix 那样使出伤害自身的臭招。这说明了什么？亚马逊有自己的算盘。

虽然说 Kindle 图书馆尚未拥有世界上所有的书。刚开始里面只有 5000 种，尽管不乏好书，如《饥饿游戏》三部曲、《快餐国度》、《高效人士的七个习惯》等。可是，你一次只能借一本。但将来如果你买下这本书，或者再次借阅的话，以前作的笔记和书签都会保留。

从以上我们可以看出：亚马逊的做法很疯狂。但是，亚马逊的 Prime 服务却看上去一天比一天更划算了。事实上，它几乎堪称让人无法抗拒。另外，亚马逊的思考方式跳出了传统的思维模式，做出的事情总是出人意料。因此，不得不说亚马逊很有心计。

案例之四：与众不同的 iPhone

苹果公司在为新技术提供时尚设计的同时，也把新技术和卓越的商业模式结合起来。苹果真正的创新不是硬件层面的，而是让数字音乐下载变得更加简单易行。利用 iTunes iPod 的组合，苹果开创了一个全新的商业模式——将硬件、软件和服务融为一体。

苹果是"从技术创新走向商业模式创新"的，这还要从 iTunes 说起。随着 iTunes 的出现，苹果公司得以进入音乐市场，它不仅是靠卖产品赚钱，还可以通过卖音乐来赚钱。短短 3 年内，iPod + iTunes 组合为苹果公司创收近 100 亿美元，几乎占到公司总收入的一半。但是，涉足音乐下载这种数字音乐销售方式的也并非只有苹果一家，众多公司（包括星巴克、沃尔玛）都试图分羹一杯，然而最成功的却是苹果。其关键在于乔布斯说服了唱片公司接受他的销售方式：用户每下载一首歌付 99 美分，唱片公司从中获得 70 美分。这是一个双赢的利益安排。

iPhone 成功模式的第一阶段就是依托技术创新，创造性地树立一个具有行业标杆地位的终端。iPhone 在问世之初被大多数运营商盯住，正是因为它对于数据业务的高度依赖，正好符合运营商推广 3G 网络"带宽大、速度快"的需求，加上苹果的品牌优势也足以吸引大批用户。一时间运营商想要拉拢 3G 用户，就必须选择捆绑 iPhone。

2007 年，AT&T 和苹果签署了想要购买 iPhone 的用户必须成为 AT&T 的合同用户的排他性协议，因为 AT&T 预料到 iPhone 可以为电信运营商带来大量用户和关注。在买到 iPhone 的人中，有不少原本是其他运营商的合同用户，为了获得 iPhone 义无反顾地投向了 AT&T 的怀抱。以这样的方式掌控用户，从而获取整个价值链中的话语权和影响力。每增加一位使用 iPhone 的新入网用户，AT&T 就要付给苹果公司 3 美元；而每增加一位使用 iPhone 的转网用户，AT&T 则要付给苹果公司 11 美元。这种模式第一次开创了终端厂家与运营商收入分成的先河，并且分成比例高达 30%。

除此之外，苹果生产硬件的目的是为了销售自己的服务，硬件仅是销售服务的载体或者说是电子渠道。苹果通过销售一系列硬件，造就了一个数字媒体的发布渠道，苹果通过这个渠道服务于传统的唱片公司、电影公司、软件公司等。

2008 年 7 月 10 日，App Store 开张，当时一些人并不看好在 iPhone 上的游戏体验，更对于乔布斯"这将很快成为一个价值 5 亿美元的市场，突破 10 亿美元也仅仅是一个时间问题"的说法充满疑虑，毕竟无论是手机行业的大腕还是软件领域的霸主都没有将在线软件销售塑造成一个成功的应用模式。然而，从 2008 年 7 月开始，iPhone 和 iPod touch 用户可以通过 App Store 下载应用程序；2009 年 1 月，苹果公司宣布应用下载量已超过 5 亿次；到 2009 年 3 月为止，App Store 上已有超过 25000 款第三方应用。

苹果公司开发 App Store 是因为苹果看到，iPod 用户接受了 iTunes 平台，建立了在 iTunes 上消费的习惯；而且，通过 App Store，用户就可以买手机软件以解决以前用户很少自己下载程序到手机上的问题。用户之所以不下载程序到手机的原因，一是因为可以上网的手机数量并不多，并且费用高、网速慢；二是因为原来的手机根本不允许用户自己安装所需要的软件。

从以上我们可以看出：App Store 的成功关键在于商业模式的创新。

苹果公司利用 Web 2.0 时代用户创造内容的力量，搭建交易平台，吸引更多开发者，整合各种创新资源。任何人都可以加入到开发者的行列之中。此外，还有风险投资为一些遇到瓶颈的创业开发者提供资金保证。开发者上传应用软件到 App Store 并确定其价格，当用户在 App Store 付费下载软件之后，苹果公司和软件开发者将按 3∶7 的比例进行收入分成。每年缴纳 99 美元的注册费门槛之外，没有其他费用。合理的分成模式吸引了大量的优秀开发者，他们只需专注于开发，不用分散精力应对产品推广、刻盘销售、搭建下载服务器和支付系统等营销环节，很多程序员通过一个售价 1～2 美元的程序，在短短几个月内赚到了很大一笔钱。

在 2008 年，乔布斯在苹果世界范围的开发者大会上演讲道：

当然了，我们有这些超强程序，但是大家怎么得到它们呢？答案是：App Store。这是把开发者和使用者联系起来的渠道，使用者能自由选择程序，并且无线下载到他们的手机上。

在你所购买的应用程序更新时，你可以方便地无线升级。开发者自己定价，获得其中 70%，我们一毛钱不要，但是要保证程序的公平竞争和安全性，如果开发者允许免费进行程序升级，那就不会有任何费用。

现在我们已经把 App Store 从 22 个国家扩展到了 62 个国家——几乎全世界有 iPhone 的地方都有。如果你的程序小于等于 10M，那么可以通过手机信号、Wi-Fi 或者 iTunes 下载；超过 10M 用 Wi-Fi 和 iTunes 下载。

这就是 App Store，从来没有一个像这样的服务吧！

综上所述，App Store 模式不是一个简单的软件下载区，也不是一个简单的电子卖场，App Store 是一个包含了整个软件产业链的生态系统，App Store 的产业系统涉及手机操作系统提供商、手机制造商、App Store 服务提供商、电信运营商、广告商、CP/SP、手机连锁商、电子支付提供商、开发人员、用户等不同的利益体。

苹果推出的 iPad 也采用了和 iPhone 同样的操作系统，外观也像一个放大版的 iPhone，在应用软件方面也沿用了 iPhone + App Store 的模式。iPhone 和 iPad 的世界级畅销，让我们看到，苹果的确与众不同。

案例之五：不可复制的 Facebook

Facebook 是一个社交网络服务网站，于 2004 年 2 月 4 日上线。2006—2007 年，Facebook 在全美网站中的排名由第 60 名上升至第 7 名。同时 Facebook 是美国排名第

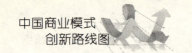
一的照片分享站点，每天上传 850 万张照片。随着用户数量增加，Facebook 的目标已经指向另外一个领域：互联网搜索。

2012 年 2 月 1 日，Facebook 正式向美国证券交易委员会（SEC）提出首次公开发行（IPO）申请，目标融资规模达 50 亿美元，并任命摩根士丹利、高盛和摩根大通为主要承销商。这将是硅谷有史以来规模最大的 IPO。

在 Facebook 没有上市之前，在投资者和媒体的眼中，Facebook 已经成为与微软和谷歌并肩的巨无霸企业。2012 年春节过后，市场开始陆续传出有关 Facebook IPO 进程的细节，在财经公关和投资银行的推动下，对其上市已经起到了宣传作用。Facebook 的创始人马克·扎克伯格和追随他多年的公司员工，属于 Accel Capital、摩根大通数字增长基金和李嘉诚等参与 Pre – IPO 融资的投资者。如果一定要分析 Facebook 的上市对于中国互联网产业所产生的影响，影响更多的限于那些已经登录资本市场，并且具有社交网络概念的巨头们。现在，社交网络在中国的风险投资行业已经不再是被投资者追逐的热点，在这个领域搏杀的创业企业也屈指可数，Facebook 的上市与他们无关。

中国人一直以来都善于模仿，最典型的例子就是团购了。作为团购行业的鼻祖，许多人都期待 Groupon 的 IPO 能够对中国的团购行业起到提振作用，能够对拉手和窝窝团的 IPO 进程推波助澜。可是，Groupon 自从 2011 年 11 月 4 日上市以来，我们并没有在中国团购行业看到明显的曙光，现在关于这个行业的报道更多的集中于团宝网的负面新闻。

到了 2012 年 2 月 2 日，发售的股份比例并没有超过发行后总股本的 10%。Facebook 目前的估值区间在 750 亿 ~ 1000 亿美元，也就是说对应融资金额为 75 亿 ~ 100 亿美元。为了方便摩根士丹利、高盛、美银美林、摩根大通和巴克莱资本这五家主承销商做市，维持股价不给 Facebook 丢面，这次发行股份的比例甚至会更低一些，2012 年 2 月 16 日公布的计划募资金额为 50 亿美元。

其实，像一些既没有机会参与 Pre – IPO 投资，也没有机会参与发行配售的投资者，可能会通过购买类似公司的股票起到间接配置的效果。对于专注于科技行业的指数型基金来说，这是常用的手段。所以，短期内会对这些公司的股价起到提振的效果。

Facebook 发展迅速，是因为它采取了一种创新的商业模式，使得人与人之间直接的交流沟通成为可能。Facebook 没有嚷着要成为下一个谷歌或打败亚马逊之类的话，而是通过坚持自己的模式和定位，成为让谷歌畏惧的竞争对手。现在尽管谷歌已推出自己的社交网络 Google＋，可惜晚了，已经不能撼动 Facebook 在社交网络的地位了。诚然，Facebook 迅猛发展的原因有很多，比如硅谷的人才储备丰富，吸引到 Accel Partners 等知名风投机构，但这些都不是最重要的，因为其他创业企业也能够获得这些资源。总而言之，Facebook 发展迅速的本质原因是不模仿、不追随，坚持自己的创新模式和定位。